KB261187

오바마 시대, 변화하는 미국과 한반도

오바마 시대, 변화하는 미국과 한반도

지은이 | 강경태 · 문성호 · 윤성욱 · 정태인 · 조성렬 · 홍익표
펴낸이 | 김성실
기획 | 정희용
편집 | 박남주 · 천경호 · 조성우 · 손성실
마케팅 | 이준경 · 이용석 · 김남숙 · 이유진
디자인 · 편집 | (주)하람커뮤니케이션(02-322-5405)
인쇄 | 미르인쇄
펴낸곳 | 시대의창
출판등록 | 제10-1756호(1999. 5. 11)

초판 1쇄 인쇄 | 2009년 4월 6일
초판 1쇄 발행 | 2009년 4월 15일

주소 | 121-816 서울시 마포구 동교동 113-81 4층
전화 | 편집부 (02) 335-6125, 영업부 (02) 335-6121
팩스 | (02) 325-5607
홈페이지 | sidaebooks.net

ISBN 978-89-5940-145-1 (03300)
책값은 뒤표지에 있습니다.

오바마 시대, 변화하는 미국과 한반도

강경태 · 문정인 · 유성옥 · 정태인 · 조성렬 · 홍익표 지음

시대의창

새 술을 담기 위해서는
새 부대가 필요하다

미국 제44대 대통령의 행보에 전 세계가 높은 관심을 쏟고 있다. "한 사람의 정치인에게 전 세계인이 이만큼 기대를 건 것은 유례가 없는 일"이라는 영국 일간지《텔레그래프》의 기사는 결코 과장이 아니다.

사실 미국은 2차 세계대전 이후 국제사회에서 가장 위상이 추락한 수모의 시기를 겪고 있다. 재정적자는 눈덩이처럼 불어나고 있고 기축통화인 달러의 역할에 많은 나라들이 회의의 눈길을 던지고 있다. 최근 세계 경제위기의 진원지도 미국이다. 한때 최첨단 선진화의 대명사였던 자본시장과 투자은행 중심의 미국식 금융 시스템은 이제 골치 아픈 천덕꾸러기 취급을 받고 있다. 또 베트남전보다 더 많은 전비를 쏟아부었음에도 불구하고 미국이 이라크에서 명예롭게 발을 빼는 것은 거의 불가능해 보인다.

미국은 자국을 제외한 전 세계 모든 나라의 군비를 합한 것보다 더 많은 군사비를 지출하면서 지구상 유일의 패권국가로 행세해왔지만, 그럴수록 세계인들은 미국에 등을 돌리고 있다. 세계체제론으로 유명한 이매뉴얼 월러스틴 예일대 교수는 이미 미국의 헤게모니가 1970년대 이후 내리막길에 들어섰다고 분석하기도 했다.

예전 같지 않은 미국의 위상에도 불구하고 오바마의 정책과 발언 하나하나가 역대 어느 미국 대통령보다 많은 주목과 기대를 받고 있는 이유는 오바마가 상징하는 '변화와 개혁'이라는 화두 때문일 것이다. 21세기로 넘어온 지 이미 10년이 지났지만, 국제 정치와 경제 질서는 20세기 말과 근본적으로 다른 모습을 보이지 못했다.

2차 세계대전 종전 이후 높은 경제성장을 자랑하던 세계 경제의 '황금기'가 막을 내리자 자본주의는 1980년대부터 신자유주의라는 새로운 처방을 들고 나왔다. 그러나 고질적인 저성장은 극복하지 못한 채 가난한 나라와 부유한 나라의 격차는 더 심화되고 경제의 금융화로 인한 심각한 후유증이 지구촌 곳곳을 할퀴고 있다. 동서 냉전이 사라진 자리를 민족주의와 종교적 갈등, 지역분쟁이 메우면서 지구촌은 단 하루도 전쟁의 총성이 사라진 평온한 날을 맞지 못했다. 자원의 고갈과 환경 파괴는 인류의 또다른 재앙으로 점점 더 경고 수위가 높아지고 있다. 여러 가지 이유가 있겠지만, 그 근원에 20세기적인 방식에 가장 익숙한 국가인 미국의 존재가 자리 잡고 있음을 유추하기는 어려운 일이 아니다. 달러와 군사력으로 세계 질서를 형성하고 일방적 리더십을 행사해온 20세기 미국은 새로운 세기에 들어와서도 일방적 패권에의 의존을 결코 포기하지 않았다.

결국 새 술을 담기 위해서는 새 부대가 필요하다. 세계가 21세기를 희망의 시대로 맞이하려면, 좋은 의미에서든 나쁜 의미에서든 지난 시기의 국제 체제를 주도하던 미국의 근본적인 변화가 필요하다. 오바마의 미국 대통령 취임은 바로 내외적으로 이런 절실한 변화의 요구와 맞물려 있기에 단순히 한 나라의 정권 교체와는 다른 의미로 다가오는 것이다.

인구 50만의 수도 워싱턴DC에 200만 명 이상의 취임 축하 인파가 몰려들어 오바마의 연설에 환호하며 변화와 개혁의 꿈을 나누었다. 그러나 태평양 건너 한반도의 상황은 사뭇 암울하다. 경제를 잘 안다고 강조하던 기업인 출신 대통령이 집권한 지 불과 1년여가 지나는 사이, 대한민국 경제는 어디가 바닥인지 알 수 없는 나락으로 빠져들고 있다. 무역수지는 외환위기 이후 11년 만에 적자로 돌아섰고, 2006년 말 1208억 달러 수준이었던 순대외채권은 2008년 9월 말 마이너스 251억 달러로 추락하여 한국은 받을 돈보다 갚을 돈이 더 많은 순채무국으로 전락했다. 수치로 표현되는 경제지표보다 더욱 암담한 것은 대다수 서민들의 희망과 기대를 아랑곳하지 않는 일부 부유층을 위한 정책과 이를 살천스레 뒷받침하는 냉정한 법과 공권력이다. 엄동설한에 삶의 터전을 지키려 했던 철거민들의 농성이 경찰특공대에 의해 잔인하게 진압당하고 참혹한 사망자가 발생하는 배반의 세월이다. 그러나 현실이 엄혹할수록 동시대를 살아가는 우리는 보다 더 넓은 시각으로 세계를 바라보고 시대의 변화를 차분한 이성으로 살펴봐야 할 것이다.

《오바마 시대, 변화하는 미국과 한반도》는 이와 같은 시대적 변화를 요구하는 지금, 미국의 새로운 대통령과 행정부는 어떠한 정책과 노선으로 답을 할 것인지 분석하기 위해 마련된 기획이다. 지금까지 국내에 소개된 오바마 관련 도서들이 대체로 오바마 개인의 삶의 여정 위주여서 향후 국제 정치, 경제의 변화를 살피기에는 미진함이 있었던 것이 사실이다.

따라서 이 책은 각 분야의 전문가들을 필진으로 선정하여 개인 오바마가 아닌 다이내믹하게 변화하는 국제 정세 속에서의 신임 미국 대통령 오바마의 정책을 분석함으로써 다가올 새로운 파도의 힘과 파장을 짐작하고 예측하는 데 역점을 두었다.

특히 한반도와 이를 둘러싼 주변정세 분석에 초점을 맞췄다. 미국의 동아시아 정책에 따라 긴장과 희망이 교차하는 한반도 정세는 우리 민족 전체의 생존과 번영을 좌우하는 핵심 변수일 수밖에 없다. 전임 부시 행정부의 대북정책은 집권 기간 내내 표류를 거듭했다. 이에 따라 남북관계는 두 차례에 걸친 역사적 남북정상회담의 성과를 다 까먹고 북한 인민군 총참모부 대변인의 '전면적 대결 태세' 선언이 상징하듯 최악의 대치국면으로 빠져들고 있는 상황이다. 점진적인 변화에서 지금껏 경험하지 못한 역동적 변화까지 모든 가능성이 점쳐지는 미국의 대북정책에 대한 검토는 한반도의 평화와 남북 공존공영의 길을 모색하는 데 큰 도움이 될 것이다.

오바마의 시대, 오바마의 정책이 한반도의 앞날에 어떤 의미로 다가올 것인지에 대한 분석과 전망 그리고 우리의 주체적인 실천이 앞으로 더욱 활발해지기를 기대해본다.

2009년

정희용

| CONTENTS |

Barack Obama

오바마, 그는 누구인가

문성호

1958년 군산에서 태어나 익산남성고등학교를 거쳐 성균관대학교 정치외교학과와 대학원을 졸업했다(정치학 박사). 그후 런던정치경제대학교 법학과 연구교수로 있으면서 경찰학을 공부했다. 전국대학강사노조 사무처장, 국회 경찰정책 보좌관, 한국경찰발전연구학회 초대회장, 사법개혁국민연대 상임대표, 국민권익위원회 자문위원 등을 지냈고, 현재는 정치평론가 및 제대로 된 경찰개혁과 자치경찰 도입과 운영을 위해 한국자치경찰연구소장으로 활동하고 있다. 쓰고 번역한 책으로는 《사형제의 부활이냐 형벌제도 폐지냐》《버락 오바마, 인간적인 너무나 인간적인》《마약은 범죄가 아니다》《옴부즈맨과 인권》《삶과 사람》《경찰도 파업할 수 있다》《경찰대학 무엇이 문제인가》《경찰정치학》 등이 있다.

오바마, 그는 누구인가

▌새로운 인물, 오바마

우리나라 사람들에게 떠오르는 오바마의 이미지는 흑백 혼혈이라는 것, 젊다는 것, 진보적이라는 것, 연설을 잘 한다는 것 등이다. 좀더 살펴보면 그러한 이미지들은 대마초와 마약, 고통스러운 정체성 모색 과정, 학생운동 투신 등과 밀접하게 연결되어 있다. 오바마는 대학시절 정치학과 법학을 공부하며 뉴욕과 시카고에서 풀뿌리 시민운동을 시작했다. 그후 하버드 로스쿨에 입학했고 하버드 법학회보 편집장, 시카고대학 로스쿨 교수 등을 거쳐 일리노이 주의회에서 상원의원으로 당선되었다. 그리고 연방 상원 초선의원 등을 발판으로 결국 미국 대통령까지 되었다. 이는 그의 홀어머니가 큰 꿈을 갖도록 북돋워주고, 외할아버지와 외할머니가 '봉사'의 삶을 살도록 인도해준 덕분이기도 하다.

오바마는 하버드대학 로스쿨 법학회보 편집장으로 활동하며 로스쿨을 차석으로 졸업했다. 그후 그는 연방대법원 시보를 마다하고 시카고 빈민가로 되돌아와 풀뿌리 시민운동에 투신했다. 이는 맥락은 다르지만 마치 우리나라 대학생들이 1970~1980년대 공장 위장취업 등을 하며 사회변혁을 꾀하던 것을 연상케 한다. 2008년

11월 대통령 선거에서 47세인 오바마가 미국 대통령으로 당선된 것은, 우리나라로 치면 예컨대 광역시의회 의원생활을 8년 정도 한 사람이 그 지역에서 국회의원 초선의원으로 당선되고 초선의원 임기 중에 대통령직에 도전해 당선된 것과 같다고 볼 수 있다.

사실 대통령의 자질은 나이나 경륜보다 합의 도출이나 결단의 역량이 중요하다. 예컨대 이라크 전쟁 문제에서 오바마는 이러한 역량이 출중하다는 것을 입증했다. 공화당의 매케인은 말할 것도 없고 민주당의 힐러리와 에드워즈조차 이라크 전쟁 개전 당시 찬성 편에 섰지만, 오바마는 끝까지 이라크 전쟁 반대 입장을 고수했다. 이라크 전쟁이 개시된 2002년 10월이라는 시점은 9.11테러가 발생한 지 1년 후로, 아직 미국인들이 엄청난 분노에서 벗어나지 못한 때였다. 또 부시 대통령에 대한 지지도는 천정부지로 치솟았고 '테러와의 전쟁'이라는 이름의 애국주의가 미국의 구석구석을 휘감던 때였다. 오바마는 이 시점에 이라크 전쟁의 결말을 냉정하면서도 정확하게 예측하고 이를 반대한 것이다. 오바마가 당시 이라크 전쟁을 반대하면서 행한 연설을 지금 읽어보면, 그가 사태를 정확하게 예견하고 있었다는 것을 발견하게 된다.

이처럼 9.11테러 이후 현실적이며 바람직한 미국 정치의 방향을 제시했다는 점에서 오바마는 국민들로부터 미국 대통령으로서 최적임자라는 평가를 받은 것이다.

신진보시대를 열어가는 오바마 행정부로부터 우리나라도 정치·경제·사회·문화 등 전 분야에 걸쳐 많은 영향을 받게 될 것으로 보인다. 따라서 오바마가 어떤 인물인지 아는 것은 굉장히 중요하다.

시카고 풀뿌리 시민운동

오바마는 시카고에서 풀뿌리 시민운동을 통해 정치를 시작했다. 1985년 당시 풀뿌리 시민단체 조직운동가였던 제랄드 켈만 씨는 삶의 의욕이라고는 전혀 없는 빈민층들이 거주하는 시카고의 사우스 사이드 지역에서 풀뿌리 시민운동단체 지원자에 대한 면접을 담당했다. 당시 지원자는 버락 오바마였다. 켈만 씨는 이 젊은 이가 지적 역량을 갖췄다는 점, 동기 부여가 돼 있다는 점 그리고 아웃사이더가 어떤 것인가에 대한 날카로운 이해력을 두루 갖추고 있다는 걸 알아차렸다. 그는 당시 오바마가 구직협상을 유리하게 이끌어가기 위해 끝까지 버티던 모습도 생생하게 기억하고 있었다. 오바마는 켈만 씨에게 자신에게 무엇을 가르쳐줄 수 있는지를 되묻는 당돌함을 보이기까지 했다. "당신은 저를 어떻게 훈련시켜 주실 건가요? 저는 무얼 배울 수 있죠?"라고 말이다.

오바마는 대통령 선거 과정에서 3년 동안 풀뿌리 시민운동가로 활동한 기간이 자신의 인생에 큰 영향을 미쳤다고 밝힌 바 있다. 아이오와 주 선거운동에서 오바마는 "그곳은 하버드 대학 로스쿨보다 훨씬 더 좋은 최상의 배움터였으며, 그때 배운 것들은 지금까지도 내 머리 속에 선명하게 박혀 있을 정도로 통렬한 것이었다"고 말했다. 사실 오바마는 장장 442쪽에 달하는 자신의 자서전《아버지가 물려준 꿈》의 3분의 1이나 되는 분량을 풀뿌리 시민운동 시절 이야기로 채웠다.

2008년 6월, 힐러리와의 경선에서 승리를 확정지은 후 오바마는 시카고 시민운동에 대해 다시 한 번 큰 의미를 부여했다. 풀뿌리 시민운동은 자신에게 종교단체를 통한 사회봉사활동을 벌이겠다는 각오와 영감을 불어넣었다고 말이다.

오바마는 23년에 걸친 하와이와 인도네시아 생활을 마감한 후 미국의 중심부인 시카고에 정착했다. 그리고 난생 처음 흑인사회를 위해 광범위한 활동을 벌였다. 오바마는 이곳에서 사람들을 끌어모으는 방법을 배웠다. 당시 오바마에 의해 시민운동단체에 들어왔던 사무엘 스트래천 목사는 "당시 난 오바마가 자신이 믿는 바를 열심히 세일즈한다는 강렬한 인상을 받았습니다. 그리고 실제로 난 그걸 기꺼이 사들였습니다"라고 말한다.

우연하게도 해롤드 워싱턴 씨가 시카고 최초의 흑인 시장으로 당선되던 그 시점에 시카고에 입성하게 된 오바마로서는 미국 흑인사회에 자신의 입지를 어느 정도 굳힐 수 있었다는 것만으로도 큰 수확을 거둔 셈이다. 오바마와 함께 풀뿌리 시민운동가로 활동한 그레고리 갈루쪼는 다음과 같이 당시를 회상했다.

"당시 오바마는 미국에서도 가장 복잡하기 짝이 없는 흑인사회에 갑자기 뛰어든 형국이었습니다. 그러나 그는 이곳에서 사람들을 끌어들이는 역량을 한껏 발휘했어요. 오바마는 공공주택단지 주민들로부터 최고위층인 해롤드 워싱턴 시장에 이르기까지 시카고 흑인사회의 양극단을 두루 경험했지요. 오바마는 바로 이들 흑인사회 주민들을 두루 만나면서 이들과 자신을 일치시키는 것으로부터 정치를 시작하게 된 것이죠."

시카고대학 로스쿨 교수 시절

오바마는 시카고 풀뿌리 시민운동을 보다 잘 이끌기 위해 하버드대학 로스쿨에 진학했다. 그리고 거기에서 《하버드대학 법학회보》 역사상 최초로 흑인 편집장에 당선되기도 했다. 졸업 후 오바마는 시카고로 돌아와 인권변호사로 활동하며 시카고대학 로스쿨에서 학생들을 가르쳤다.

이 시기의 오바마는 한마디로 '폴리페서Polifessor'(국회의원과 교수를 겸임하는 정치인을 일컫는 신조어)답지 않은 '폴리페서'였다. 일리노이 주의회 상원의원과 변호사를 겸임하는 동시에 시카고대학 로스쿨 교수로 일하면서 착실하게 대통령을 준비했던 것이다. 그럼에도 불구하고 오바마는 시카고대학 로스쿨 교수로 재임한 12년 동안 다섯 번이나 되는 자신의 공직선거 출마 이야기를 학생들이나 동료교수들에게 전혀 꺼내지 않았다. 또 교수생활을 하면서 단 한 편의 논문도 발표하지 않았다. 요컨대 오바마라는 젊은 법학교수는 다른 교수들과는 너무 많은 면에서 이질적인 모습을 보여주었다. 또 당시 로스쿨에는 경제적 분석과 접근이 크게 유행하고 있었음에도 불구하고 오바마는 기본권, 인종론, 젠더론 등을 강의했다. 다른 교수들은 정년이 보장되는 교수가 되기를 꿈꾸었지만 오바마는 오히려 그런 제의를 거절했다. 아울러 로스쿨이라는 공식적인 모임에 참석은 하되 거기에 얽매이려 하지도 않았다.

동료 교수들은 오바마의 생각이 정확히 어떤 것인지 추측만 할 뿐이었다. 흔히 야망을 가진 정치인들은 학교에 남아 있지 않았고 전도양양한 젊은 법학사상가가 주의회에 입성해 고생하는 경우도 거의 없었다. 그런데 오바마는 양쪽 모두에 발을 담그고 있었다.

미국 역사상 대부분의 대선 후보들은 후보로 나선 이후 복잡하기 이를 데 없는 선거자금법을 숙지하기 시작한다. 그런데 오바마는 그보다 훨씬 더 이전에 그 복잡한 선거자금법을 학생들에게 샅샅이 가르쳤다. 아울러 인종차별 문제로 가득 차 있는 선거구 제도와 미국 흑인 사회가 백인 사회와 동등한 지위를 쟁취하기 위해 역사적으로 어떻게 투쟁해왔는지도 가르쳤다.

이 기간에 오바마는 화법, 논쟁 역량, 신념체계 등을 가다듬었던 것으로 보인다. 동료 교수인 데니스 허친슨은 "오바마는 강의실에서 자신의 사상들을 검증했다"고 말한다. 실제로 오바마는 세미나가 열릴 때마다 예컨대 "우대조치는 정당한가?"와 같은 새로운 이슈들을 들고 나왔다. 이처럼 오바마는 정치로부터 조금 비켜나 있으면서 온갖 사상을 검증해보았던 것이다.

오바마의 시카고대학 로스쿨 교수 시절은 오바마 자신에게는 정치적 성장을 위한 하나의 장이었을 것이다. 그러나 그의 동료 교수들은 오바마로부터 기만당하고 있다는 느낌을 갖고 있었던 것 같다. 그가 교수직에 전념하지 않는다고 본 것이다.

교수직은 안정된 지위와 자리 그리고 보수를 보장하면서 오바마에게 만족감을 가져다주었지만 연방의회 의원, 연방법원 판사, 시카고대학 로스쿨 교수 등의 경력을 가지고 있으면서 오바마의 멘토 역할을 해온 애브너 미크바의 지적에 따르면, 오바마는 "각주 하나를 넣을 것인지 뺄 것인지"와 같은 아카데미세계의 논쟁을 견딜 수 없어 했다. 또다른 동료교수인 더글러스 베어드는 언젠가 오바마에게 주지사 후보로 나서는 것에 대해 어떻게 생각하는지 물어본 적이 있었다. 이때 오바마는 "주지사엔 출마하지 않을 겁니다. 그런데 만약 출마하게 된다면 베어드 교수께서 지지해줄 것으로 믿겠습니다"라고 말했다고 한다. 이러한 말을 주고받은 시기는 오바마가 일리노이 주 상원의원 3년차로 있을 때였다.

수많은 공격들

문익환 목사, 김대중 대통령, 조영래 변호사 같은 분들이 한때는 '빨갱이'라고 공격을 받은 적이 있다는 사실은 익히 잘 알려져 있다. 그런데 오바마 역시 미국에서, 특히 2008년 대선 당시 공화당 보수진영으로부터 똑같은 공격을 받았다. 오바마의 인생과 정치의 은인인 예레미아 라이트 목사가 힐러리와 민주당 내 프라이머리(예비선거) 시기에 이러한 난관을 조성한 것이다. 또 매케인 후보와 경합한 본선에서는 1960년대 테러리스트였던 빌 에이어스와의 유착설이 문제로 부각되었다.

1969년 시카고의 대형경기장인 콜리세움에서 월남전 반대운동 투사들의 떠들썩한 집회가 열린 적이 있다. 당시 빌 에이어스는 급진파 단체인 '웨더맨' 소속으로 펜타곤과 연방의회 의사당을 타깃으로 폭발사건을 일으켰다가 적발되었다. 이로 인해 빌 에이어스는 1960년대 급진파 폭탄테러 운동권 인사로 낙인이 찍혔다. 그로부터 26년의 세월이 흐른 1995년, 시카고의 어느 한 빌딩에서 점심시간을 활용한 학교개혁회의가 열렸다. 그런데 오바마는 바로 이

자리에서 당시 교육학 교수로 있었던 에이어스를 처음 만나게 된다. 그리고 그후 둘은 가끔 자리를 같이 했다. 에이어스는 오바마가 최초로 공직선거에 출마(일리노이 주 상원의원)했을 당시 후원회를 열어주기도 했고, 그외 여러 행사장에서 오바마와 마주치곤 했다.

그런데 바로 이 두 사람의 관계가 대선출마 과정에서 도마에 올랐다. 유튜브YouTube(무료 동영상 공유 사이트)에 오바마 얼굴과 청년기의 에이어스의 모습 그리고 흑백 처리한 1969년 당시의 폭발사건을 나란히 비추는 동영상이 편집되어 게재된 것이다. 그리고 이 동영상은 공화당의 매케인 후보 측 선거광고방송에 인용되기까지 했다. 오바마를 음험한 급진파라고 몰아세우려는 보수진영은 오바마가 에이어스와 관계를 대수롭지 않은 것으로 꾸며대고 있다며 집요하게 공격했다. 그러나 오바마는 에이어스가 단지 시카고의 교육문제를 함께 의논하는 친구일 뿐이라고 여러 차례 밝혔다.

시카고 지역 학교개혁추진사업 자료나 여기에 관련된 사람들의 증언에 따르면, 오바마가 둘 사이의 관계를 축소시키고 있는 건 맞지만 그렇다고 그 둘이 공화당 측의 주장처럼 그렇게 친밀한 관계는 아닌 것으로 보인다. 게다가 오바마는 그동안 급진파의 입장이나 행동 방식에 대해 전혀 동조하지 않았다. 오바마는 "에이어스가 40여 년 전 그 끔찍한 폭발사건을 일으켰을 때 겨우 8살 어린애에 불과했다" 면서 이러한 공격은 중상모략에 불과하다고 반박했다.

에이어스에 대한 폭동 및 폭파혐의는 1974년 불법도청 및 기소 과정의 잘못으로 인해 기각되었다. 그후 에이어스는 1987년 콜롬비아대학에서 교육학 박사학위를 취득한 다음 시카고에 있는 일리노이대학에 교육학 교수로 임용되었다. 그리고 줄곧 학교개혁운동가로 활동해왔다. 달리Daley 시카고 시장은 에이어스가 그동안 훌륭한 일들을 해왔다고 말한다.

그러나 《시카고 트리뷴Chicago Tribune》 칼럼니스트인 스티브 채프맨은 오바마와 라이트 목사의 관계는 옹호하면서도 에이어스와의 관계는 비판한다. 그는 일리노이대학 측이 에이어스를 교수로 받아들여서는 안 되었다고 주장한다. 법적으로 하자가 없더라도 정치윤리상 그렇게 해서는 안 되는 것이라고 말이다.

사실 에이어스 문제를 가장 먼저 들춰낸 사람은 힐러리와 매케인이었다. 2008년 8월 매케인 후보는 이 문제를 TV 광고로까지 활용했다. 그러나 오바마와 에이어스 양측의 유착설이 불거진 계기가 된 학교 프로젝트 사업은, 월터 아네버그가 출연한 5억 달러의 자금을 바탕으로 미국 전역에서 추진된 학교개혁사업이었다. 월터는 사회사업가로서 닉슨 대통령 시절 주영대사를 역임한 인물이다. 그는 미국의 수많은 도시에서 이 사업에 대한 지원 신청을 했다. 시카고의 경우 에이어스가 다른 두 명과 합동으로 사업을 추진해 5000만 달러 정도를 따냈다. 그리고 오바마는 1995년 이 자금을 시카고에 배분하는 것을 감독하는 6인위원회 위원장을 맡게 되었다. 대선 당시 일부 인사들은 에이어스가 이 자리에 오바마를 앉히기 위하여 공작을 벌였다고 말한다.

하지만 실제로 에이어스는 당시 오바마의 위원장 임명 과정에 아무런 역할도 하지 않은 것으로 밝혀졌다. 오히려 데보라 레프가 그 역할을 담당했다. 당시 데보라 레프는 조이스재단 이사장을 맡고 있었는데 스펜서재단의 패트리샤 그라함과 맥아더재단의 아델레 사이먼스 등과의 점심 회동에서 오바마가 위원장으로서 적임자라고 제안했다. 이 자리에 에이어스는 참석하지도 않았고 오바마를 위원장으로 내세우지도 않았다. 큰 야망을 가지고 있었던 오바마가 에이어스와 같은 인사들과 일정한 거리를 두고자 노력했다고 봐도 무리는 아니다.

오바마와 함께 하버드대학 로스쿨 법학회보 편집위원으로 활동했고 후에 매케인 후보를 지지한 브랏포드 베렌손(부시 대통령 백악관 보좌관 역임)은 《뉴욕타임스》와의 인터뷰에서, 하버드 로스쿨 시절 오바마는 급진파라는 낌새조차 보이지 않았다고 밝혔다. 그는 당시 오바마가 '실용적 진보주의' 입장이었으며, 온건한 자세로 일관하다 보니 좌파적인 편집위원들이 그에게 실망하기도 했다고 당시를 회상했다. 15년의 세월이 흐른 뒤 오바마를 지지하는 좌파 역시 똑같은 불만을 토로한다.

예컨대 1960년대 운동가이자 캘리포니아 주의회 의원을 역임했던 그리고 이번 대선에서 '오바마를 지지하는 진보파 모임'을 조직해 활동했던 톰 헤이든은 "오바마를 지지하지만 그의 입장 중 어떤 부분에는 동의할 수 없다"고 말한다. 그럼에도 불구하고 오바마 지지운동을 벌이는 이유는 그래도 진보파들의 표를 조금이라도 더 얻어내기 위해서라고 한다. 톰 헤이든은 45년 동안 에이어스와 가깝게 지낸 인물이다. 그는 급진파 반전운동권이 분열했을 당시 에이어스와는 다른 대척점에 서 있었다. 그는 오바마를 폭탄사건이니 급진파니 하는 것과 결부지으려는 시도는 한낱 '전형적인 선거사기'에 불과하다고 주장한다.

오바마의 품성

용의주도한 의사소통의 달인

오바마는 하버드대학 로스쿨 법학회보 편집장 때부터 대선에 출마할 때까지 각종 회의에서 다음과 같은 원칙을 견지해왔다. '회의 참석자는 모두 발언해야 한다. 침묵을 지킨 참석자에게는 의견을 묻는다. 누군가 이론을 내세우면 어떻게 현실에 적용해야 하는지를 묻는다.' 오바마는 회의 참석자들이 서로의 의견을 충분히 주고받고 합의점을 만들어내도록 논의를 이끌어나갈 줄 알았다. 그리고 논의에 도움이 되는 내용은 다시 정리하여 말해주곤 했다. 또 오바마가 밝히는 최종 입장은 종종 회의 참석자 모두를 놀라게 하는 경우가 많았다.

오바마는 자신의 작가적 역량을 발휘해 풀뿌리 시민단체 조직운동 경험을 소재로 훌륭한 자서전을 쓰기도 했다. 그리고 이를 정치적 성장의 원동력으로 삼았다. 아울러 전혀 주목받지 못하는 일개 주의회 상원의원직을 자양분으로 삼아 정치적 성장을 꾀했다. 역사적으로 투표율이 낮은 젊은 층을 정치적 지지세력으로 만들었고, 이들의 부모와 할아버지, 할머니 세대들을 투표장으로 끌어내 열정적인 원군으로 삼은 것이다. 심지어 '후세인'이라는 가운데 이름으로 인해 이슬람 신자라는 헛소문과 억지가 횡행했음에도 불구하고 이를 오히려 미국인으로서의 독특한 상징으로 승화시키기까지 했다. 오바마는 이처럼 단점을 장점으로 바꿀 줄 알았다.

그럼에도 불구하고 단점은 있었다. 약관 47세에다가 중앙정치무대 경력이 불과 4년밖에 안 된 오바마는 워싱턴의 정치구조에 대해 아직 잘 모른다. 그가 내세운 약속은 방대하고 진보적이다. 그리고 철저히 실용주의에 입각해 있다.

오바마의 여러 정치적 라이벌들은 그의 오랜 야망과 자신감에 때론 분노하고 때론 당황해했다. 2006년 그는 신출내기 초선 상원의원이면서도 '거드아이언클럽' 디너파티 연단에 서서 자신을 유명하게 만들어준 2004년 민주당 전당대회 연설, 자신의 베스트셀러 자서전,《타임》표지인물 선정 등을 거론했다. 그리고 그는 짐짓 순진한 척하며 자신이 무얼 더 해야 하겠느냐고 물었다. 바로 그해 말 오바마는 대통령 출마의사를 밝힌다.

오바마는 무엇보다도 메시지 전달에 있어서만큼은 용의주도했다. 먼저 오바마는 정치에 입문할 당시《아버지가 물려준 꿈》을 활용해 자신이 여러 나라를 돌아다니면서 보고 겪었던 유년 시절의 서사적 여정을 부각시켰다. 그리고 2004년 연방상원의원에 당선될 때는 두 번째 저서인《버락 오바마, 담대한 희망》을 집필해 자신의 정치철학을 펼쳐보였다.

그러나 오바마는 결단해야 할 때마다 심사숙고를 거듭하며 시간을 소모하는 습관이 있다. 이것은 오바마가 풀뿌리 시민단체 조직 운동가로서 매일 저녁 일기와 일지를 적어가며 그날그날의 여러 가지 혼란스러운 사항들을 정리하던 습성에서 유래한다. 그리고 7년 동안 일리노이 주의회 상원의원 생활을 하면서 주의회가 있는 스프링필드와 자신의 집이 있는 시카고 사이를 운전하며 사색하는 시간을 가져오던 습관에서도 유래한다. 당시 참모들은 운전기사를 두어야 한다고 말했지만 그는 운전기사가 있으면 사색에 방해가 된다며 거절했다고 한다.

오바마는 매일 급변하는 상황에 신속하게 판단을 내리거나 곧바로 대응하는 것을 싫어한다. 대신 엄청난 연구조사와 검토과정을 거쳐 단계적으로 조치를 취해나간다. 즉 먼저 전문가들의 의견을 구하며, 가능한 모든 시나리오를 짜보고 결단이 서면 그것을 확고하게 밀고 나가는 것이다. 오바마가 연방상원의원이 되면서 가장 기뻐했던 것은 톱클래스 학자와 전문가들로부터 그야말로 수준 높은 전문성을 갖춘 조언을 구할 수 있게 되었다는 점이다. 그리고 바로 이런 식의 접근법이 힐러리와 벌인 프라이머리를 승리로 이끈 중요한 원동력이 되었다. 오바마는 각 주별로 선거일정과 불가사의할 정도로 복잡하기 짝이 없는 투표방식의 차이점들을 깊게 그리고 정확하게 파악했다. 힐러리는 계속해서 새로운 메시지를 내보낸 반면, 오바마는 지지자들이 자신에게 좀더 극적인 변화를 기대할 때조차도 자신의 메시지를 크게 수정하지 않았다.

오바마 선거본부 역시 다른 후보와 마찬가지로 지도자의 성격을 그대로 따라갔다. 오바마는 선거본부를 매우 타이트하며 중앙집권적인 구조로 만들었으며 내부 정보의 유출이 불가능하도록 소수 인원으로만 구성했다. 그러나 오바마는 갑작스럽게 닥친 문제들에 대해 종종 신속하게 대응하지 못했다. 예컨대 2008년 여름 오바마가 유럽순방을 마친 직후 러시아가 이웃 그루지야를 전격 기습하자 그는 입장을 정하는 데 여러 날을 소비했다. 또 매케인이 기습적으로 페일린을 부통령 후보로 지명한 이후에도 오바마 측은 즉각 대응하지 못했다.

오바마는 기습사태가 발생하면 보통 때의 냉정함을 잃기도 한다. 2004년 민주당 전당대회 연설을 계기로 미국 전역에서 명성을 얻고, 연방상원의원에 당선되고, 수백만 달러에 달하는 출판계약까지 맺었지만 문제가 발생했다. 난생 처음 거액을 쥔 오바마가 내린 두 가지 결정이 잘못된 것이다. 얄궂게도 이것이 부패척결 운동가인 오바마의 이미지에 먹칠을 하고 말았다. 하나는 연방정부 차원에서 오바마가 추진하던 조류독감 치료제 개발사업에 수천 달러를 투자한 것이다. 그리고 다른 하나는 주택개발업자이자 오바마의 오랜 기부자이던 안토인 레즈코의 이름이 부패혐의로 신문지상을 오르내리고 있는 와중임에도 불구하고 그로 하여금 시카고 자기 집 바로 옆의 대지를 취득하게 한 다음 그 대지를 자신에게 팔도록 한 것이다.

변화 메시지

오바마는 '9.11테러 이후의 시대를 열어가는 최초의 정치인'으로 자리매김 된다. 존 르카레의 표현을 빌려 말하면 미국의 이라크 침공은 정말 '미친 짓'이었다. 그렇다면 미국 정치는 어떻게 해야 제정신을 차릴 수 있을까? 이에 대해 오바마는 '악'의 담론에서 벗어나야 한다고 말한다. 이는 오바마가 2004년 새로 서문을 추가해 《아버지가 물려준 꿈》 개정판을 출간했을 때 제시한 것이기도 하다. 미국 대선 후보 중 9.11테러에 대해 이처럼 용기 있게 말한 사람은 없다.

또 오바마는 '남쪽'에 속한 망가진 국가들을 미국의 도시빈민들과 직접 연결시켰을 뿐 아니라 국제정치 문제가 악화되지 않도록 하는 방안도 올바르게 제시했다. 오바마는 '그들은 왜 우리 미국을 미워하는가?’라며 반미세력들을 ‘악의 세력’이라고 결론 내린 부시와 그 추종자들의 어린애 같은 위험천만한 주장에 동의하지 않는다. 미국을 정상적인 국가로 되돌리기 위해서는 ‘가짜 순진함’을 벗어던져야 하며, 반미세력들을 테러 형태로 ‘기습공격’ 하는 행위들을 중단해야 한다고 역설한다.

오바마의 변화 메시지를 한 마디로 집약하기는 어렵다. 그는 평생을 사회적 쇄신을 위해 몸바쳐온 인물이다. 처음에는 풀뿌리 시민단체를 통해 그 다음에는 법을 통해서 변화를 이끌어내려고 했다. 하지만 그가 시카고대학 로스쿨 교수로 있으면서 깨닫게 된 것은 법 역시 변화를 위해서는 매우 불완전하다는 것이었다. 이후 그는 정부를 변화시켜야 한다는 것에 시선을 고정시켰다.

어떤 사람들은 레즈코 사건을 들어 개혁운동가 오바마의 명성에 의문을 표시하기도 한다. 핵심적 신념이 별로 없다는 것이다. 상원의원 시절 오바마는 핵발전소 누출 관련 보고요건 법안을 발의했다가 공화당 의원과 에너지 담당 책임자가 불만을 토로하자 유화적으로 입장을 바꾼 적이 있다. 그리고 결국 이 법안은 사장되었다. 또 이민법 개정 문제에서는 양당공조에 가담하다가 노동단체 측에서 항의하자 입장을 철회하기도 했다. 이 이민법 개정안 역시 무산되고 말았다. 그러나 무엇보다도 오바마는 일리노이 주의회에서 미성년자를 성인으로 간주하여 재판에 회부할 수 있도록 하는 법안의 찬반투표에서 자신의 의견을 명확히 하지 않은 채 기권해버린 것으로 많은 비판을 받았다.

그러나 오바마를 옹호하는 사람들은 그의 기권 이유가 전술적인 동시에 지적인 태도를 견지하기 위한 것이라고 말한다. 오바마는 천성적으로 일반화를 싫어한다. 상황과 맥락을 중시하는 일종의 콘텍스트주의자인 것이다. 그뿐 아니라 시카고대학 로스쿨 교수 시절의 경험은 오바마로 하여금 일률적이며 획일적인 정책을 불신하게 만들었다.

오바마는 반전집회장에서 행한 연설에서 "저는 모든 전쟁에 반대하는 건 아닙니다"라는 구절을 여러 번 반복하며 논점을 되도록 좁히고자 했다. TV 대선토론에서도 오바마는 정부지출을 어떻게 삭감해야 하는지의 문제를 놓고 매케인과 논쟁을 벌였는데, 당시에도 오바마는 "전투용 손도끼 같은 것을 휘두르진 않겠습니다. 대신 의료용 메스 같은 섬세한 칼을 잘 사용해보도록 하겠습니다"라고 말했다. 즉 어떤 포괄적인 원칙이 아닌, 상황에 따라 신중한 접근을 하겠다는 것이다.

링컨과 닮은꼴, 오바마

《솔로몬의 노래》《가장 푸른 눈》 등으로 노벨문학상과 퓰리처상을 수상한 토니 모리슨은 2008년 대선에서 다음과 같이 오바마 공개지지 선언을 했다. "오바마는 지성, 청렴성, 진정성 등을 두루 갖추고 있는데다가 그의 약점이라는 젊은 나이, 짧은 경륜, 흑인 등의 차원을 초월해 존재하는 그 어떤 것, 즉 '지혜'를 보여주고 있다. 이를 생각하면 나는 전율하지 않을 수 없다. 그것은 명석하면서 창조적인 상상력을 말한다. 지혜는 기독교의 은총처럼 일종의 선물로 주어지는 것이다. 따라서 훈련에 의해 얻어지거나 상속되거나 학습하거나, 일터에서 일하는 것으로 얻어낼 수 없는 것이다."

2009년은 링컨 탄생 200주년이 되는 해다. 《뉴욕타임스》가 발굴 보도한 오바마의 시카고대학 로스쿨 교수시절 강의자료를 본 아킬 리드 아마르(예일대학 헌법교수)는 다음과 같이 오바마를 링컨에 비견했다.

"링컨과 오바마는 둘 다 자수성가형이며 위대한 연설가이자 일리노이 주 출신이다. 이러한 공통점은 이미 다들 잘 알고들 있을 것이다. 링컨은 명석한 변호사로서 독창적인 사유역량과 집필역량을 가지고 있었으며 법적 쟁점의 핵심을 아주 예리하게 파고들었다. 또 당대의 대법원 판사 그 어느 누구 못지않게 헌법과 헌법구조의 가장 깊은 곳까지 잘 이해하고 있었다. 아니 대법원 판사들보다 훨씬 더 잘 알고 있었다. 바로 이런 점에서 오바마는 링컨과 닮았다. 이는 그의 시카고대학 로스쿨 강의자료들이 입증해주고 있다.

윤리적인 부분은 어떤가? 제퍼슨과 매디슨은 링컨처럼 모두 명석했다. 그러나 제퍼슨과 매디슨은 노예 소유주로 살다가 죽었으며 노예제 폐지를 위해 자신들이 가지고 있는 역량을 다 활용하지 못했다. 닉슨은 예리한 법적 정신의 소유자였지만 윤리적으로는 커다란 얼룩과 오점을 남겼다. 링컨은 윤리적 깊이와 법적 명석함을 겸비한 아주 드문 사례에 속한다. 물론 링컨 역시 임시방편과 정치적 편의주의를 어떻게 구사해야 하는지 잘 아는 정치인이었다. 그러나 강력한 윤리적 나침반을 갖추고 있었으며 동시에 법의 지배 원칙을 깊이 이해하고 있었다.

이러한 링컨과 비슷하게 오바마의 법학과목 강의자료 속에는 윤리적 진지함이 물씬 배어 있다. 법학 문제의 기술적이며 전문적인 측면에만 국한되어 있는 게 아니다. 오바마의 강의자료에는 혼인, 이혼, 자녀양육, 생물복제, 존엄사의 권리, 불임, 성적 지향성(성적 소수자의 문제) 그리고 인종차별 등과 같이 인간의 삶과 미국 사회의 커다란 수수께끼와 비극 등이 담겨 있다. 또 학생들이 법뿐 아니라 정의, 진리, 윤리 등도 함께 생각할 수 있도록 채찍질하는 방식으로 정밀하게 탐색해 들어가고 있다."

1960년 4.19혁명, 1980년 광주민주화운동, 1987년 6월민주항쟁과 같은 역사를 가진 우리나라도 이젠 오바마 못지않은 활력 있는 정치인을 배출할 때가 되었다.

이제 우리나라는 한때나마 역할이 있었던 386세대에 이어 '10대들의 반란'이 시작되고 있다. 이들을 통해 우리나라에서도 미국의 흑인에 비견되는 철거민, 노동자, 농민 그리고 민중들이 염원하는 '코리안 드림'이 실현되기를 꿈꾸어본다.

오바마노믹스와 세계 경제위기

정태인

서울대학교 경제학과를 졸업하고 참여정부에서 국민경제자문회의 사무차장, 대통령 직속 동북아경제중심추진위원회 기조실장을 지냈다. 대한민국의 제16대 대통령이었던 노무현의 '경제 가정교사'란 별명을 얻을 정도로 노무현 정부의 초기 경제정책에 미친 영향이 컸다는 평을 듣는다. 2005년, 행담도 개발사업 과정에 청와대 실세의 입김이 작용했다는 의혹에 휘말리면서 문정인과 함께 사직서를 내고 모든 공직에서 물러났으나 1년 후인 2006년에 무죄판결을 받았다. 지금은 성공회대에서 석좌교수에 재직 중이며, 2008년 3월에 민주노동당을 탈당하고 진보신당의 창당 과정에 참여하여 현재까지 활발한 활동을 벌이고 있다.

오바마노믹스와 세계 경제위기

오바마, 루스벨트인가 클린턴인가

흔히 루스벨트는 중도에서 왼쪽으로 급선회한 대통령이며 클린턴은 중도를 표방했지만 결국 오른쪽을 선택했다고 말한다. 미국 정치에서 중도로 분류되는 오바마 역시 스스로를 무당파, 탈이데올로기 실용주의자로 포장했다. 그렇다면 과연 오바마는 루스벨트처럼 될까, 아니면 클린턴처럼 될까.[1]

클린턴은 행운의 정치인이었다. 현재 미국 경제의 양대 축인 IT와 금융산업이 꽃잎을 열려고 하는 순간 대통령에 당선되어 이 산업들이 한껏 만개할 수 있도록 하는 정책을 펼 수 있었다. 고성장에 힘입어 난공불락일 것 같았던 천문학적 재정적자마저 흑자로 반전시켰다. 1980년대 완전히 실의에 빠졌던 미국은 클린턴을 거치면서 '경제판 미국 예외국가론'인 신경제론new economy이 나올 정도로 자신감에 충만했다. 언제나 그렇듯 이렇게 이론이 현실을 자화자찬할 때 불행의 씨앗은 싹트게 마련이다.[2] 클린턴은 장기 호황을 지속시키기 위해 금융규제를 적극적으로 해체하는 등 기존 계급과 타협의 길을 걸었다.

반면 루스벨트의 앞은 온통 지뢰밭이었다. 루스벨트가 처음 당선될 때 그가 내건 공약은 재정균형 같은 전통적인 경제학 처방이었다. 그리고 그의 가장 큰 업적으로 일컬어지는 노동 관련 개혁에는 한없이 미적거리는 태도를 취했다. 무엇보다도 그는 백만장자였고 엘리트였다. 다만 그의 주위에는 진보주의progressive 지식인들의 강력한 이론적 배경이 있었고 GE 회장처럼 기존의 시장만능 질서를 바꾸려는 산업자본가의 지원도 있었다. 그러나 더 중요한 것은 그로 인해 노동조합이 폭발적으로 증가했고, 그들의 요구에 따라 자신의 정책을 변화시켜 나갈 수 있었다는 사실(와그너법)이다. 그가 '케인즈 이전의 케인즈 정책'을 사용할 수 있었던 것은 주변의 자원을 제대로 이용해서 사회의 변화에 적극적으로 대응할 수 있었기 때문이다. 그것이 이른바 뉴딜동맹이다. 그는 실로 '계급의 배신자'가 됨으로써 시대를 거스르지 않을 수 있었다.[3]

인과관계에 대해서는 함부로 말하기 어렵고 역사의 가정은 더더구나 부질없지만, 루스벨트가 1990년대에 있었다 하더라도 10년 후 미래의 문제를 올바르게 인식하고 기존 계급을 쉽게 억압하지 못했을 것이다. 반면 클린턴이 대공황기를 맞았다면 그 원인의 화신들인 지배계급을 재편할 수 있었을지도 모른다. 호사가들은 오바마가 루스벨트처럼 될 것인가, 클린턴처럼 될 것인가를 놓고 앞날을 농하지만, 시대의 요구로 봤을 때 오바마는 클린턴이 될 수 없을 것이다. 만일 그렇게 된다면 그는 부시를 능가하는 최악의 대통령이 될 가능성이 다분하다.

그렇다면 과연 오바마는 루스벨트처럼 될 수 있을까? 오바마노믹스가 가지고 있는 그것이 과연 시대의 과제를 풀 수 있을까? 이것이 이 글의 주제다. 물론 글을 쓰는 이 시점에 오바마노믹스가

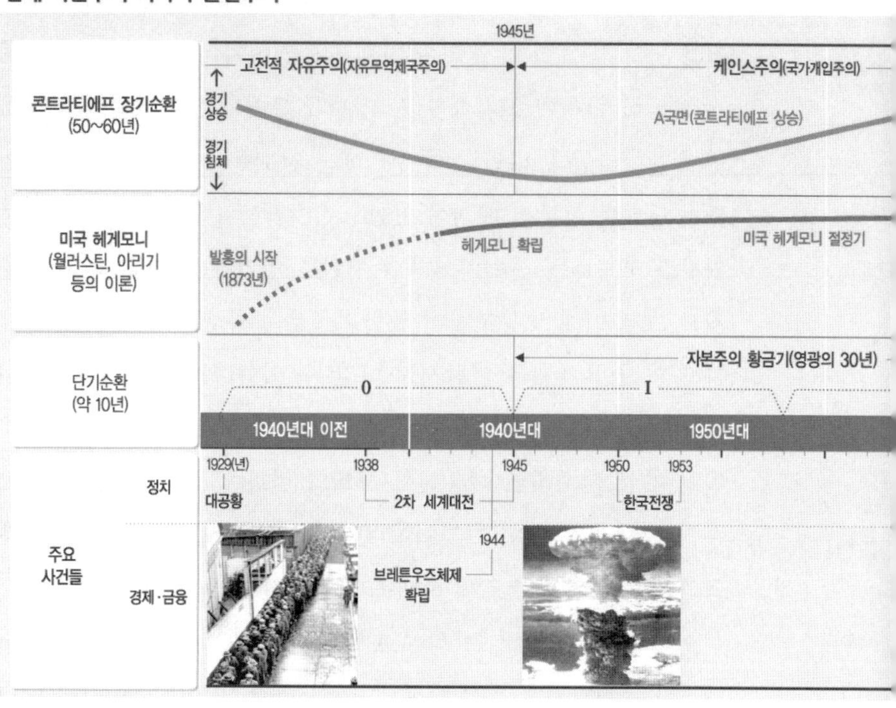

별 내용을 가지고 있지 못한 것으로 밝혀진다 해도 그것을 오바마가 루스벨트처럼 될 수 없으리란 근거로 삼을 수는 없다. 케인즈의 주장은 대공황이 시작되고 나서 5~6년이나 지나 '일반이론'으로 정식화됐고, 루스벨트는 자신의 초기 공약을 뒤집어서 위기에 대응할 수 있었다.[4] 따라서 이 글은 오바마가 해결해야 할 과제를 제시하고 현재의 오바마노믹스가 해결의 실마리를 가지고 있는지를 추적하는 데 그칠 것이다.

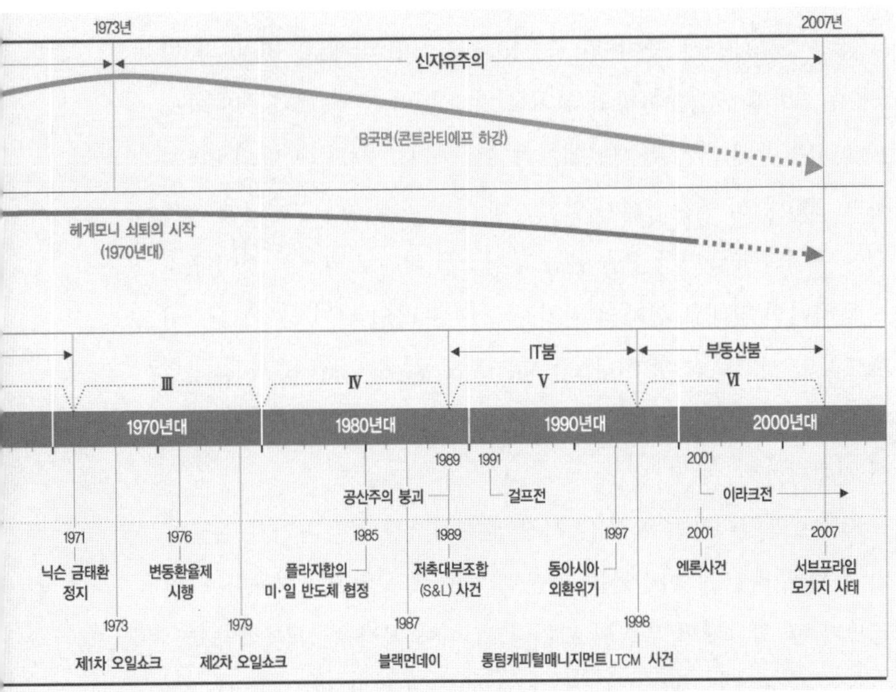

오바마의 과제–'3중의 위기'의 해결

3중의 위기[5]

"현재의 위기는 약 10년마다 오는 산업순환상의 위기에, 시장만 능론이라는 30년짜리 지배 이데올로기의 위기 그리고 100년에 한 번쯤 오는 패권국가의 위기가 겹쳐진 것이다."(정태인, 《경향신문》, 12월 3일자 경제칼럼) 말하자면 '3중의 위기'인 셈인데 1929년 즈음의 대공황기가 이에 해당하는 유일한 역사적 사건이었을 만큼(물론 패권국가 위기의 위치에서 상당한 차이가 나지만) 우리는 지금 좀처럼 체험하기 힘든 역사의 고비에 서 있다.

앞의 그림에서 보듯이 우리는 1945년 이후 대체로 10년마다 찾아오는 6번째 산업순환상의 위기를 맞고 있다. 금융 스캔들만 봐도 1980년대 말에 터진 블랙먼데이와 S&L사건, 1990년대 말의 LTCM 사태, 2001년의 엔론사태가 있었는데 이런 문제들이 그때그때 미봉되다가 이번에 급기야 수습 불능의 시스템 위기로 발전한 것이다.

루비니의 말대로 현재의 위기는 '서브프라임 위기'라기보다 '서브프라임 시스템의 위기'다. 즉 NINJA(no income, no job, no asset)로 풍자되는 무분별한 대출이 일어나도록 짜인 미국 금융제도의 위기인 것이다.

서브프라임이라는 부동산 시장에서 시작된 금융위기가 실물경기 침체로 빠르게 이전하는 가운데 서브프라임 모기지보다 훨씬 규모가 큰 회사채의 부실이 드러나고, 이에 따라 진정한 화약고인 CDS(신용부도스왑, 씨티은행 3조 달러, BOA 3조 달러, JP모건체이스 7조 8000억 달러 규모)에 불이 붙으면 2008년을 능가하는 위기가 닥칠 가능성이 높다. 어느 소설가의 말대로 '추락하는 것에는 날개가 없'는 것이다. 시스템 위기는 거품이 감춰왔던 모든 부실을 드러낸다. 다시 말해 소비자 신용 부도, 상업용 부동산시장 붕괴, 거대기업의 도산 등 '그림자 금융 시스템'에 지탱해 유지되어온 모든 영화가 꿈처럼 사라질지도 모른다.

IT버블이 일어났을 때는 저금리를 기초로 한 또다른 버블이 소비를 불러일으켜서 위기로부터 빠져나올 수 있었지만 지금은 그 가능성도 높지 않다. 빚에 기댄 경제주체 모두의 소비를 뒷받침해주던 아시아 경제 역시 상황이 좋지 않기 때문이다. 이를테면, 중국 경제가 과연 두 자리 수 성장을 계속할 수 있을까? 크리스마스 때 미국의 소비 축소만으로도 광동의 공장들이 1만여 개나 문을 닫았다. 그리고 중국의 국영은행들이 1000억에서 3000억 달러에 이르는 부실채권을 가지고 있는 것으로 추정되는 상황에서 아무리 강한 정부를 가진 중국이라 해도 연착륙 방법을 찾기는 어려울 것이다. 오직 자본주의 역사에서 최초로 전 세계의 정부가 동시에 무제한 유동성 공급을 하고 있다는 사실이 어떠한 결과를 낳을 것인지가 의문으로 남아 있을 뿐이다.

60~70년 주기의 콘드라티에프 파동으로 본다면, 우리는 1945년부터 1970년경까지의 호황(A국면)에 이어 전개된 하강(B국면)의 마지막 단계에 서 있다. A국면은 주지하다시피 포드주의, 복지국가, 케인즈주의가 일궈낸 '자본주의의 황금기'였다. 그러나 오랜 호황과 재정확대정책이 불러온 인플레이션, 달러본위제에 따른 미국의 경상수지 악화는 결국 1971년 닉슨의 금태환정지선언 그리고 1973년의 오일쇼크로 이어져 '영광의 30년'을 마감하게 했다. 공화당 후보 닉슨이 "우리는 모두 케인지언"이라고 선언한 바로 그때 케인즈주의는 이미 막을 내리고 있었던 것이다.

이어 레이건과 대처가 등장하면서 금융자본 우위의 신자유주의 시대가 열렸다. 이 흐름은 라틴아메리카 외채위기를 겪으면서 1990년대 초에 감세와 민영화 그리고 규제완화라는 'IMF-미 재무성-월스트리트' 3각동맹의 '워싱턴 컨센서스'로 정식화되었다. 1980년대부터 2007년까지 미국은 평균 2.9퍼센트의 경제성장을 이뤘는데(1950~1960년대에는 평균 4.25퍼센트), 성장의 과실은 주로 최상위 계급에 집중되었다. 1960년대 말 53퍼센트를 넘어섰던 노동분배율은 클린턴 집권 8년 동안 잠깐 반등했던 것을 제외하곤 줄곧 떨어져서 현재는 45퍼센트 수준에 머무르고 있다.

상층의 금융자본은 결국 부동산과 주식 거품을 최대한 부풀리는 '허구의 성장'을 가져올 수밖에 없었다. 스티글리츠의 말 그대로 30년간 우리를 지배한 시장만능의 논리와 신자유주의는 이론적으로도, 또 실제로도 허구였다.

부족한 민간소비와 정부지출을 메운 것은 외채와 전쟁이었고 이것은 곧 세 번째 장기 위기를 불러왔다. 월러스틴, 아리기 등의 세계체제론자들에 따르면 미국의 패권이 발흥한 것은 1873년경이며 패권이 확립된 것은 2차 세계대전을 거치면서였다. 이후 1970년대 말까지 안정적이던 미국의 헤게모니가 쇠퇴했다는 것은 아무도 부정하지 않는다. 1989년 베를린 장벽의 붕괴와 1990년대 IT붐에 입각한 이른바 '신경제'는 미국을 수퍼 파워로 부활시키는 듯했지만, 이후 금융화의 급진전과 이라크전은 결국 미국을 좀처럼 헤어나올 수 없는 구렁텅이로 밀어 넣었다. 브로델은 제국의 마지막 단계에서 언제나 금융팽창이 일어나고 결국 그것이 붕괴한다는 현상을 관찰했다.[6] 더욱이 현재 연방채무만 GDP의 70퍼센트 이상이 되고 이중 46퍼센트 이상을 해외에 의존하는 거대 글로벌 불균형global imbalance 문제가 더이상 유지될 것으로 믿기는 어렵다. 지금의 금융위기는 최후의 일격이 될 가능성이 높다. 결국 달러 헤게모니는 무너질 것이다.

오바마노믹스

오바마노믹스 – 신자유주의의 종언?

오바마 스스로는 신자유주의의 종언을 선언하지 않았다. 그러나 선거 과정에서 감세나 금융규제의 문제를 맹공함으로써 신자유주의의 교조를 공격했다. 실제로 오바마의 경제공약은 지난 30년간의 신앙을 뒤엎는 것을 많이 포함하고 있었다. 하지만 중도를 표방하는 탈이데올로기 실용주의자인 오바마의 태도는 공약에 짙은 음영을 드리우고 있다. 흔히 영리하다smart고 평가되는 이런 자세는 표를 얻기 위한 것이기도 하지만 정책의 실현 가능성과도 연관된다. 무릇 정책이란 수립부터 실행까지 당시의 사회상황, 특히 계급의 역관계를 반영하지 않을 수 없다. 우리가 관심을 집중해야 할 지점은, 오바마가 '3중의 위기'라는 정책 환경 속에서 변화하는 사회상황을 반영하면서 신축적으로 정책을 변화시켜나갈 능력이 있는지 여부와 변화의 방향이 '어느 쪽이냐'일 것이다.

미국 발 금융위기는 분명히 신자유주의의 쇠퇴를 예고하고 있다. 실제로 오바마의 현재까지의 공약은 신자유주의의 금과옥조인 워싱턴 컨센서스를 정면으로 부정하고 있다.

오바마는 상위 5퍼센트에 대한 증세를 통해 나머지 95퍼센트에게 '노동에 대한 지불Making Work Pay'이라는 이름의 세금 환급을 약속했다.[7] 물론 이러한 조치가 레이건 시대 이래로 급속하게 벌어지고 있는 소득격차를 줄이는 역할을 하지는 못하겠지만 분명 부자에 대한 감세를 통해 성장을 꾀하는 신자유주의 정책을 뒤집은 것은 사실이다. 또 클린턴 집권기에도 계속되었던 대기업, 특히 금융산업의 규제완화도 이제는 방향을 틀 수밖에 없을 것이다. 오바마는 소기업과 신기업start ups에 대한 자본이득세 면제를 약속하는 한편 '월스트리트보다 메인스트리트'를 강조함으로써 제조업을 중시하겠다는 의지를 밝혔다. 무엇보다도 먼저 현재의 금융위기에 대처해야 한다는 점에서 파생상품시장 등 금융시장에 대한 규제는 불가피할 것이다.

생태문제에 관해서도 오바마는 과거의 정부에 비해 훨씬 더 진보적인 태도를 보이고 있다. 탄소배출량을 획기적으로 줄이고, 전체의 3분의 1에 해당하는 에너지 소비 자체를 감축시키며, 에너지의 25퍼센트를 재생에너지로 채우겠다는 것이 바로 그것이다. 그리고 나아가서 신에너지 부분이나 고효율 에너지 자동차 등을 미국의 성장동력으로 삼겠다는 뜻도 여러 번 강조한 바 있다.

또 미국 제조업의 경쟁력에까지 심각한 타격을 주고 있는 의료시장에도 큰 변화가 일어날 것이다. 오바마는 AIG와 같은 대형 보험기업에 천문학적 보조금을 제공했음에도 불구하고 4700만 명이 아무런 보험 없이 살아간다면서 그 보조금을 줄여 최소한 아동들이라도 건강보험에 강제 가입시키겠다고 했다. 그리고 미국의 약값 인하를 위해 제약산업의 지적재산권을 제한할 뜻을 밝혔다.

교육분야에서는 노동자의 재교육정책을 강조하고 있다. 예컨대 무역조정법의 대상을 서비스업까지 확대하고 예산의 일부를 노동자들의 전업교육에 쓰겠다는 것이다.

이러한 내부 정책은 분명 30년 가까이 미국을 지배해왔던 시장만능 해법에 비해 훨씬 더 개혁적이다. 그리고 현재 중하층의 소비를 적극적으로 늘려서 내수를 증가시킬 수 있다는 점에서 위기극복책으로도 시의적절하다.

그러나 오바마노믹스가 오바마의 주장대로 '실용적'인 것 또한 사실이다. 그는 '시카고 민주당원Chicage Democrats'[8]이다. 위기 타개 외에 오바마가 가장 힘을 기울일 것으로 보이는 두 개의 정책을 예로 들어보자.

오바마의 탄소배출 계획은 각 기업의 탄소배출 상한선을 정하는 동시에 배출권을 배정하는 것으로 되어 있다cap and trade. 그러나 미국의 정치제도에 비춰볼 때, 에너지 대기업들이 더 많은 배출권을 배정받기 위해 치열한 로비를 벌일 것이고 그로 인해 이 계획은 용두사미로 끝날 수도 있다. 경제학자들이 제안하는 대안은 배출권 배정에 경매를 도입하는 방안이다. 이렇게 하면 적정량 이상으로 배정을 받으려는 유인은 사라질 수 있다(코즈 해법). 그러나 탄소세를 부과하는 것이 온난화 문제의 직접적 해결책일 수 있다. 오바마는 취임 후 첫 행정명령으로 공무원 출신자의 로비를 제한했지만 행정명령이 경제의 유인구조를 언제까지나 규제할 수는 없다.

의료분야에서도 힐러리가 전 국민의 공적보험 강제가입을 약속한 것에 비해 오바마는 소극적, 또는 시장적이다. 오바마는 무보험자들에게 건강보조금을 주되 가입은 자유의사에 맡길 계획이다. 즉 기존 보험회사들과 대형 병원들의 기득권을 그대로 둔 채 시민들의 공적보험 선택을 유도하겠다는 것이다. 이 역시 시장주의 경제학자들이 보기엔 중도, 또는 실현 가능성을 염두에 둔 실용주의적 해법이겠지만 좌파가 보기엔 중도반단 정책이다. 그뿐 아니라 공적보험과 민간보험이 경쟁하는 환경에서 시민의 선택에 따라 적절한 균형상태가 유지되리라는 기대는 경제학이 예측하는 바와 다르다.

영국에서 경험했듯 부자들에게 고가의 고급 서비스를 제공하는 거대 보험회사의 정책(이른바 cream skimming)에 따라 유능한 의사들과 돈이 민간보험병원으로 몰리는 것은 당연하다. 균형을 맞추기 위해 증세를 하거나 보험료를 올리는 것은 프랑스에서 그랬듯이 이미 민간보험을 많이 이용하는 중산층 이상의 저항을 불러일으키기 십상이다. 여기에서 '점진적 개혁'이냐, 아니면 '근본적인 개혁이냐'의 문제는 단순히 이데올로기의 문제는 아니다. 그렇다고 통계적으로 바로 실증되는 것도 아니다. 어느 쪽이 더 목표를 달성하기 위해서 현실적인 방법이냐의 문제다.

신중한 사람들은 오바마가 월스트리트에는 손대지 않은 채 의료보험이나 녹색성장 등 핵심 의제에만 집중하는 한계를 보일 것이라고 예측하지만, 두 의제마저도 대중의 힘을 배경으로 기득권 세력과의 험난한 싸움을 거쳐야 해결의 실마리를 찾아낼 수 있는 성격을 가지고 있다.[9]

오바마노믹스는 위기를 해결할 것인가?

금융위기 – 과연 오바마노믹스는 3중의 위기와 근본적 위기를 타개할 수 있을까?

가장 쉬워 보이는 10년짜리 위기의 탈출도 만만치 않다. 폴 크루그먼은 일본의 '잃어버린 10년'의 경험에 비춰볼 때 2년간 2조 달러 이상의 재정을 쏟아붓고 그 이후로도 마이너스 이자율 상황을 상당 기간 지속시켜야 한다고 주장한다. 루비니의 말대로 지금 미국 정부는 '최후의 대부자'인 동시에 '최후의 소비자'일 수밖에 없다.

그러나 이미 경상수지적자와 재정적자가 모두 GDP의 6퍼센트에 이른 파산상태의 미국 경제가 이런 대규모 지출을 감당할 수 있을까? 총부채total debt는 2007년 현재 GDP의 352.6퍼센트에 이르고 이중 가계부채가 99.9퍼센트, 금융기관의 부채가 113.8퍼센트를 차지하고 있으니 미국의 경제주체 모두 이미 한계를 넘어선 상태다.

1970년대 GDP의 60퍼센트 남짓 차지하던 소비가 2007년 70퍼센트에 이르게 된 것은 맞벌이 노동, 노동시간 증가와 더불어 가계 빚이 증가했기 때문이다. 경기침체에서 빠져나오려면 소비를 증가시켜야 하지만 동시에 양대 적자를 줄이기 위해서는 소비를 줄여야 하는[10] 딜레마에 빠져 있는 것이다. 더구나 뒤에 보듯이 아시아의 수지 흑자가 각 주체의 빚을 메워주는데, 그것이 미국의 과잉소비로부터 나온다는 것도 또다른 딜레마다. 결국 오바마의 8250억 달러짜리 경기부양책처럼 미국은 정부 지출을 획기적으로 늘려야 하는데 그것은 현재 GDP의 절반에 이르는 정부의 누적적자를 더 키우는 결과를 낳을 수밖에 없다. 위기 탈출에 성공하더라도 재정적자 해소를 위해서는 급격한 인플레이션 아니면 이자율 인상에 따른 경기침체, 또는 둘 다인 스태그플레이션이 기다릴 것이다.

이러한 거시적 딜레마보다 더 중요한 사실은 이번 위기가 시스템 위기라는 점이다. 약간 과장해서 말하면 모든 금융기관이 거대한 폰지게임[11]에 빠져들도록 지난 20년간 유인구조가 형성되었다. 이는 규제가 완화된 결과이기도 하다. 과연 오바마는 이미 여러 번의 금융 스캔들이 드러낸 잘못된 유인구조와 부적절한 규제체계를 근본적으로 뜯어 고칠 수 있을까?

예컨대 회계법인은 기업의 분식회계를 도울 유인을 가지고 있고, 신용평가회사는 실제보다 높은 평가를 내렸다가[12] 문제가 생기면 한꺼번에 등급을 내려 위기를 촉진한다. 또 경영자들이 단기 이익을 추구할 수밖에 없도록 만드는 제도와[13] '그램-리치-브릴리 법'을 비롯해 투자은행과 파생상품의 규제를 포기하게 만드는 수많은 제도[14] 등 이 모든 것들을 바로잡고 연방은행이 시스템 위기의 관리라는 광범위한 목표를 수행하도록 만들 수 있을까? 투자은행과 상업은행을 묶어 지주회사로 편입시키면 오히려 위기가 확대될 수 있는데 이에 대한 비책은 마련하고 있을까? 서브프라임 모기지보다 훨씬 규모가 큰 CDS, 회사채, 자동차 채권 등에서 앞으로 1~2년 내에 추가로 문제가 터질 가능성이 농후한데, 과연 현재의 금융대책만으로 문제를 해결할 수 있을까? 스티글리츠의 비유대로 수혈을 아무리 한다 해도 뇌출혈 환자가 건강해질 수는 없는 법이다.

근본적으로 월스트리트는 위기의 진원인 동시에 세계의 자본을 불러들여 부채를 보전하는, 기업 이익의 40퍼센트를 차지하는 황금거위다. 그런데 과연 오바마가 여기에 칼을 댈 수 있을까?

관찰자들은 오바마가 시카고대학에서 오래 머물렀다는 지적 배경이 시장 자체에 손을 대지 못하도록 할 것이라고 추측한다. 또 오바마가 민주당 내 진보파인 로버트 라이시와 월스트리트파인 로버트 루빈을 두 명의 봅Bob(로버트를 미국에서 줄여 부르는 이름)으로 부르면서 양자의 균형을 얘기하는 것도 현재의 오바마 정책이 앞으로 오른쪽으로 기울 것임을 시사한다.[15]

이런 점에서 오바마가 스티글리츠를 제치고 서머스[16]를 국가경제위원장으로 그리고 루빈사단의 일원인 가이트너를 재무장관으로 임명한 것은 시사하는 바가 크다. 금융위기 와중이므로 이를 부드럽게 수습할 월가 출신 전문가를 기용했다고 볼 수도 있고, 반대로 유인구조의 시정이나 감독체계의 강화에 적신호가 켜졌다고 해석할 수도 있는 대목이다. 아직 임기가 남은 철저한 시장주의자 버냉키 연방준비제도이사회 의장까지 고려하면 오바마 행정부의 주요 금융정책 담당자는 버블시대와 동일하다. 한국에서 1997년 외환위기를 수습한다면서 오히려 규제완화정책을 적극적으로 수행한 '개혁자'들이 바로 그 위기를 조장했던 재경부 관료였다는 역설이 되풀이되는 것은 아닐까?

글로벌 불균형과 달러 위기 — 더 큰 난제는 현재의 글로벌 불균형과 국제통화체제다. 1945년에서 1971년까지는 금태환을 전제로 하는 달러 페그제로 이른바 트릴레마(자유로운 자본이동, 고정환율제, 독립적인 금융정책 중 두 가지 이상을 선택할 수 없다) 중 자유로운 자본이동을 포기했다. 그리고 1970년대 중반부터는 셋 중 고정환율제를 포기한 체제였다. 서로 다르지만 달러가 기축통화임에는 변함이 없다.

두 체제 모두 강한 달러를 배경으로 A국면에는 유럽의 수출주도 성장을, B국면에는 일본과 아시아닉스 그리고 중국과 인도 등 아시아의 수출주도 성장을 부추겼다. 모든 기축통화국가는 강한 통화를 가져야 하기 때문에 국제질서 유지의 비용을 국제수지 악화라는 형태로 치를 수밖에 없었다.

특히 1990년대 들어 중국의 수출이 급증하고 중국의 수지 흑자가 다시 미국의 재정적자를 메우면서 글로벌 불균형은 미국과 아시아의 문제가 되었다. 미국에서는 '차이메리카'라는 신조어가 등장하면서 이 상황이 미국과 중국 모두에게 이익을 주는 일종의 균형이라는 견해가 나왔다.

문제는 미국의 경상수지가 적자를 넘어 1980년대 이래 감당할 수 없는 지경에 이르렀다는 데 있다. 앞으로 미국이 금리를 올리든[17], 아니면 인플레이션으로 대응하든 아시아 국가들이 대외지불준비금(외환 보유)을 달러로 보유할 유인은 점점 약해질 것이다. 이번의 금융위기는 이런 상황에 최후의 일격을 날린 셈이다.

그러나 현재의 역사적 흐름과 미국의 이익 간의 괴리를 과연 오바마가 어떻게 조화시킬 것인가는 미지수다. 오마바가 과연 고든 브라운 영국 총리나 사르코지 프랑스 대통령이 주장하는 '포스트 브레튼우즈'(또는 뉴 브레튼우즈) 체제, 즉 달러 패권의 지양에 순순히 동의할 수 있을까?[18] 포스트 브레튼우즈 체제는 아마도 과거 EMS(유럽통화체제)의 복합바스켓제도일 테지만 이것이 공식 제도가 될 가능성은 높아 보이지 않는다. 아이켄그린이 예측하는 대로 달러와 유로가 사실상 복수의 기축통화로 기능하다가 여기에 아시아 통화(위엔이나 엔, 또는 아쿠)가 추가되는 정도가 현실적인 경로가 아닐까?

어느 경우든 미국의 달러 패권은 무너진다. 미국의 군사력은 여전히 압도적 우위를 자랑하지만 이라크전에서 보듯이 한 나라를 완전히 제압하기에도 역부족이다. 현재의 10년짜리 위기가 파국까지 가지 않는다 하더라도 앞으로 꽤 오랜 시간 동안 우리는 지극히 불안정한 세상에서 살아가야 한다. 기존 패권은 무너지고 있지만 신흥 패권은 아직 확립되지 않은 상태, 신자유주의는 무너졌지만 새로운 축적의 원리는 발견되지 않은 상태가 바로 지금이기 때문이다.

그렇다면 미국은 어떤 선택을 할까? 아마도 1980년대 중반의 플라자협정 그리고 미일반도체협정을 떠올리며 만만한 나라에 비용을 치르게 하는 단기 해법을 들고 나올 것이다. 미국 쪽에서 보자면 글로벌 협조global coordination의 핵심은 바로 이것이다.[19] 다만 이제 그 상대가 일본이 아니라 중국이라는 사실이 미국의 고민일 것이다. 훨씬 만만한 상대로 한국이 자동차 등에서 먼저 시험대에 오를 가능성도 높다. 목숨을 건 환율전쟁, 금리전쟁, 통상마찰, 심지어 군사적 전쟁이 우리의 가까운 미래가 될지도 모른다.

"중국은 환율을 조작하고 있다"는 가이트너의 청문회 언급과 이에 대해 "환율 이슈에 관해 중국에 근거 없는 비난을 하는 것은 미국의 보호주의를 돋보이게 할 뿐이며 이 문제의 실질적 해결에 아무런 도움이 되지 않을 것"이라는 중국 상무장관의 응답은 이미 전초전이 시작됐음을 보여준다.[20]

이론부재의 위기[21] – 앞의 두 절에서 잠깐씩 소개가 됐지만 다양한 수준과 영역에서 이론적인 문제가 발생하고 있다. 자신들이 전혀 예상하지 못하고 오히려 아무런 문제가 없을 것이라고 강변했던 위기가 걷잡을 수 없이 전개되자 수많은 시장주의자들이 입을 다물고 있다. 그러나 시스템을 개혁하는 정책이 구체적으로 제시되기만 하면 이들은 온갖 반대 논거를 제출할 것이 틀림없다. 1990년대 이후의 신경제론이나 금융규제 완화론, 글로벌 불균형 불가피론[22] 등에 관한 주류경제학의 연구[23]는 도서관 몇 개를 채울 정도로 쌓여 있다.

현재 미국은 1970~1980년대에 오랜 앙숙이었던 통화주의와 케인즈주의의 위기 처방책을 강력하게 시행하고 있다. 2008년 9월 이후 연방준비제도이사회Fed는 기실 프리드먼과 슈워츠의 대공황 연구에 나온 처방전 그리고 버냉키가 대공황 당시 Fed의 오류에 대해 프리드먼에게 사과하고 "이제 우리는 당신(프리드먼) 덕분에 더이상 그런 위기를 맞지 않게 됐다"고 상찬한 그 처방전을 그대로 따르고 있다.[24] 유동성의 무한한 공급이 바로 그것이다. 또 오바마는 무려 8500억 달러에 이르는 재정지출을 계획하고 있는데, 이것은 전형적인 케인즈주의 처방이다. 두 정책이 가져올 인플레이션의 공포를 무시할 만큼 '선제적이고 과감한' 정책들이다. 이런 면에선 위기의 대응에 관해 미국 경제학계는 합의(?)가 이루어졌다고 해도 과언이 아니다. 그만큼 발등에 떨어진 불은 뜨겁다.

그러나 아직도 현재의 상황을 침체recession로 보느냐, 아니면 이미 불황depression에 빠진 것으로 보느냐를 놓고 의견이 갈리고 있다.[25] 더구나 금융위기가 어떻게 실물위기로 전이되느냐, 즉 민스키가 제기한 금융불안정성이 불황으로 발전할 것이냐에 관해서는 아직 정설이 없다. 예컨대 '부채-불황debt deflation'[26]의 전형이라 할 수 있는 일본식 장기복합불황에 어떻게 대처해야 하느냐에 관해서도 뚜렷한 답이 없는 상태다. 심지어 버냉키는 버블의 존재 자체를 의심하며[27] "자산가격을 잡기 위해 통화정책을 사용해서는 안된다"고 단언했다. 반면 스티글리츠는 Fed가 통화가치의 안정이라는 좁은 목표를 넘어서 금융 시스템 전체의 안정을 꾀해야 한다고 주장한다.

구제금융bail out의 방식을 놓고 벌어진 논쟁은 결국 위기의 공포에 밀려 (부분)국유화로 정리되었지만 재발을 막기 위한 세세한 지원 조건은 여전히 논란이 되고 있다. 설계자 스스로도 알 수 없을 정도로 복잡하고 광범위하게 거래된 파생상품 때문에 누가 얼마의 손실을 부담해야 하느냐도 계산할 수 없다. 단지 납세자만 부담을 떠안고 있는 셈이다.

탈레브 분포taleb distribution[28]와 시가평가mark to market accounting가 겹치면 아무도 책임지지 않는 대형사고가 벌어질 수 있다. 마치 갓길 운행 등 교통위반으로 조금 더 빨리 가는 사소한 이익을 보던 운전자가 결국 교통사고로 사망하는 것처럼 헤지펀드 등의 사업방식은 대규모 금융사고를 일으키도록 되어 있다. 지나치게 단순하게 설명했지만 현재의 금융 시스템은 이런 오류를 내장하고 있다. 그런데 이를 어떻게 제도적으로 시정할 것인가에 대해서는 답이 없다.

이론적 문제는 사실 미시경제학의 기본 가정에까지 이른다. '인간은 과연 합리적인가?' '적어도 장기적인 이해득실을 정확히 계산할 수 있는가?' '있다 하더라도 그렇게 행동할 수 있는가?' 등 행동경제학에서 제기되는 문제는 사실 미시경제학의 기초를 허물어뜨린다. 이는 글로벌 불균형 문제처럼 너무 방대하고 정치적인 문제라서 경제학이 정확한 답을 내놓지 못할 뿐 아니라 경제학이 기초부터 흔들리고 있다고 해도 좋을 정도다. 말하자면 쿤이 이야기한 정상과학으로서 경제학은 생명을 다했다고 할 수 있다.[29]

30년짜리 위기에 관한 우리의 인식까지만 범위를 한정해도 현재는 이론의 부재상태임에 틀림없다. 1980년대에 시작된 신자유주의는 1970년대에 영국에서 시작된 하이에크 부흥운동 그리고 1970년대 주류이론이었던 케인즈 경제학에 끊임없이 도전하여 결국 일가를 이룬 프리드먼의 통화이론을 배경으로 출발할 수 있었다. 그러나 지금은 시장만능의 경제학이 한계에 부딪혔고 케인즈 경제학이 부활의 기운을 보이고 있을 뿐 새로운 이론은 윤곽조차 드러나지 않고 있다.

결국 문제는 금융의 외부성을 어떻게 해석하느냐, 그 성격에 따라 어떻게 시스템 안정성이라는 공공재를 공급하느냐로 귀결될 것이다. 더 넓게는 시장만능의 경제학이 가져온 자산분배의 불균형을 해소하는 방법까지 아우르는 자산재분배의 경제학이 필요하다. 하지만 현재의 경제학이 오바마에게 직접 도움을 주기에는 시간이 너무 없고, 반면에 과거 이론을 옹호할 천재들 그리고 그들을 뒷받침할 자본은 너무나 많은 것이 현실이다.

오바마의 공정무역론과 한미FTA

앞에서 보았듯이 오바마의 미국 역시, 적어도 경제분야에서는 끝없는 마찰을 불러일으킬 것이다. 특히 오바마의 공정무역론은 1980년대 중반, 미국에서 제창된 관리무역론과 산업정책의 조합에 입각해 있는 것으로 보인다.[30] 특히 오바마는 아시아, 그중에서도 중국의 무역흑자로 미국의 재정적자를 메우는 현재의 거시 불균형 상황을 '안보의 문제'로 바라본다.[31] 실제로 오바마는 중국의 대규모 대미 무역흑자가 위엔화의 인위적 절하나 중국의 수입 규제 때문이라며 이를 시정하는 것이 공정무역이라고 여러 번 밝힌 바 있다.[32]

미국의 FTA 정책도 이런 관점의 연속선상에 있다. 오바마는 공정무역의 기준에 비춰 카프타CAFTA(중미자유무역협정)에 확고하게 반대했으며 우선 나프타의 개정을 공약했다. 주지하다시피 나프타는 미국 FTA의 표본이므로 이것부터 개정해서 새로운 표준에 의해 다른 FTA도 모두 재검토하겠다는 의지를 밝힌 것이다. 이코노미스트 등 대다수의 주류경제학자들이 포퓰리즘이라고 맹공하는 것도 당연해보인다. 바로 대공황의 경험에서 보호주의는 위기를 심화시켰기 때문이다.

한미FTA에 관해서는 자동차산업, 쌀산업, 쇠고기산업에서의 불평등에 관해 언급한 바 있지만 현재 어떤 결정이 내려진 것으로 보이지는 않는다.[33] 현 시점에서 확실해 보이는 것은 한미FTA의 비준이 나프타의 개정 이후로 미뤄질 것이며, 한미FTA와 관계없이 1986년 미일반도체협정과 유사하게 한국 자동차시장의 미국 자동차 점유율을 보장하라고 요구할 것이라는 사실 뿐이다.

사정이 이런데도 이명박 정부와 한나라당이 연내 선비준을 외치고, 엉뚱하게 노무현 전 대통령이 재협상론을 들고 나오는 것[34]은 코미디라고 할 수밖에 없다.[35] 지금 우리가 한미FTA 협정문을 꼼꼼히 들여다봐야 하는 이유는 전혀 다른 데 있다.

오바마의 새로운 정책기조에 입각해서 다수의 민주당 의원들은 미국의 법과 제도를 빠른 속도로 바꿔나갈 것이다. 한미FTA 협정문은 부시 정권 때의 미국의 법과 제도를 거의 그대로 옮겨 놓은 것이다. 로버트 라이쉬가 강조했듯이 미국의 법과 제도는 1990년대와 2000년대의 로비에 의해 미국 대기업의 이익을 실현시키는 방향으로 개정되었다. 그렇다면 결국 미국의 법과 제도는 미국의 노동자나 소기업의 이익을 실현시키는 방향으로 바뀌게 된다. 그러나 한미FTA는 과거의 법과 제도를 그대로 따르게 되는 결과를 낳을 가능성이 높다.

예컨대 오바마가 공약대로 미국 의약품의 지적재산권이 약화된다면, 한미FTA의 의약품 분야도 이에 맞춰서 개정하는 것이 그나마 한국 국민의 건강에 도움이 될 것이다. 선결요건 중 하나였던 자동차 배기가스 규제도 마찬가지다. 따라서 한미FTA는 선비준되어야 할 것이 아니라 변화한 미국의 법과 제도를 고려하여 폐기의 가능성까지 열어둔 채 재검토되어야 한다.[36]

이번의 금융위기는 우리 경제가 실물 대외의존도뿐 아니라 자본시장의 개방도가 이미 지나치게 높아서 해외에서 비롯된 변화에 제대로 적응하지 못한다는 것을 여실히 보여주었다. 이것은 한나라당이나 민주당의 주장대로 "대외의존도가 높기 때문에 한미FTA를 해야 하는 것"이 아니라 바로 그렇기 때문에 한미FTA를 하면 안 된다는 것을 의미한다. 이렇게 경제정책의 기조 전체까지 고려한 한미FTA의 재검토는 분명 현재의 정부와 국회의 능력을 훌쩍 벗어난 일이다.

시대는 루스벨트 이상을 요구한다

현재 우리가 맞고 있는 3중의 위기는, 과거의 시스템이 무너지고 있는 것은 확실하지만 이를 대체할 새로운 체제가 아직 나타나지 않았다는 점에서 더욱 심각하다. 현실의 세력 역관계가 그러하

고, 또 이를 반영할 수밖에 없는 이론체계, 또는 구체적 해법에서
도 그러하다. 오바마노믹스 역시 이런 상황이 반영되어 곳곳이 구
멍일 수밖에 없다.

대혼돈의 시기에 오바마노믹스는 과연 한줄기 등불이 될 수 있
을까. 지금까지로는 방향까지는 몰라도 그 빛이 너무 희미하다고
말할 수밖에 없다. 그러나 흔히 대공황의 치유책이라고 얘기되는
케인즈주의 역시 이론의 틀을 갖춘 것은 5~6년이 지나서였고, 루
스벨트의 뉴딜정책(동맹)도 여러 사건을 거치면서, 심지어 루스벨
트의 원래 구상을 거슬러서 형성된 것이었다. 적어도 결과적으로
볼 때 루스벨트는 시대의 흐름, 세력관계의 변화에 관한 대중의 욕
구를 반영하고 또 선도했기 때문에 성공한 대통령이 되었다.

이제 막 첫발을 내디딘 오바마가 어느 방향으로 나아갈지 미리
단정 짓는 것은 금물이다. 오바마는 클린턴을 모델로 삼았지만(또
아직도 그럴지 모르지만) 시대는 루스벨트 이상을 요구하고 있다. 어
떤 면에서 오바마는 루스벨트보다 훨씬 더 불리하다. 왜냐하면 루
스벨트는 미국의 헤게모니가 확립되는 과정에서 대공황을 맞았지
만 오바마는 바로 헤게모니 쇠퇴기에 원만하게 다극체제를 형성하
는 과정을 관리해야 하기 때문이다. 미국민 고유의 애국심과 다극
체제의 형성을 조화시키는 일은 바로 오바마가 호소했던 그들의
애국심을 거스르는 일이 될 가능성이 높다.

오랜 불황 속에서 미국민의 선택이 어떤 쪽으로 기울지 우리는
아무도 모른다. 그들은 한국 국민과 마찬가지로 우파 포퓰리즘, 심
지어 파시즘을 오바마에게 요구할 수도 있다. 루스벨트 이전에 활
발했던 견실한 진보주의 운동과 실험은 중단된 지 오래 됐고 오히

려 지난 20여 년간 숱하게 쏟아진 기존 질서의 옹호이론은 단지 잠깐 숨을 죽이고 있을 뿐이다. 경제학이 특히 그렇다. 또 뉴딜동맹의 한 축이었던 GE 의장의 역할, 즉 기존 질서를 해체하면서도 새로운 지배질서를 구축하는 산업구조의 제안을 예컨대 버핏이나 소로스가 할 수 있을까? 위기 탈출의 구체적 해법에 관한 견해마저도 백가쟁명으로 엇갈리고 있는 상황에서 선한 그리고 장기적 안목을 지닌 자본가가 또다시 해법을 제시할 수 있을까?

이 모든 상황은 극단적으로 제3차 세계대전과 같은 비극을 예고하는 것일 수도 있다. 그 때문에라도 결론을 유보하고 싶다. 본문에서도 강조했지만 해법은 찾는 것이지 미리 존재하는 것이 아니다. 특히 위기 상황에서는 커다란 세력 재편 속에서 상대적으로 안정적인 새로운 세력균형, 시장행동의 균형을 찾아내야 하기 때문에 현재 뚜렷한 해법이 눈에 보이지 않는다고 해서 오바마가 실패할 것이라고 단정할 수는 없다.

한편 한국 지배계급의 행태을 보면 앞날이 너무 뻔해서 한 마디도 하고 싶지 않다. 오바마노믹스에서 애써 마지막 잎새를 찾는 것이 우리 국민의 정신건강에도 훨씬 낫다.

1　루스벨트는 금융산업 간에 방화벽을 설치한 글래스 스티걸법(1935)에 사인한 대통령이고 클린턴은 이 법을 폐기한 그램 리치 브릴리법(1999)을 등장시켰다.

2　3류 경제학자가 보기에 가장 아까운 인물은 앨 고어다. 그는 이미 1990년대 초에 정보고속도로라는 비전을 발표해서 이후 실리콘밸리의 IT 신화가 대량복제되도록 만들었고, 환경문제의 위험성을 가장 심각하게 인식한 지도자다. 부시에 비해 부족한 것은 대중성뿐이었다.

3　물론 자본주의 경제가 완전히 불황에서 벗어날 수 있었던 것은 전쟁 때문이었다. 또 뉴딜정책은 이론적으로 일관된 것도 아니었고 오히려 즉흥적인 것이 많았다. 뉴딜의 3R(Recovery=회복, Relief=구호, Reform=개혁) 중 일관되고 체계적인 것은 개혁 정도였다.

4　필자는 이른바 '개혁정부'에 참여한 경험이 있다. 비관론자들은 오바마를 보면서 노무현을 떠올리기도 한다. 인물이나 상황, 양면에서 이런 동일시는 그저 소일거리에 불과하지만 내 자신의 사고에 그런 비교가 암암리에 개입하는 것은 불가피하다. 이런 개입 중 참고할 만한 것이 있다면 각주에 소개하도록 하겠다. 예컨대 점진적이거나 실용적인 정책이 더 실현 가능성이 높을 것이라는 막연한 생각을 필자는 경계한다. 참여정부의 경험에서 보듯이 절충과 실용은 결국 문제를 해결하지 못하고 오히려 악화시킬 수 있다. 타협을 하든, 아니면 타파를 하든 어느 경우에도 지배계급의 이익을 건드리지 않는 '개혁'은 존재하지 않는 것이다. 위기의 시대에는 더더욱 그러하다.

5　　더 근본적인 것으로 지구온난화 등 생태의 위기 역시 인류의 코 앞에 다가와 있는 듯하다. 그런 의미에서는 3중의 위기 그리고 하나의 근본적 위기가 닥쳤다고 해도 좋을 것이다. 그러나 생태문제는 오바마 시대 이전에 이미 시작된 것이고 또 길어야 8년인 그의 임기에 해결될 수 있는 문제도 아닐 것이다. 더 직접적으로는 필자의 무지 때문에 이 글에서는 생략한다.

6　　장기파동론과는 무관하지만 지난 20년간의 미국 금융자본주의는 포터가 분류한 산업발전의 마지막 단계인 '자산주도형 경제' 그리고 민스키의 '화폐관리자 자본주의money manager capitalism'에 해당할 것이다. 두 용어 모두 혁신이 주도하는 청장년기 자본주의의 이미지와는 거리가 멀다.

7　　연간 수입 2만 5000달러 이하의 가구에 세금의 변화 없이 연간 1000달러의 수표를 지급하는 형식이 될 것이다.

8　　오바마가 시카고대학의 조교수를 오래 했으므로 저 유명한 시카고학파의 영향을 많이 받았을 것이라는 뜻이다. 정책적으로 진보적liberal이지만 그 수단은 시장친화적일 것이라는 의미에서 그를 시카고 민주당원이라고 부른다.

9　　석유기업에 대해 횡재세wind fall tax를 부과하겠다고 한 공약이 지켜질지도 의문이다. 단 재생에너지 산업의 육성이나 기초연구에 대한 지원 등은 기존 에너지산업을 직접 건드리는 것이 아니므로 상당히 빠른 진전을 보일 것이다.

10　　경상수지 적자는 기본적으로 미국 내의 주체가 자신이 생산하는 것을 넘어서 소비하고 투자하기 때문에 발생한 것이다. 또 재정적자를 줄이기 위해 세금을 늘리면 당장은 소비가 감소할 수밖에 없다.

11　　지난 연말, 언론을 장식했던 매도프의 대형 금융사기사건이나 한국 강남의 다복계 모두 똑같은 폰지게임의 원리를 따르고 있다.

12　　한참 CDO 붐이 일어났을 때는 신용평가회사의 수입 절반을 CDO 관련 수수료가 차지했다. 한편 거대 투자은행들은 고수익을 내는 서브프라임 모기지를 손에 넣는 데 혈안이 됐고 브로커들에게 건당 수수료를 주면서 기

본적인 의무due diligence인 차입자의 신용체크마저 생략하도록 했다.

13   현재의 주주자본주의 자체가 의사결정의 단기화short sightedness를 유도하는데, 특히 IT 붐의 비밀 중 하나였던 스톡옵션제도는 경영진의 도덕적 해이를 적극적으로 부추겼다.

14   구조화투자회사SIV나 도관회사conduit, 헤지펀드와 같이 장부외거래 off-balance sheet를 허용하는 이른바 그림자금융은 금융의 투명성을 저해하는 대표적인 제도다.

15   이런 '좌우의 균형'은 참여정부 초기 노무현 전 대통령이 보인 태도이기도 했다. 이정우 정책실장을 견제하기 위해 재경부 출신 권오규 실장을 정책수석으로 배치한다든가 내각의 안정감을 주기 위해 이헌재 씨를 재경부장관으로 임명한 바 있다. 그러나 2005년 하반기가 되면서 이른바 '개혁파'가 모두 쫓겨났고 청와대와 내각 모두 재경부 출신이 장악하게 되었다. 한편 루빈은 앞서 이야기한 1999년 '웬디-리치-그릴리법' 제정 때 재무장관이었고 장관을 사임한 후 시티코프 회장으로 간 바 있다.

16   서머스 역시 버블에 관해서 낙관적인 태도를 지니고 있었다. 그는 미국의 주가 거품을 국내 저축의 증가로 보아야 한다고 강변했다.

17   금리를 올리면 경기가 침체되어 한편으로는 수지 적자가 줄어들겠지만, 또 한편으로는 미국 달러의 가치가 떨어진다. 금리 상승 자체로는 외국자본을 끌어들이는 힘이 되지만 미국 경제의 약화가 일정한 임계점을 넘으면 그 이후에는 달러화 가치가 급락할 수 있을 것이다.

18   예컨대 복합통화바스켓체제는 기술적 어려움이나 ERM의 경험을 놓고 경제학자들 사이의 지리한 공방으로 시간만 보낼 가능성이 높다. 미국은 환경문제에 관해서도 이런 태도를 취하면서 사실상 해법을 거부한 바 있다.

19   그래서 일부에서는 G20이 필요한 것이 아니라 G2, 즉 미국과 중국의 협조가 필요하다는 주장도 나오고 있다.

20   이 글에서는 다루지 못했지만 에너지와 환경문제 역시 오바마의 미국과 중국이 대립할 지점이다. 오바마가 에너지와 기후변화 문제를 핵심적 의

제로 설정하고 있는 반면에 중국은 환경문제를 도외시하고 에너지 확보에 혈안이 되어 있기 때문에 두 나라는 공정무역이라는 타이틀을 걸고서라도 맞부딪힐 수밖에 없다. 또 인권문제에 특히 신경을 쓰는 클린턴 국무장관 역시 중국과 마찰을 빚을 가능성이 높다.

21　현재 경제위기를 타개하기 위해 필요한 이론을 체계적으로 소개하는 것은 필자의 능력 밖의 일이다. 여기 소개한 것들은 단지 몇 가지 단편일 뿐이다.

22　글로벌 불균형이 점점 더 커지면 언젠가 각국이 달러를 내다 팔 것이라는 위험(1971년 닉슨 쇼크는 바로 금-달러 본위제 아래에서 이 문제가 터진 데 대한 대응이었다)에 대해서 퍼거슨, 쿠퍼 등은 차이메리카chimerica론(양대국인 미국과 중국의 공동 이익이다), 경로의존성(달러를 보유하는 관행에서 쉽사리 벗어날 수 없다), 대안부재론(유로도 달러의 대체재가 될 수는 없을 것이다)을 만들어 이러한 불균형이 지속가능할 뿐 아니라 심지어 바람직하다고 주장했다.

23　이러한 연구들이 버블의 존재를 부정하고 규제완화 문제를 호도했다. 예컨대 그린스펀은 부채와 투기의 증가는 금융시장 혁신의 결과일 뿐이며 혁명적인 위험관리기술의 발전으로 인해 지속가능한 구조적 변화라고 주장했다. '문제가 심각해 보이지만 그것은 과거의 눈(경제학)으로 보기 때문이며 새로운 구조(신경제) 아래에서는 아무런 문제도 없다. 이는 오히려 미국 경제가 강하다는 증거'라는 것이다. 이런 류의 주장은 글로벌 불균형에 대해서도 쿠퍼 등에 의해 여러 형태로 변주됐다.

24　위 연설은 프리드먼 90세 생일 축하연에서 한 것이다. 한편 현대 통화주의의 핵심은 '통화정책은 강력하므로 정부의 자의가 아니라 준칙에 따라 공급해야 인플레이션을 막을 수 있다'는 것이다. 그러나 프리드먼의 분석을 그대로 따르면 대공황은 순수하게 금융현상이었고 따라서 이에 대한 처방은 강력한 통화정책을 사용해야 한다는 결론에 도달할 것이다. 버냉키 역시 이 이론을 정확히 따르고 있는데 정작 이들을 좌절시킨 것은 미국 경제가 이미 케인즈가 70여 년 전에 갈파한 것처럼 '축장성향propensity to hoard'의 급등에 따른 '유동성 함정'에 빠져 있다는 사실이었다.

25　버냉키는 2002년 Fed 이사로서 "디플레이션 : '그것'은 결코 여기 오지 않는다. 확신하라"(여기서 'it'은 'great depression'으로 민스키의 글을 염두에 둔 것이다)는 연설을 한 바 있다. 미국은 거의 아무런 비용도 들이지 않고 달러를 무한정 찍어낼 수 있으므로 디플레이션이 올 수 없다는 것이다. 현재 미국은 그 정책을 쓰고 있는 셈인데, 그는 지금 벌어지고 있는 상황도 불황이라고 규정하고 싶지 않을 것이다.

26　어빙 피셔가 대공황기에 이름지은 것으로, 과다 부채가 디플레이션을 낳고 자산가격이 떨어짐에 따라 실질부채가 커져서(빚을 갚기 위해 팔아야 할 자산의 양이 많아진다) 다시 경기침체를 악화시키는 상황을 말한다.

27　2006년에도 버냉키는 전반적으로 주택가격의 상승은 경제 펀더멘털이 좋기 때문이라고 강변했다.

28　높은 확률로 약간의 이익을 보는 반면 낮은 확률로 거대한 손실을 보는 상황이어서 기대이익이 작은 음수(예컨대 −0.2)인 분포를 말한다. 거대한 손실에 직접 책임을 지지 않아도 된다면 사람들은 언제나 그 '약간의 이익'을 보기 위해 위험한 행동을 반복하게 마련이다. 펀드 매니저가 손실이 발생하기 전에는 무수한 거래를 통해 수수료를 챙기고 엄청난 사건이 터질 때는 다만 사직하는 것으로 책임을 면하는 현재 상황도 이런 분포로 설명할 수 있다. 결국 현재의 금융제도가 이런 분포를 취한다면 금융위기는 언제나 재발할 수 있다. 이 문제는 블랙숄즈 공식으로 유명한 숄즈 역시 인식하고 있었다.

29　행동경제학이 밝힌 여러 문제를 상기하라. 현재 번역된 책으로는 《승자의 저주》(이음)가 많은 역설적 현상을 담고 있으며 더 원리적인 것으로는 《상식 밖의 경제학》(청림출판)이 참조할 만하다.

30　이 정책은 오바마의 참모군으로 거론되는 폴 크루그먼이나 로라 타이슨 등의 이론에 뿌리를 대고 있다. 특정한 조건에서는 관리무역과 산업정책이 효과를 발휘한다는 것으로 다른 나라의 시장을 개방시키는 정책의 근거로 종종 사용되었으며, 학자들은 이를 과거의 보호주의와 비교해서 '공격적 자유주의'라고 이름을 붙였다. 물론 이런 의미의 공정무역은 스티글리츠의 공정무역론Fair Trade for All과 완전히 다르다. 이런 점에 비춰볼 때 오바마 행정

부의 대외 경제정책은 누가 대통령의 자문을 맡는가에 따라 다소 달라질 수 있는데 결국 오바마는 서머스를 선택했다.

31　실제로 전쟁에 준하는 알력이 일어났을 때 중국 등 아시아가 가지고 있는 미국 재무성 증권은 미국을 위협하는 강력한 무기가 될 수 있다. 이들 나라가 그중 일부만 판다고 하더라도 세계 금융시장은 일거에 혼란에 빠질 것이기 때문이다.

32　공식문건에는 상대 국가가 좋은 노동기준과 환경기준을 받아들이도록 함으로써(이 두 기준은 클린턴이 NAFTA의 비준 조건으로 새롭게 추가한 조항이기도 하다) 결과적으로 미국에 시장을 개방하게 하는 것이 공정무역이라고 정의되어 있으나 그러한 '공정/불공정'기준은 미국의 수출경쟁력에 영향을 미치는 모든 요소로 쉽게 확대될 수 있을 것이다.

33　쇠고기문제는 지난 봄의 위생검역협상으로 미국의 기대 이상으로 해결됐다. 또 쌀시장은 WTO 협정상의 개방 일정 때문에 한미FTA에서는 다루기 어렵다. 자동차 분야의 불공정이라는 것도 50만 대 5000이라는 숫자의 문제로만 제시되고 있다. 이는 오바마가 한미FTA에 관해서 아주 적은 정보만 가지고 있거나 FTA 전반에 관해 얕은 인식을 하고 있다는 것을 의미한다.

34　노무현 전 대통령은 미국 금융위기 등 상황 변화를 이유로 재협상론을 제기했다. 금융분야에서 확인된 것은 분명하다. 한미FTA로 인해서 한국의 대외 변동성은 지금보다도 더 커질 것이 분명하다. 이번 은행의 펀드 불완전 판매 사건은 앞으로 한국의 은행들이 아무런 제약 없이, 또 필수적인 지식도 없이 미국의 파생상품을 팔게 되리라는 것을 증명했다. 결국 한미FTA가 발효되면 국내 금융기관은 미국 금융상품의 단순 판매창구로 전락할 것이다. 이는 현재와 같은 사태가 어느 때고 초래될 수 있다는 것을 미리 보여준 것이다. 또 어떤 사태가 일어날지라도 우리는 주식시장에 들어온 외국인자본의 유출에 대해서 금융세이프가드 등의 조치를 취할 수 없게 된다. 이 정도의 사실만 노무현 전 대통령이 인식하고 있다면 재협상이 아니라 폐기를 주장해야 마땅하다. 노무현 전 대통령은 한 나라의 대통령으로서 모든 정보를 종합해서 한미FTA를 추진했으며 협정 체결(2007.4.2) 후 언제든지 반대파와 토론을 하겠

다고 밝혔다. 그런데 1년 6개월이 지난 지금 토론이 자신의 능력을 넘어선다
는 이유로 거부하는 것은 무책임하기 이를 데 없다.

35　선비준론의 허구성은 이미 여러 번 밝힌 바 있다. 무엇보다도 한국이
선비준한다고 해서 미국 의회가 이에 따라 단 한달이라도 빨리 비준할 것이
라고 생각하는 것은 미국의 통상역사를 한 번도 읽지 않았다는 증거다. 둘째,
설령 양국이 비준해서 한미FTA가 발효된다 하더라도 한국의 대미수출이 증
가할 가능성은 거의 제로다. 원래의 협정으로 자동차 등의 수출이 급증할 것
이라는 가정 자체가 엉터리인 데다가 한국의 주력 수출품이 자동차, 반도체,
가전 등 내구 소비재로 이루어져 있어서 미국의 소비자들이 구입을 위기 후
로 미룰 것이기 때문이다.

36　물론 더 불리해질 부분도 있을 것이다. 이는 주로 무역구제 분야와 기
술표준이나 환경규제와 같은 분야에서 미국의 법과 제도가 바뀔 때 발생할
것이다. 이 부분도 미리 검토해두어야 한다. 그러나 어느 경우든 미국은 국내
법의 개정, NAFTA 개정이 어느 정도 마무리된 후에 비로소 한미FTA의 재협
상을 요구하게 될 것이다.

오바마 행정부의 정치 · 사회정책, 어떻게 바뀔 것인가

강경태

1962년 부산에서 태어나 부산대학교사대부속고등학교를 거쳐 1988년에 부산대학교 정치외교학과를 졸업했다. 그후 2000년 미국 노스텍사스대학에서 선거분석을 전공하면서 정치학 박사학위를 취득했다. 여론조사와 데이터분석에 관심이 많으며, 미시간대학교 ICPSR과정이나 구조분석학의 대가인 스웨덴의 칼 요레스콕 박사의 강연 등을 즐겨 듣는다. 여러 권의 책과 논문을 집필하거나 번역했으며, 2007년 한국지방정치학회 회장(공동)으로 지방정치연구에도 많은 기여를 했다. 현재는 신라대학교 국제관계학과 부교수로 재직하면서 대외협력부처장을 맡아 영미권 대외업무를 총괄하고 있다.

오바마 행정부의 정치·사회정책,
어떻게 바뀔 것인가[1]

▌변화의 길목에 선 오바마

제44대 미국 대통령으로 버락 오바마가 공식 취임함으로써 미국은 변화의 길목 앞에 서게 됐다. 경제위기 속에서 그리고 전임 부시 행정부의 집권 8년이 실패로 끝난 시점에서 출범한 오바마 행정부는 대대적인 개혁을 단행할 것으로 보인다.

첫 번째는 정치개혁이다. 전임 부시 행정부 임기 중에는 비리 사건이 특히 많이 발생했다. 대표적으로는 미국 최대의 에너지 회사인 엔론Enron이 개입된 사건을 들 수 있다. 엔론은 부시 대통령의 최대 정치 자금원이었으나, 경영 부실로 자금줄이 경색되자 위장 계열사까지 만들다가 결국 파산했다. 또 장거리 통신회사인 월드콤 WorldCom의 110억 달러 회계 부정으로 버나드 에버스 회장이 징역 25년을 선고 받은 사건도 있었다. 그뿐 아니라 의원들의 부정 사건도 많았다. 미국 최고의 로비스트인 잭 아브라모프Jack Abramoff가 민주당 하원 원내 대표인 톰 딜레이Tom Delay를 비롯한 의원들에게 불법성 뇌물을 제공한 혐의로 의원들과 함께 기소되었는데, 이 사건은 코리아게이트 이후 최대의 정치스캔들로 기억되고 있다. 또 캘리포니아 샌디에이고 출신 8선 공화당 의원인 랜디 커닝햄Randy Cunningham은 25억 달러의 뇌물 사건으로 징역 10년형을 선고 받기도 했다. 이러한 상황에서 오바마 행정부는 정치개혁 제1과제로 로비 활동의 양성화와 공개 정부 및 투명성 회복을 들고 나올 것으로 보인다.

두 번째는 교육개혁이다. 오바마는 미국 사회의 어두운 점들을 두루 경험하면서 성장했다. 그랬기에 교육의 중요성을 누구보다도 잘 알고 있다. 현재 미국의 교육은 백인 상위계층 위주로 되어 있다. 따라서 모두가 잘사는 행복한 사회를 만들기 위해서는 낙제 학생 방지, 영유아 조기교육, 교사 우대 및 대학 교육 기회의 확대 등의 개선이 반드시 선행되어야만 한다. 오바마 행정부는 이러한 교육정책을 전면적으로 개혁할 것으로 보인다.

세 번째는 보건, 인권 등 각종 사회개혁이다. 오바마 행정부는 미국 사회의 전형적인 낙후 분야인 국민보건정책을 선진화하기 위해 전국민 의료보험체계를 도입해 모든 국민이 의료 혜택을 받을 수 있도록 할 예정이다. 또 환자의 건강 관리를 현재의 차트식 종이문서 방식에서 전자정보시스템으로 전환하여 수백억 달러의 예산을 절감할 것으로 보이며, 복사약 사용의 확대, 약가 인하 등으로 국민들의 의료비 부담도 대폭 줄일 계획인 것으로 알려졌다. 또 소수 민족, 특히 흑인들의 인권문제를 다루는 법무부 민권국의 인적 구성을 백인 위주에서 인종 다양화 방향으로 추진하고, 남녀 성차별과 마약의 종류에 따른 흑백 인종 간 형량 차별 철폐와 같은 사회개혁을 위해 진력할 것으로 예상된다.

정치 개혁

로비 활동의 양성화

미국은 로비스트가 움직인다는 말이 있을 정도로 로비의 힘이 막강하다. 약 3만 5000명의 로비스트들은 백악관 직원, 의원, 의원 보좌관, 변호사 등의 전문가 그룹 그리고 톰 딜레이 전 하원 원내 대표의 딸이나 밥 돌 전 대통령 후보의 아들 등 고위 정치인 가족으로 구성된 미국의 대표적인 상위계층이다.

로비스트들은 이익집단을 대표하여 미국식 다원주의 민주주의를 실현하는 긍정적인 면도 있지만 뇌물, 향응 등 부정부패의 대명사로 부정적인 이미지도 강하다. 오바마는 위스코신 주 민주당 의원인 러스 파인골드Russ Feingold와 함께 2007년 여름에 이미 상원에서 워터게이트 이후 가장 포괄적인 로비스트 개혁 법안을 입안했다. 오바마 법안에 따르면, 로비스트는 공무원들에게 식사 제공이나 선물을 일체 할 수 없다. 또 전직 상원의원이나 공무원, 하원의장, 의원과 연관된 직무에 종사했던 로비스트들은 상원 본회의장, 체육관, 주차장에 접근할 수 없다. 불미스러운 로비 활동의 가능성을 아예 차단한 것이다. 이러한 제도를 발판으로 오바마 행정부는 워싱턴 정가에 악영향을 미치는 로비스트 활동에 관한 구체적이고 정확한 정보를 국민들에게 공개하여 투명성을 제고할 것으로 보인다.

현행 로비스트 관련법은 로비스트 활동에 대한 구체적인 공개조항이 없다. 예를 들면, 정부와의 계약을 따내기 위한 로비 활동을 '획득 로비procurement lobbying'라고 하는데, 현재는 획득 로비와 관련된 구체적인 공개 법안이나 분류 항목조차 없는 실정이다. 누구에게 어떤 식으로 보고하라는 규정도 없다. 이에 오바마 행정부는 로비 보고 규정을 확대하여 획득 로비에 대한 보고 항목을 신설할 예정이다.

오바마 행정부는 또 각종 비리에 연루된 정치인이나 로비스트들에게 면죄부를 주는 대통령 사면에 대한 로비 활동도 일반에 공개할 예정이다. 미국 헌법은 대통령 사면에 대한 대통령의 절대적 권리를 보장하여 후임 대통령이 이에 대한 적절성 여부를 재검토할 수 없도록 규정하고 있다. 예를 들면, 클린턴 대통령은 임기 마지막 날 금융 재벌인 마크 리치와 동업자 핀커스 그린을 사면했다. 리치는 탈세 및 대이란 금수조치 위반을 포함하여 50여 개 혐의로 기소돼 종신형의 위기에 처하자 해외로 도피한 인물이다. 리치의 전 부인이 막대한 정치자금을 클린턴과 민주당에 기부함으로써 리치가 사면된 것으로 알려지고 있다. 즉 오바마 행정부는 앞으로 이와 같은 로비 활동 내역을 전격 공개하겠다는 것이다.

현재 로비 규정은 각 부처별로 분산되어 있으며, 부처별 대국민 로비 보고 방식도 상호 협조가 잘 되지 않고 있다. 게다가 그 내용이 국민들에게 일목요연하게 공개되지도 않는다. 따라서 국민들이 로비스트들의 활동 내역에 관한 정보를 얻고자 해도 정보가 여러 부처에 분산되어 있어 총체적인 활동을 파악하기가 사실상 거의 불가능하다.

오바마 행정부는 로비 활동 보고, 상하원 윤리규정의 준수 여부, 의원에 대한 선거자금 지원 등을 인터넷상에서 특정 기관의 책임 아래 데이터베이스로 통합해 일반 국민들이 조사, 분류 및 다운로드할 수 있도록 공개할 예정이다. 이러한 데이터베이스를 통해 유권자들은 지역구 의원들의 교류 범위, 자금 지원처, 지원액 및 윤리 위배 사항 등에 관한 정보도 동시에 제공받을 수 있다. 이는 로비스트 활동에 대한 모든 정보를 공개함으로써 부정의 소지를 제거하겠다는 방침이다.

지금은 의원과 연관된 로비 활동에 대한 윤리 및 로비 규정을 의회가 감독하고 있어 마치 여우가 닭장을 지키는 형국이다. 이런 현실을 개선하고자 2008년 초 의회는 오바마 주도로 의회의 윤리 위반 사례에 대한 전문적인 독립기관의 설립에 관한 법안을 제안한 바 있으나 부결되었다. 의원들의 선거자금 중 상당 부분이 여전히 로비스트들에게서 나오는 실정에서 로비스트들과의 모든 관계를 의원 스스로 규제하기는 쉽지 않다.

이에 오바마는 대통령의 권한을 적극 발휘하여 부결된 법안을 통과시키려고 최선을 다할 것으로 예상된다. 그리고 이를 위해 조속한 시일 내에 윤리 위반 건에 대한 엄정한 조사를 수행할 독립적인 감독 기관을 설립할 것으로 보인다. 물론 로비 활동에 대한 최종 감독 권한은 의회의 윤리위원회가 여전히 보유하게 된다. 이런 감독 권한마저 손상당하게 되면 의원들의 자발적인 협조가 어려워지기 때문이다.

마지막으로 2008년 8월에 통과된 윤리개혁법안ethics reform bill에 따르면, 대통령 취임 위원회, 대통령 도서관, 의원 관련 기관 등에 대한 로비 기부금은 기부자가 기업의 로비스트든지 CEO든지 상관없이 공개하도록 되어 있다. 모든 종류의 기부금을 명명백백하게 공개하는 것이다. 따라서 '로비스트 천국'이라는 비아냥을 들어온 미국은 오바마 임기 중 로비 활동에 대한 각종 규제가 강화돼 보다 공정한 로비 문화가 정착될 것으로 보인다.

공개 정부(국민에게 정부 다시 돌려주기)

일반적으로 의회에서 통과되는 수많은 법안들은 국민 생활과 밀접한 관련을 가지는데 특히 의료, 교육, 세금, 환경 관련 법안은 국민 생활에 획기적인 변화를 초래한다. 그러나 지금까지 대부분의 법안들은 국민들이 법안의 내용을 모르는 상태에서 의회에 제출되고 우여곡절 끝에 대통령이 서명했다. 그러나 오바마는 앞으로 긴급 법안을 제외하고는 국민들이 법안의 내용을 볼 수 있도록 백악관 홈페이지에 5일간 전체 내용을 공개하고 국민들의 의견을 청취한 다음 서명할 예정이다.

이와 같이 오바마의 정치개혁에는 인터넷이 많이 활용된다. 이는 인터넷이 오바마 승리의 주역이기 때문이다. 미국 정치 자금을 추적 감시하는 시민단체인 '책임정치센터Center for Responsible Politics'의 2008년 대선 모금 총액 발표에 따르면, 오바마가 선거사상 최고액인 7억 5000만 달러를 모금한 것으로 나타났다. 여기에는 오바마의 개인적인 인기가 크게 작용했겠지만, 무엇보다도 가장 큰 동인은 소액 기부를 가능하게 만든 인터넷의 힘이라고 할 수 있다.

오바마는 정권 인수팀에서 적용했던 것처럼 웹상에서 정부와 국민들 간의 커뮤니케이션을 확대하여 국민에게 다가서는 정부가 되겠다고 표방했다. 예를 들어, 오바마는 동영상 웹사이트 유튜브

YouTube 채널과 온라인 친교사이트 페이스북Facebook 홈페이지를 통해 국민들과 직접 대화가 가능한 직접민주주의를 시도할 것으로 보인다.

이와 같은 맥락에서 오바마는 21세기형 노변정담을 정례화할 예정이다. 20세기 초 프랭클린 루스벨트 대통령이 라디오로 노변정담을 시작했는데, 오바마는 신기술을 접목한 유튜브로 노변정담을 하겠다는 것이다. 이미 오바마는 작년 11월 15일 당선 직후 유튜브 동영상을 통해 경제위기 해결을 강구하기 위한 세계 주요 20개국(G20) 회담의 중요성을 언급하면서 의회가 신속한 조치를 취해줄 것을 촉구했다. 이 동영상은 하루만에 40만 건이 넘는 조회수를 기록하면서 인기가 절정에 이르렀다.

오바마 행정부의 관리들도 정기적으로 인터넷 전국 타운홀 미팅을 열어 국민과 직접 대화하는 미국식 민주주의를 추구하고 있다. 사실 워싱턴 정가에 관심이 많은 사람이라도 워싱턴 권역 밖에 살게 되면 정부 부처에 직접 질의를 하거나 공무원들과 접촉하기가 쉽지 않다.

국민은 정부정책의 추진 배경 등을 알고 싶어 하며, 알아야 할 권리가 있다. 시민의 알권리는 미국에서 시작되어 전 세계로 확산되었으며, 정보자유법Freedom of Information Act이 이러한 정보공개의 핵심 역할을 하고 있다. 주정부 차원에서도 이런 노력이 진행되어왔는데 버지니아, 애리조나, 캘리포니아 및 유타는 구글과 계약을 체결하여 주정부의 교육, 부동산, 헬스 케어, 환경 등 다양한 공공 기록들을 인터넷상에 제공하고 있다.

그러나 최근 연방정부는 국민들에게 적절한 정보를 제공하지 못하고 있다. 부시 행정부는 국민들이 적극적으로 법에 호소하지 않는 것을 두고 국민들이 특정 정보를 필요로 하지 않는다고 자의적으로 판단하여 굳이 정보를 제공하지 않았다. 오바마 행정부는 이러한 관행을 일소하고, 안보 등 특별보호 정보 외에는 모든 정보를 공개하는 것을 원칙으로 하는 행정명령을 발동해서 정보 자유의 전통을 재정립할 것으로 보인다.

정부기관의 정책 결정은 국민 생활에 지대한 영향을 미친다. 따라서 이런 정책 결정에는 정책 입안자의 입장보다는 국민들의 입장이 먼저 고려되어야 한다. 그러나 그동안 많은 정책들은 국민들이 그 내용이나 변화 과정을 모르는 상태에서 결정되었다.

특히 9.11테러 이후, 테러와의 전쟁을 수행하면서 400억 달러의 전비를 승인받은 부시 대통령은 국가안보라는 명목으로 삼권 분립이나 시민들의 기본권까지 무시했다. 전 세계적으로 인권 유린의 대명사가 되어 버린 쿠바 관타나모 수용소의 내부 상황은 철저하게 비밀에 싸여 있다. 부시 행정부는 언제나 자신이 판단하는 국익의 관점에서 정보공개 여부를 판단했으며, 그 결과 공개 정보보다는 미공개 정보가 훨씬 더 많았다.

예컨대 증권거래위원회와 연방통신위원회는 공청회를 한 달에 하루 이틀 정도만 개최했다. 나머지 기간 동안 위원이나 직원들은 로비스트나 법률가들과 사적으로 만나거나 국민의 눈 뒤에서 활동했다. 이런 사적인 만남을 이용해 기업들은 자신들에게 유리한 방향으로 정책이 입안될 수 있도록 압력을 행사했다. 일반 시민들의 의견은 이런 정책 결정 과정에서 철저하게 소외되었으며 대규모 소비자단체들도 기관의 문턱을 내집처럼 드나드는 기업 로비스트를 당해낼 수 없었다.

그런데 오바마는 각 부처 장관들이 부처 업무의 대부분을 공개하도록 함으로써 시민들이 이러한 과정뿐 아니라 토론 과정까지 인터넷상에서 관찰할 수 있게 했다. 동영상은 웹상에 저장되며 회의록도 공개된다. 또 단순 참관에 그치는 것이 아니라 국민들이 회의 진행에 직접 참여하는 것도 가능하게 될 것이다.

행정명령은 대통령이 행정부 기관에 임무, 예산, 인사에 관한 지시 사항을 전달하는 문서다. 따라서 행정명령은 행정부 내에서만 적용된다. 지난 정부에서 적용되어온 '행정명령 12866호'의 경우는 정책 결정과 관련하여 국민들과 백악관 직원들 간에 진행된 의사소통 과정을 일반 대중에게 공개하지 못하도록 하고 있어 오바마 행정부에서는 취소될 것으로 보인다. 일반적으로 아무리 강력한 권한을 행사하는 대통령이라도 행정기관의 의사 결정을 통제할 수 없으며 지나치게 중앙집권적인 규제 통제 방침은 위헌, 위법 소지가 있다는 지적이 학계와 언론계 등에서 꾸준히 제기되어왔다.

오바마는 이미 대선 직후인 11월 21일 공개된 동영상에서, 10여 명의 에너지·환경정책팀 연구원들이 친환경 에너지 정책으로 일자리 확대 방안을 논의하는 전 과정을 공개했다. 또 국가안보와 관련된 기밀은 철저히 보장하되, 일반 규제 정책regulatory policy에 관해서는 이해당사자 간 의사소통을 공개할 예정이다. 오바마의 말대로 백악관은 대통령의 집이 아니라 국민의 집이며 국민은 백악관을 방문하는 사람이 누구인지 알아야 할 권리가 있기 때문이다.

1970년대 리처드 닉슨 대통령이 사임을 하게 된 워터게이트 사건 이후 1978년 미 의회는 대통령기록법Presidential Records Act을 제정했다. 이 법은 재직 중 작성된 모든 공문서를 국립문서보관소 NARA에 보관하고 12년이 지난 후에 국민에게 공개할 수 있도록 되어 있다.

그런데 부시 대통령은 2001년 11월 행정명령을 발표하여, 전현직 대통령과 부통령은 기록물을 공개하지 않거나 무한정 공개시한을 연기할 수 있도록 개정했다. 특히 이라크 전쟁 과정에서 긴밀한 역할을 한 것으로 알려진 딕 체니 부통령은 자신의 기록이 대통령기록법의 적용 대상이 아닌 개인적인 문서라면서 문서 공개를 거부했다.

이에 대해 미국 시민단체인 '책임과 윤리를 위한 워싱턴 시민모임CREW'은 2008년 9월 8일 부통령이 재임 기간에 작성한 모든 기록물에 대해 폐기 불가를 주장하며 워싱턴 지방법원에 소송을 제기했다. 또 미국 상원 정보위원회와 사법위원회의 민주당 의원들은 작년 대선 직후, 백악관 법률고문에게 대통령 관련 기록물 삭제 및 NARA로의 이관 거부 움직임에 대해 경고했다. 이에 따라 오바마 행정부에서 정치문제로 발전될 가능성도 나타나고 있다. 이런 상황에서 오바마는 부시의 행정명령을 취소하고 원상회복하여 대통령 기록물이 법에 따라 공개될 수 있도록 조취를 취할 것으로 보인다.

모든 국민들은 자신의 세금이 어떻게 사용되고 있는지 알아야 할 권리가 있지만, 세금 사용처에 대한 정보는 오랜 세월 동안 비공개로 처리되어왔다. 이에 따라 오바마는 상원의원 시절 오클라호마 출신 톰 코버언Tom Coburn 공화당 의원과 함께 구글과 같은 검색엔진을 제작하여 일반 국민들이 연방 지원금, 계약 내용, 예산

끼워넣기earmarks 및 융자 등을 인터넷상에서 쉽게 검색할 수 있도록 했다.

정부와 계약하는 큰손들은 정부와 연방 선거 출마 후보들에게 로비자금으로 수백만 달러를 사용하고 있다. 이들 중 많은 기업들이 로비 활동으로 돈벌이가 되는 수의계약을 따내고 있는 실정이다. 예를 들어, 연방정부 계약 서열 6위인 핼리버튼Halliburton사는 부시 행정부가 들어선 이래 로비에만 280만 달러를 지출했고 선거 자금으로 527만 달러를 사용했다.

영국의 일간지 《텔레그래프》는 '조지 부시의 최악의 순간 20선'을 선정했는데 그중 '이라크 전쟁 발발 후 핼리버튼사가 이라크 사업을 진행하면서 수주한 계약들'을 19위로 꼽았다. 핼리버튼사는 딕 체니 부통령이 한때 CEO로 근무하였으며 지금도 막대한 주식을 보유하고 있는 석유 재벌이다. 또 쿠바의 관타나모 포로수용소를 건설했으며 미군의 식사 공급에서부터 전후 이라크 석유 복구 사업까지 모두 독점했다. 미국 《타임》은 핼리버튼사가 이라크 전쟁 개시 후 1년 만에 미국 정부와 맺은 계약 금액이 이라크 정부의 2004년 예산액 130억 달러보다 더 많은 170억 달러에 달하는데, 문제는 대부분이 경쟁 입찰이 아니라 수의계약이었으며 과다 청구도 많았다고 보도했다.

이러한 폐단을 막기 위해 오바마는 '계약 및 영향력Contracts and Influence'이라는 데이터베이스를 구축하여 15만 달러 이상의 모든 계약에 대한 연방 계약자들의 로비 내용을 전면 공개할 예정이다. 즉 시민들이 이들의 계약 내용과 관련 규정의 준수 상태 등 계약자들의 계약 내용에 대한 이행과정을 쉽게 추적할 수 있도록 하는 것이다.

연간 20~30만 달러 이상의 고액 연봉을 받는 수천 명의 로비스트들은 워싱턴 의사당에서 자신들의 '고객'들이 특별세제 혜택을 받을 수 있도록 끊임없이 노력하고 있다. 그러나 앞으로 오바마 행정부는 이런 과정을 완전 공개하여 책임 정부를 구현할 방침이다. 이를 위해 오바마의 이른바 '구글 정부Google for Government' 법안은 모든 미국인이 인터넷상에서 연방정부 예산의 사용내역을 쉽게 파악할 수 있도록 돕고 있다.

이 법안대로라면 특정 기업이 특별세제나 예산 끼워넣기 등으로 혜택을 받았을 경우 국민들은 백악관의 행정관리예산국Office of Management and Budget을 통해 웹상에서 이러한 사실들을 쉽게 찾아낼 수 있다.

또 오바마는 미국 대통령으로서 유튜브의 모기업인 구글을 이용해 인터넷 동영상으로 정례연설을 계획하고 있다. 구글은 사실상 오바마의 '비디오 보좌관' 역할을 하고 있는 셈이다. 대선 기간 중 오바마는 선거본부 홈페이지(www.barackobama.com)를 통해 1000만 명의 자원봉사자를 모집했으며, 대통령 취임 후에도 이들을 원군으로 활용하여 백악관의 공식 홈페이지 이외에 별도로 자신의 홈페이지를 운영하고 있다. 백악관은 이들을 국정 운영에 열렬한 지원세력으로 활용할 계획인 것 같다.

오바마는 행정명령을 발동하여 전문직 공무원 외에 모든 정치직 임명자도 전문적인 지식과 경험을 소유한 자로 국한할 것으로 보인다. 이런 행정명령은 지난 2005년 8월 30일 허리케인 카트리나Katrina가 미국 남동부 지역을 강타했을 때, 연방위기관리청FEMA 장 마이클 브라운Michael Brown의 능력 부족으로 수많은 인명피해가 발생한 경험에서 비롯된 것이다.

가장 피해가 컸던 루이지애나 주에서는 사망자가 1만 명에 이를 정도로 9.11테러 이상의 막대한 피해를 입었다. 클린턴 대통령 당시에는 전문가로 구성되었던 재난관리청이 부시 행정부에서는 개인적인 친분과 충성도에 따른 인선이 이루어진 것이다. 그 결과 상황판단 능력이 부족했던 브라운과 재난관리청 상부 지도부는 8월 29일 아침 허리케인 카트리나가 뉴올리언스 시내의 둑을 무너뜨려 곧 엄청난 홍수가 발생할 것이라는 현장 직원의 긴급 보고를 묵살하고 말았다. 또 최근 수년간 허리케인의 위협이 있었으나 연방정부와 주정부가 잘 대처했기 때문에 이번에도 무사할 것이라는 안일한 방심으로 적절한 대피 조치를 취하지 못했다. 이에 따라 오바마는 행정부의 모든 관리들을 전문 능력과 충분한 경험을 가진 사람들로 구성할 방침이다.

투명성 회복

오바마 행정부는 공직에 임명된 자가 공직을 이용해 사리사욕을 채우지 못하도록 새로운 규정을 제시할 것으로 보인다. 또 신임 공직자가 자신의 전임 고용주나 상관에게 유리한 인센티브를 제공하는 것도 금지한다. 구체적으로는 임명 후 2년간 임명자와 직접적 혹은 실질적으로 연관되는 규정의 제 · 개정이나 계약 체결을 할 수 없다. 피고용인이 고용 계약이 종료되어 회사를 사직한 후, 해당 기업과 직접적으로 연관된 공직에 취임하면서 기업으로부터 뇌물성 보상을 받더라도 2년의 금지 기간을 설정하게 되면 그러한 보상의 효과가 사라질 것으로 보기 때문이다.

클린턴 행정부에서 대통령 비서실장을 역임한 바 있는 존 포데스타John Podesta 오바마 정권 인수팀장은 공직에서 물러나 로비스트로 활동하다가 다시 공직으로 복귀하는 '워싱턴의 회전문Revolving Door 문화'나 '코드 인사'의 관행을 뿌리 뽑겠다는 각오를 다졌다.

로널드 레이건 대통령 이후 인수위의 예산 일부가 정치활동위원회PAC와 로비단체 등으로부터 조달되었는데, 이는 집권 이후 행정부와 로비단체들과의 긴밀한 관계가 지속되게 만드는 문제를 낳았다. 오바마는 이런 고리를 차단하기 위해 450명의 인수위원이 사용하는 1200만 달러의 예산을 연방정부 지원금 520만 달러와 소액 개인 기부금으로 충당했다. 물론 오바마 행정부에서도 합법적인 로비 활동은 허용된다. 그러나 부시 행정부 때와 비교하면 로비스트들의 인기는 큰 폭으로 하락할 것이다.

또 행정부를 떠나 곧바로 로비스트가 되는 길도 봉쇄된다. 퇴직 후 2년간은 공직과 연관된 업무에 대한 로비 활동이 금지되기 때문이다. 즉, 오바마 행정부에서 근무한 정치적 임명직은 최소한 오바마 임기 내에는 행정부에 로비할 수가 없게 되는 것이다.

부시 행정부는 주변의 친구나 지지자들과 수의계약을 체결하는 등 권한을 남용했는데, 이러한 권력 남용은 납세자들에게 연간 수십억 달러의 피해를 입혔다. 2006년 하원정부개혁위원회Government Reform Committee의 보고서에 따르면, 연방 차원의 계약액은 2000년 회계연도에 2030억 달러에서 2005년도에는 86퍼센트가 늘어난 3770억 달러로 증가했다. 같은 기간 동안 수의계약건은 670억 달러에서 115퍼센트나 증가한 1450억 달러였다. 오바마 행정부에 가장

큰 영향력을 미치는 미국진보센터Center for American Progress 보고
서에 따르면, 최근 3년 동안 5명의 고위직 연방 공무원이 불법 계
약으로 유죄 판결을 받았고, 3명은 기소되었으며 많은 공무원들이
조사를 받았다.

이에 따라 오바마 행정부는 수의계약의 남용을 중지할 예정이
다. 2만 5000달러가 넘는 모든 계약은 특별히 예외로 인정한다는
증명서를 제출하는 경우를 제외하고는 계약 담당자가 반드시 공개
입찰 과정을 거쳐야 한다.

합법적으로 등록된 로비스트라도 선물을 주고받으면 공직자와
의 유대 관계가 형성되어 정책 과정에 혼란과 악영향이 생긴다. 따
라서 오바마는 합법 로비스트나 로비스트 회사가 행정부 관리들에
게 선물을 제공하지 못하도록 하는 행정명령을 발표할 예정이다.

과거 행정부에서는 고용과 승진과 같은 중요한 문제가 능력과
경험보다는 이념과 정치적 충성도에 따라 결정되는 경우가 많았
다. 오바마는 이런 폐해를 고치기 위한 행정명령으로 모든 기관의
신규 임용은 정치적 공헌이나 개인적 친분과 상관 없이 이뤄지도
록 할 예정이다. 아울러 모든 공직자는 하위직 공직자를 임명할 때
정치적 고려를 하지 않겠다는 서명을 해야 한다.

실제 오바마의 초대 내각 구성은 능력이 가장 큰 기준으로 작용
했다. 정파, 이념, 종교, 인종 등 구태의연한 기준을 초월했을 뿐 아
니라 심지어 정적이나 공화당 출신도 임명했다. 2008년 1년간의
치열했던 경선 과정에서 험담과 악성 루머, 네거티브전의 대상자
였던 힐러리 클린턴을 국무장관으로 임명한 것만 봐도 알 수 있다.
부시 행정부는 실패했지만 부시 행정부에서 유능함을 인정받았던

국방장관 로버트 게이츠Robert Gates는 이라크전을 마무리할 수 있도록 그대로 유임되었다. 그밖에도 전통적 방식의 백인 위주의 조각이 아니라 흑인 3명, 히스패닉 2명, 일본계 1명과 중국계 1명 등을 각료 명단에 포함시켜 능력과 통합을 절대 기준으로 삼았음을 보여줬다. 이들 역시 하위직 인선에 오바마의 인사 원칙을 그대로 적용할 것으로 예상된다.

공직자는 자신의 정치적 이해관계를 달성하기 위해 직위를 이용해서는 안 된다. 흔히 연방 공무원들은 정치적 중립성을 지키지 못하고 정치 활동과 관련된 규제를 무시하는 경우가 많은데, 오바마는 이를 엄격하게 규제할 예정이다. 미국도 우리나라와 일본처럼 공무원의 정치 중립성을 법률로써 엄격하게 요구하고 있다. 이미 1939년 뉴멕시코 주 상원의원인 칼 해치Karl Hatch가 뉴딜 정책에 따른 예산을 공무원들이 정치적 이해관계에 따라 자의로 편성하지 못하도록 하는 법안을 입안했다. 그러나 수정헌법 1조에 나오는 표현의 자유와 상충되는지 여부를 놓고 많은 논란이 있어 왔다. 1990년에는 연방 공무원들의 선거 활동을 허용하자는 수정안이 상하원을 통과하였으나 부시 대통령George H. W. Bush의 거부권 행사로 부결되었다.

'해치법'에 따르면 공무원들은 선거 혹은 후보지명에 대한 간섭, 직위를 이용한 영향력 발휘, 정당이나 후보에 대한 금품 대여나 기여를 하지 못한다. 또 업무용 메일 계정으로 정치적 이메일을 주고받는 행위라든지, 근무시간에 자신의 개인 홈페이지에 접속해 정치적 글을 남기는 행위도 금지된다. 이를 위반했을 경우에는 정직 등의 처분을 받는다. 그럼에도 불구하고 2007년에는 282건,

2008년에는 445건의 해치법 위반 사례가 적발되었다.

오바마 행정부에서는 일반 공무원이 해치법을 위반했을 경우 법무부 산하 감찰관Inspector General에게 고소장을 제출하도록 하고 있다. 그리고 감찰관은 접수 60일 이내에 고소의 타당성과 그 내용을 조사하여 보고서를 제출해야 한다. 고소 내용이 기관의 장과 관련된 문제일 경우에는 대통령에게까지 보고되고, 정치적 고려에 따른 부적절한 혐의일 경우에는 엄격한 제재의 대상이 되며 해고도 가능하다.

▍교육개혁

오바마는 미국 경제를 회복시키는 데 정책의 우선순위를 두고 있지만 그 다음으로 교육 정책의 질적 향상에 많은 관심을 보이고 있다. 소수 인종이었던 오바마는 비백인 학생들의 취학률, 대학 진학률, 우수 학생 비율이 백인 학생들에 비해 매우 낮다는 점을 누구보다도 잘 알고 있다. 미국은 다른 선진국과 객관적으로 비교해봐도 또 미국 내 정치·경제·문화 등 다른 분야와 비교해봐도 교육 분야에 가장 문제가 많다. 따라서 오바마 행정부는 낙제 학생 방지, 영유아 조기교육, 우수 교사 확보 및 대학 교육 기회의 확대를 위해 모든 노력을 아끼지 않을 것으로 보인다.

낙제학생 방지법No Child Left Behind Act, NCLB
부시 행정부의 가장 핵심적인 정책은 대외적으로는 테러 방지였고 대내적으로는 낙제 학생 방지 방안이었다. 2002년 취임 다음해부터 추진한 '낙제 학생 방지법'은 2014년까지 모든 학생들이 수학과 영어에서 적정 수준에 도달하는 것을 목표로 추진되었다. 목표치에 2년 연속 도달하지 못하는 학교는 1년의 유예기간을 부여해 개선의 여지를 주었다. 그러나 그럼에도 불구하고 개선되지 못할 경우 그 학교의 해당교사는 해임되었다. 반면 목표에 도달하는 교사에게는 보너스를, 학생에게는 부상을 주는 인센티브제가 실시되었다. 이 제도를 도입한 후 2003년부터 일정한 성과가 나타났다. 그러나 이는 애초에 목표치가 낮게 설정되었기 때문인 것으로 조사되었다.

오바마 역시 부시 행정부의 낙제 학생 방지법의 기본 취지와 방향에 대체로 공감하고 있다. 그러나 오바마는 부시 행정부가 교사, 교장, 학교 당국에 대한 적절한 지원 대책 없이 NCLB 목표 달성만 강요하는 실수를 범했다고 보고 있다. 부시 행정부가 수준 높은 교사 공급에 실패했으며, 교사에 대한 충분한 지원도 부족했다고 판단한 것이다. 즉 오바마는 NCLB는 노동 강도에 비해 교사의 사기를 현저하게 저하시키는 결과를 낳았다고 보았다.

이를 개선하기 위해 오바마 행정부는 사지선다형 맞추기에 능숙한 기계적인 학생을 만드는 교육 시스템을 지양하고, 교사가 학생들의 발전 상황을 면밀하게 추적해 이를 학생에게 피드백하는 종합적인 교육 시스템을 추구한다. 그리고 이를 실현하기 위해 주 예산이 적절히 지원되도록 연방정부에 요청했다.

또 성과가 부진한 학교를 징벌하기보다 성과가 진척될 수 있도록 체계적으로 지원할 예정이다. 그러기 위해서 특별 지도가 필요한 일부 학생에 대한 정확한 평가 방법을 개선하고, 단순히 읽기와 수학 실력 테스트가 아닌 학생의 발전 상태를 지속적으로 평가할 수 있는 시스템 도입을 추진하고 있다. 그리고 궁극적으로는 단지 점수만 좋은 학생을 만드는 것이 아니라 성공적인 졸업과 그 이후에도 보다 나은 삶이 가능한 학생을 만들기 위해 학교에 각종 인센티브를 부여할 예정이다.

'제로투파이브' 영유아 조기교육

오바마는 조기교육을 하면 아동들의 두뇌가 미래 학습을 수행할 수 있는 역량을 갖출 수 있다는 확고한 신념을 가지고 있다. 적절한 조기교육이 제공되지 않으면 아동, 특히 발달 부진 아동들은 유치원 취학 훨씬 이전부터 또래 아이들에 비해 지적 능력이 뒤떨어진다고 판단한 것이다. 이에 따라 영유아 조기교육의 중요성이 부각되고 있다. 또 경제적인 이점도 무시할 수 없다. 예를 들면, 출생 단계에서부터 고품격 종합 교육 프로그램에 1달러를 투자할 경우, 미래에는 7~10달러의 투자 효과가 발생하고 결국 사회에도 크게 기여하게 된다는 것이다.

특히 영아와 토들러 단계의 투자를 중요하게 생각하고 있다. 아이들의 경우 가장 많은 시간을 보육사와 보내기 때문에 '제로투파이브' 계획에 따라 오바마 행정부는 아동과 부모에게 임기 중 100억 달러를 투자할 계획이다.

각 주들의 '제로투파이브' 계획에 대한 원활한 동참을 유도하기 위해 '조기교육 도전 보조금Early Leaning Challenge Grants' 제도 신설 – 오바마 행정부는 임산부와 5세 미만의 아동들에게 수준 높은 양육과 교육의 기회를 제공한다. 그리고 이와 비슷한 제도를 시행하고 있는 주정부가 제도를 확대할 경우 예산 지원을 늘릴 계획이다. 아동들의 학교생활과 향후 인생의 성공 여부는 3세까지의 자라온 환경에 의해 대체로 결정되기 때문에 저소득층 아동들에 대한 지원은 매우 유익하다는 연구 결과가 많다. 이에 따르면 생후 5세까지 저소득층 아동의 가족에게 각종 교육을 지원하면 20년 후에는 보호 관찰이나 범죄 문제가 70퍼센트까지 감소할 수 있다고 한다. 미국에서는 일리노이 주가 출생 단계에서부터 아동 지원에 대해 선도적이다. 일리노이 주는 최근 '모든 아동 프리스쿨 보내기 Preschool for All' 운동을 추진하고 있다. 오바마 행정부는 이를 벤치마킹하여 미국 전역으로 확대하려 하고 있다.

'조기헤드스타트Early Head Start' 프로그램 신청 아동 수 4배 확대 – 조기헤드스타트EHS는 3세 미만의 아동에 대한 조기교육 프로그램이자 저소득층 아동에 대한 종합적 양육 지원 프로그램으로 이미 많은 주에서 시행하고 있다. 그런데 오바마 행정부에서는 이 프로그램에 참여하는 유아와 토들러의 숫자를 4배까지 확대할 예정이다. 오바마 행정부는 보다 적극적으로 아동의 사회적, 정서적, 인지적 교육에 중점을 두고 있다. 또 가정방문 등을 실시하여 조기교육에 미치는 학부모의 능력이 향상될 수 있도록 지원한다.

모든 아동들에 대해 '프리스쿨pre-school' 실시 – 최근 5년 동안에 주정부가 지원하는 4세 아동의 프리케이pre-K 지원율은 40퍼센트나 증가했다. 그러나 프리케이는 4세 미만 아동이 일부 포함되어 있기는 하지만 대부분의 주에서 4세 아동에 한정되어 있다.

오바마 행정부는 모든 연령의 아동에 대해 자발적인 전 국민적 프리스쿨제도를 실시할 예정이며 이를 위해 각 주에 지원을 확대하고자 한다. 이 제도는 슬라이딩 스케일sliding scale 제도로 물가변동에 따라 지원액도 연동 조절되며 형편이 어려운 아동을 중점적으로 지원하게 된다.

자녀 및 부양가족 경비에 대한 세제 혜택Child & Dependent Care Tax Credit 확대 — 현재 정부가 제공하는 세제 공제 혜택은 아동 양육비 때문에 저소득층 가정에는 사실 큰 도움이 되지 않는다. 지금은 첫아이 양육비의 최초 3000달러의 35퍼센트(1050달러)까지 지원하며 둘째 아이부터는 최초 6000달러의 35퍼센트(2100달러)를 지원하고 있다. 그런데 이 제도는 환급이 불가nonrefundable하기 때문에 상류층에게 오히려 유리하고 5만 달러 이하 저소득층에게는 별로 도움이 되지 않는다. 이에 따라 오바마 행정부는 세제를 환급해줌으로써refundable 저소득층 자녀 양육비에 대해 50퍼센트까지 세제혜택을 줄 예정이다.

아동 양육 발달 지원금Child Care Development Block Grant, CCDBG 예산 확대 — CCDBG의 경우도 저소득층 자녀를 중점적으로 지원한다. 부시 행정부에서는 양육비의 증가에도 불구하고 정부의 지원이 항상 일정한 수준에 머물렀다. 그리고 물가 인상으로 인해 부시 정부 초기에 비해 현재는 15만 명의 아동이 혜택을 받지 못하고 있다. 이런 추세라면 2010년에는 30만 명의 아동이 혜택을 못 받을 수도 있다. 따라서 오바마 행정부는 이런 문제를 보완하기 위해 지원액을 대폭 증액하여 보다 많은 아동들이 혜택을 받도록 할 것이다.

아동 양육Child Care 수준 향상 – 오바마는 일리노이 주 하원 시절부터 아동들의 교육 수준 향상에 큰 관심을 가져왔다. 앞으로 그는 모든 주들이 CCDBG 및 다른 가용 예산을 적절히 활용하여 최소한 5세까지는 철저한 교육이 이루어지도록 장려할 것이다. 주·지방 정부 아동들의 조기 학습이 가능하도록 적극 권장할 것이며, 아동 교육에 대한 우수한 평가 방법을 개발하고 우수 교사 양성 지원에 예산을 배로 증액하여 투자할 것이다. 또 아동 교육의 수준 향상을 위해 학생·교사 비율 개선, 향상된 아동 양육 환경을 위한 가정 지원, 전문성 개발 및 교사 연수에 각종 지원을 아끼지 않을 것이다.

어린 아동이 있는 부모 지원 – 오바마 행정부는 저소득층과 첫아이가 있는 엄마들에 대한 검증된 가정 방문 프로그램을 개발·확대할 방침이다. 예를 들어 '양육 가정 파트너십Nurse-Family Partnership'은 정규 간호사들이 연간 약 57만 명의 저소득층 예비 엄마의 가정을 직접 방문하여 육체적·정신적 건강을 지원하는 프로그램이다. 간호사들은 가족의 건강에 대해 상담하고, 효과적인 목표 성취 방법 및 자녀 양육 방법을 지도하는 역할을 담당한다. 이 프로그램은 또 여성의 임신 중 건강관리, 아동의 사고 감소, 원치 않는 임신의 감소, 아버지의 자녀 양육 참여 증가, 주부들의 취업 확대, 복지와 푸드 스탬프 의존율 감소, 아동의 취학 준비 지원 등 아이와 가정에 대한 적극적이고 다양한 지원을 하게 된다. 그 외에도 직장에 다니는 엄마의 양육 부담을 완화하기 위해 저렴하면서도 우수한 육아 프로그램을 지속적으로 개발할 것이다.

대통령 조기교육위원회Presidential Early Leaning Council – 오바마는 일리노이 주의 조기교육 위원회 설립 · 운영의 경험을 살려 각 주가 헤드스타트, 차일드 케어, 아동 조기 특별 교육, 조기 개입 Early Intervention, 보건, 아동 복지, 아동 학대 방지 같은 프로그램 운용을 적극 지원할 예정이다. 연방정부와 주정부 간 효율적인 가교 역할을 위해 '대통령 조기교육위원회'를 설치 · 운용하며 조기교육에 관한 최신 연구 자료를 수집 · 보급한다.

오바마는 아동에 대한 공 · 사적 투자 확대를 위해 주지사, 주 정치 지도자, 재계 지도자, 커뮤니티와 종교 지도자, 학계 전문가들이 주기적으로 만나 토론을 벌였고, 이미 많은 기업과 자선가들이 주 · 연방 차원의 조기교육에 관한 지원을 약속했다.

교사 채용, 양성, 이직 방지, 보상

아동이 교실에 처음 들어오는 순간부터 아동의 능력이 향상되는 데 가장 중요한 역할을 담당하는 사람은 해당 학급의 담임선생님이다. 이에 오바마 행정부는 다음과 같은 내용에 역점을 두고 있다.

교사 채용 – 미국 교사의 사기는 다른 나라의 교사들에 비하여 매우 열악하여 이직률도 높고 근무 조건도 저조한 실정이다. 교사의 전문화를 위해서는 적절한 초봉, 높은 수준의 교사 양성 프로그램, 교사의 권위 회복 및 재정적인 인센티브 확보가 절실하다.

오바마 행정부는 우수 교사 확보를 위해 학부와 대학원 과정에 교사 양성소요 경비 전액을 지원하는 장학 제도를 신설한다. 대신에 장학금 수혜 학생들은 교사가 부족한 분야나 지역에서 최소한 4년간 근무해야 한다. 이런 제도를 이미 실시하고 있는 주는 노스캐롤라이나 주다. 1986년 '교사 양성 장학금North Carolina Teaching Fellows' 제도 시행 이후 노스캐롤라이나 주는 8000명의 우수 교사를 배출했다. 특히 교사 대부분이 소수 민족 출신으로 과학, 수학과 같은 교사가 절대적으로 부족한 분야에 집중되어 주 교육 발전에 크게 기여했다. 최근 조사에 따르면 이들 중 75퍼센트가 이직하지 않고 여전히 교직에 남아 있으며, 상당수는 학교와 교육청에서 지도층으로 근무하고 있다.

일부 교사 장학금은 최우수 학생에게 지원된다. 그리고 대부분의 대리 교사는 2만 5000달러까지 지원되는 40만 개의 각종 장학금을 받은 우수한 교사들로 구성된다. 장학금은 학부 4년 혹은 대학원 2년 동안 지원되는데 교사 공급이 부족한 분야에 최소한 4년간 근무하는 조건이다. 장학금 수혜 대상자는 성적 및 교사로서 갖추어야 할 능력에 따라 결정된다.

교사 양성–다른 선진국에 비해 미국의 교사 전문직 양성 환경은 매우 열악하다. 교사 준비 과정이 우수한 경우도 있으나 전반적으로 수준이 매우 떨어지며 주에 따라 천차만별이다.

교사 양성을 제외한 미국 대부분의 전문 직종은 인증제 프로그램으로 운영되는데, 미국 교사 양성 과정의 인증제는 대부분의 주에서 필수 사항이 아니라 선택 사항으로 실시되고 있어 질적 관리가 보장되어 있지 않다. 따라서 오바마 행정부는 모든 교사 양성 과정에 인증제를 도입할 예정이다.

교사 양성 과정의 성공 여부는 사범대와 유사 자격 과정의 해당 프로그램을 졸업한 학생들의 취업 경로, 이직 여부 및 학생 지도에 기여한 공헌도 등으로 판단할 수 있다. 그러므로 전국적으로 교사 능력 평가제를 실시하면 교사 양성 프로그램은 질적으로 강화될 것이다. 이러한 평가 제도는 현재의 자격증 시험처럼 단순하게 필기 시험을 통해 기본 능력과 전공 관련 능력 시험을 치르는 것이 아니라, 실제 수업에 대비한 교육 계획 작성, 실기, 학생 평가 및 학생의 수준에 맞는 교육 실시 등 다방면에 걸친 엄정한 평가를 거치게 된다. 따라서 전국적으로 통용될 수 있는 우수 교사 평가제는 교사의 도전 정신, 교사가 학생의 실력 향상에 실제로 공헌한 점, 정부 인증을 받는 데 필요한 모든 교육 자료를 중심으로 평가가 이루어진다. 또 주 간 교사 이동을 장려하기 위해 '교사 잉여 주에서 부족 주로 신속하게 이동이 가능한지'에 대한 항목도 평가 목록에 포함된다.

교사들은 또 교사 전문 개발 학교에서 해당 분야 전문가들로부터 전문 교육을 받게 된다. 병원에서 이루어지는 교육처럼 전문 개발 학교의 협력 대학partner universities은 최고 수준의 실습 기회를 학생들에게 제공한다. 신임 교사는 경력이 많은 교사로부터 교수 자질을 학습하게 되고, 전문 개발 학교는 해당 교육청의 교사 전문직 개발의 허브 역할을 하게 된다. 초·중·고등학교와 대학 간 교사 교육개혁에 오바마 행정부는 1억 달러의 예산을 지원할 예정이다.

오바마는 상원에서 교사 거주 프로그램Teaching Residency Programs 법안도 입안했는데, 이것은 교사가 절대적으로 필요한 지역에 교사를 충분히 공급할 수 있도록 하는 프로그램이다. 예를 들면, '시카고 도시학교 리더십 아카데미Chicago Academy for Urban School Leadership'는 최우수 교사를 채용해서 훈련하고 지원하며, 교사 절대 필요 지역에 교사를 신속하게 공급하는 파이프라인 역할을 한다.

교사 거주 프로그램에 따르면 신임 교사는 해당 교육청에서 3년간 교사로 근무하며, 매년 적정 수준의 수당을 받는다. 또 부진아 교육 학교에 근무하는 전문 멘토 교사로부터 학습 지도 방법을 전수받는다. 교사 지원자는 협력 대학에서 대학원 수업을 받고 학위를 취득할 수 있을 뿐 아니라 교사 자격증도 취득할 수 있다. 또 수업 계획, 수업 내용, 학습 지도, 교실 운영, 교사로서의 전문적 책임감 등을 학습하며 2년간 지속적인 교육 훈련을 통해 멘토링과 전문성 개발 등을 학습하게 된다.

오바마 행정부는 프로그램당 평균 150명의 교사를 지원하는 신규 프로그램 200개에 대한 예산을 편성해 교사 거주 프로그램의 수를 앞으로 꾸준히 확대할 예정이다. 또 매년 교사 절대 필요 지역에 3만 명의 최우수 교사를 공급할 계획이다.

교사 이직 방지 – 미국의 교육현장에서는 교사들의 이직 방지 대책이 교사 채용만큼이나 중요하다. 미국 신규 교사의 30퍼센트가 5년 이내에 이직을 하며, 특히 도시 지역에서는 이직률이 더 높다. 교사 이직 문제는 매우 심각하다. 교사 손실teacher attrition이 발생하면 교사 채용·선정·훈련 면에서 각 교육청에 많은 비용이 발생할 뿐 아니라 학생들의 중도 탈락을 방지하는 데도 악영향을 미친다.

교사들은 주로 경력 3년차가 되면 학생 지도에 매우 익숙해지는데, 3년이 되기 전에 교직을 떠나는 경우가 많이 발생한다. 전국적으로 교사 이직에 따른 연간 손해액은 20억 달러가 넘는다. 오바마 행정부는 교사 이탈을 막기 위해서는 교사 봉급 및 근무 조건의 개선과 교사들의 자세, 멘토 등이 중요하다고 보고 이 분야에 중점적으로 지원할 계획이다.

다른 주에 비해 캘리포니아 주의 신임 교사 이직률은 하락하고 있는데, 이는 주정부가 교사들의 멘토링에 예산을 중점적으로 투입하기 때문이다. 실제로 교직에 대한 멘토링을 효과적으로 받게 되면 1년차 교사의 이직률이 5퍼센트 미만으로 떨어진다는 연구 결과가 있다.

오바마는 '직업 사다리 정책Career Ladder Initiative'으로 주와 교육청의 신임교사 멘토링을 지원한다. 아울러 경력 교사들의 멘토 지원에도 10억 달러를 배정했다. 멘토는 학계에서 확실하게 증명된 티칭 기술과 효율성을 바탕으로 선정하는데, 멘토링 프로그램에서 배운 과목과 교육 현장에서 지도하는 과목이 동일하도록 짜여 있다. 이는 교사의 전문성을 함양하는 데 큰 도움이 된다. 아울러 신임 교사에 대해 주별로 방문하고 상담을 진행하고 있다. 또 멘토링에 소요되는 업무 부담을 낮추기 위해 멘토 교사의 경우 강의 시간을 줄이고 있다. 적정 수준에 미달되는 교사에 대해서는 개별 지도도 실시한다. 개별 특별 지도 이후에도 수준이 미달로 평가되면 전문 교사 협의회와 교육청의 학교 위원회가 준비한 '동료 지원 및 평가 프로그램'에서 제시하는 기준에 따라 교사를 교체할 수 있다.

학생들에 대한 학습 효과를 최대한 올리기 위해 여러 선생님들이 모여 동일 학생에 대한 지도방법을 공동으로 연구하고, 학습 진행 상황을 공동으로 평가하며, 커리큘럼을 공동으로 짜는 방법은 학습 지도에 효과가 매우 높다고 알려져 있다. 이에 오바마 행정부는 공동 교육에 소요되는 많은 노력에 대한 적절한 수당을 지급할 예정이다. 이런 보상이 우수교사를 확보하는 데 매우 중요하다고 보고 있기 때문이다.

교사에 대한 보상－현 미국의 교사 보상 체계는 교사로서 능력이 뛰어나더라도 거기에 맞는 적절한 보상이 이루어지지 못하고 있다. 따라서 더 높은 지위나 봉급이 제시되면 교사들이 학교를 떠날 수밖에 없는 구조적인 문제를 안고 있다.

오바마 행정부에서는 이 문제를 다른 시각에서 보고 있다. 수업 지도를 교사의 최고 덕목으로 판단하고 있는 것이다. 교사의 경력을 제대로 관리하여 경력이 쌓일수록 교육 전문가로 발전할 수 있는 환경을 조성하고, 다양한 교육·훈련의 기회를 제공하며, 필요시 특별 지원도 할 예정이다. 봉급 체계 역시 경쟁 원칙에 따라 성공적인 교사에 대해서는 전문직으로서 자부심을 가질 수 있도록 하는 내용의 보상 체계로 바뀔 것으로 보인다.

또 오바마 행정부는 각 교육청 교육 협회의 참여 아래 노련한 고참 교사가 신참 교사들에 대한 멘토 역할을 수행하고, 커리큘럼 계획을 주도하고, 전문성을 향상시키고, 학교 개혁을 선도할 수 있도록 예산을 전액 지원한다. 이 프로그램에 참여하는 교육청은 교사들이 학생들에게 필요로 하는 지식과 기술을 제공하고, 목표를 달성하는 경우 이에 상응하는 보상을 한다.

예를 들어, 신참 교사가 초기 멘토링을 성공적으로 수행하면 기초 단계에서 전문 단계로 넘어가며 이에 따른 적절한 보상을 받는다. 또 교사들이 능력을 배양해나감에 따라 이에 준하여 교감이나 교장 등 지도부가 될 수 있는 기회나 다양한 능력을 꾸준하게 개발할 수 있도록 적극 지원한다. 신시내티, 로제스트 및 덴버 교육청은 전문 교사에게 진급과 다양한 혜택을 제공하는 직업 사다리 제도를 운영하고 있는데 오바마 행정부도 이와 유사한 제도를 전국적으로 확산할 예정이다.

대학 교육 기회의 확대

미국의 노동력이 치열한 21세기 경제 상황에서 살아남으려면 경쟁 국가에 비해 혁신적이고 생산적이어야만 한다. 그리고 이를 위해서는 모든 미국인들에게 대학 교육의 기회를 제공해야 한다. 등록금 인상에 비해 정부의 교부금 지원이 줄어들면서 학생들의 등록금 부담이 상당히 커진 것이 현실이다.

대학 교육비는 최근 5년간 40퍼센트가 인상되었고, 이로 인해 대학 졸업자의 60퍼센트가 빚을 안고 졸업한다. 모든 대졸자들이 평균 1만 9000달러의 빚이 있으며, 입학 성적은 우수하지만 경제적인 이유 때문에 대학 진학을 포기한 학생이 200만 명이 넘는 실정이다. 또 백인 학생은 33퍼센트가 학사 학위를 취득하지만, 히스패닉은 12퍼센트, 흑인은 16퍼센트만 학사 학위를 취득할 정도로 인종 간 교육 차별이 심각하다. 오바마 행정부는 이런 부실한 교육 여건으로는 미국이 세계 경제 시장에서 살아남을 수 없다고 판단하고 모든 미국인들에게 대학 교육의 기회를 제공한다는 목표를 세웠다.

물론 지금도 대학에 진학할 경우 많은 학생들이 각종 재정지원 프로그램의 혜택을 받고 있다. 그러나 재정 지원 신청을 하는 과정이 매우 복잡해서 신청률 자체가 저조하다. 이로 인해 대학 응시 포기율이 높다.

현 제도에서는 '연방학생지원무료신청Free Application for Federal Student Aid, FAFSA'을 하는 데만 5페이지에 127문항을 작성해야 한다. 그리고 교육 외 다른 분야의 연방 세제 혜택을 신청하는 경우에는 훨씬 길고 복잡하다. 이런 이유로 2004년에만 150만 명의 학생이 성적이 우수함에도 불구하고 학자금 지원 신청을 포기했다. 그리고 이러한 복잡한 신청 과정으로 인한 불이익은 대부분 저소득층, 비백인, 비영어 사용층에게 돌아갔다.

오바마 행정부는 FAFSA 제도와 복잡한 서류 신청 절차를 폐지하고 신청 과정을 단순화해 학생들이 FAFSA 신청 전에 혜택 가능성을 미리 알 수 있도록 할 방침이다. 매년 1회 실시하는 세금 공제 신청서를 제출할 때 몇 개의 항목만 더 체크하면 굳이 따로 FAFSA를 신청하지 않아도 교육 기회 혜택을 받을 수 있게 된다.

진학률 향상을 위해서는 학생들의 재정 신청 과정의 편리함도 중요하지만 지원 금액의 증액이 무엇보다 중요하다. 펠그랜트 장학금의 경우 20년 전에는 4년제 대학 교육비의 55퍼센트를 부담할 만큼 많은 금액이었으나 현재는 32퍼센트에 불과하다. 이는 물가 인상률을 반영하지 못한 결과다. 오바마는 상원에서 이미 펠그랜트의 최대 수혜액을 4050달러에서 5100달러로 증액한 바 있다. 또 상원의 건강·교육·노동·연금위원회에서는 양당 합동으로 펠그랜트 수혜액을 5400달러로 인상하는 방안을 강구하기도 했다. 대통령으로서 오바마는 저소득층 학생들이 대폭 증대된 펠그랜트 수혜액을 받을 수 있도록 적극 노력할 것이다. 그리고 수혜액은 대학의 등록금 인상에 연동되어 인상될 것이다.

한편 고등학생들의 대학 진학률을 향상시키기 위해서는 대학에 진학할 준비가 되어 있지 않은 고등학생이 많은 현실을 타개해야만 한다. 사실상 고등학교 졸업반 때는 대입을 준비한다고 해도 이미 늦은 시점이다. 그래서 일부 주들은 고등학교 1학년 때 졸업 후 대학 진학이 가능한지 여부를 조사하는 '조기 평가 프로그램'을 운용하고 있다. 이러한 주에서는 학생들에게 몇 가지 수행 평가 시험을 치게 하고 그 성적을 바탕으로 진학에 필요한 준비를 도와주기 때문에 진학률이 매우 높다. 오바마 행정부는 이러한 조기 평가 프로그램에 2500만 달러를 지원한다.

학생들은 정부 지원 외에도 개인적으로 은행에서 다양한 학자금 융자를 받을 수 있다. 현재 대학 학자금 융자는 2가지 종류가 있는데, '공공직접융자제도Direct Loan system'와 '연방가족교육융자프로그램Federal Family Education Loan Program'과 같은 융자는 이자가 낮고, 은행이 정부 보조금을 받아 학자금 대출을 하는 경우는 이자가 다소 높다. 오바마 행정부는 은행 융자 비율을 축소하고 공공 융자 비율을 증가시킬 계획이다.

커뮤니티 칼리지는 미국 고등 교육의 중요한 일익을 담당한다.

대학생의 절반 정도인 연간 1200만 명의 학생이 칼리지에 취학하고 있다. 커뮤니티 칼리지가 없었다면 수많은 미국 학생들이 대학 교육을 접하지 못했을 것이고 직장에서 성공하는 것도 불가능했을 것이다.

오바마 행정부는 '커뮤니티 칼리지 협력 프로그램Community College Partnership Program'을 신설해 학생과 지역 경제가 요구하는 기술과 교육을 철저하게 분석할 것이다. 그리고 새로운 산업이나 기술 분야가 요구하는 준학사 학위제를 운영할 계획이다. 또 졸업생을 많이 배출하거나 4년제 대학으로 많이 편입시킨 칼리지에게는 적절한 포상을 하는 등 지역 커뮤니티 칼리지를 강화하고자 한다. 오바마의 기본적인 취지는 커뮤니티 칼리지 졸업 후 학생들이 현장 업무에 바로 적응할 수 있도록 하고 더 수준 높은 교육 기회를 제공하는 데 있다.

기타 사회개혁

보건정책Health Care System

미국인들이 부담하는 의료비는 일반인이 감당할 수 없을 정도로 비싸다. 매달 내는 보험료는 최근 8년 동안 배로 인상되었으며 임금 인상률보다 3.7배나 더 증가했다. 보험 회사의 보험 혜택도 몇 회 방문에 한정하는 등 의료비 부담이 천정부지로 오르고 있다. 개인 파산의 절반 정도가 의료비 때문이라는 보고까지 나올 정도다. 과도한 의료비뿐 아니라 치료의 질도 문제가 되는데, 연간 10만 명의 환자가 병원에서 부적절한 치료로 사망하고 있다. 또 전체 의료비의 4분의 1이 행정비와 일반 경비로 지출되고 있다. 부적절하고 수준 미달의 건강관리로 연간 500~1000억 달러의 예산이 과다 지출되고 있는 것이다.

또 아동 800만 명을 포함하여 4500만 명의 미국인들이 의료보험이 없는 상태고 보험이 있다 하더라도 충분한 혜택을 못 받는 사람이 많으며, 중소기업들은 종업원들에게 질 좋은 의료보험 혜택을 제공하기가 어렵게 되어 있다.

암 검사나 감기·폐렴 예방 주사도 부족하다. 이로 인해 미국인들의 예방건강은 매우 부실하다. 그럼에도 불구하고 의료 예산은 연방 예산 1달러당 고작 4센트에 불과하다.

오바마 행정부는 기본적으로 의료비의 고용주 부담, 보험 회사의 책임성, 환자의 의사 선택권, 정부가 지나치게 개입하지 않는 상태에서 환자를 적극 보호하는 원칙을 지켜 나갈 것이다. 그리고 현재의 건강보험에 만족하는 사람은 연간 2500달러의 의료비가 감소하며, 건강보험이 없는 사람들은 크게 부담스럽지 않은 범위 내에서 새로운 보험을 선택할 수 있게 된다.

오바마 행정부는 의료제도 자체를 개혁해 비효율성을 대폭 줄여 개인당 의료비 부담도 크게 낮출 계획이다. 또 최신식 의료 정보 제도를 운영하고 예방의학과 만성병에 대한 최고의 의료 혜택을 제공할 것이다. 아울러 경쟁을 통해 의료계의 구조를 개혁하고 연방정부가 고용주에 대한 보험비를 부담해 예기치 못한 질병이나 재난 때문에 고용주들이 건강보험에 들지 못하는 경우가 없도록 할 것이다.

오바마 행정부의 주요 의료 정책은 다음과 같다. 아직도 미국은 환자들의 건강정보를 차트와 같은 종이 문서로 보관하고 있다. 이로 인한 문제점을 개선하기 위해 향후 5년 동안 연간 100억 달러의 예산을 투입해 최신식 의료 전자정보시스템을 구축할 예정이다. 이렇게 전자정보망을 갖추게 되면 환자의 병원 체제 일수 감소, 불필요한 검사 방지, 보다 적절한 의약품 투여가 가능하게 돼 연간 770억 달러가 절약될 것으로 보고 있다.

보험 업계는 최근 10년 동안 400개의 보험사들이 합병한 결과 소수의 대기업이 탄생하게 되었다. 보험사 2개가 전체 시장의 3분의 1을 장악하고 있는 것이다. 효능성이 향상된 점은 부정할 수 없으나 보험료가 6년 전에 비하여 무려 87퍼센트나 인상되었다. 반면에 이런 기업의 CEO들은 수백만 달러의 보너스를 받는 상황이다. 이러한 폐단을 막기 위해 오바마 행정부는 의료보험 공정 거래소 National Health Insurance Exchange를 신설하여 보험 산업에 새로운 경쟁개념을 도입할 예정이다.

먼저 개발된 원본약과 이를 본떠서 만든 복사약은 약효가 다를 수 있다. 그런데 이 두 약에 대한 생동성 시험을 거쳐 약효 차가 20퍼센트 미만일 때는 흔히 약효가 동등하다고 인정한다. 이런 경우 복사약은 효능은 비슷하면서도 약값은 최대 80퍼센트까지 저렴하다. 따라서 환자의 부담은 현저하게 내려간다. 그런데 일부 제약사들은 복사약 제조사들의 시장진입을 교묘하게 막아 시장의 독점 체제를 구축하면서 과도한 이윤을 내고 있다. 오바마 행정부는 이러한 관행과 폐해를 일소할 방침이다. 또 똑같은 조제약이라도 유럽에서 판매되는 약에 비해 미국에서 판매되는 약은 67퍼센트가 더

비싸다. 따라서 같은 효능의 약이라면 환자들이 외국에서 바로 구입할 수 있는 제도를 도입할 계획이다.

2003년도에 입안된 '메디케어 처방약 향상 및 현대화 법안 Medicare Prescription Drug Improvement and Modernization'에 따르면, 정부는 처방약 값을 인하하지 못하도록 규정하고 있다. 그런데 보훈처Department of Veterans Affairs가 제약사들과 꾸준하고도 치밀하게 처방전 약가 협의를 실시한 결과 결국 약가가 인하된 실례가 있기 때문에 납세자 부담을 현격하게 낮출 수 있다. 오바마 행정부는 이에 따라 2003년 법안의 무효화를 추진할 예정이다.

중증 질병 환자는 주로 과부담 의료비 지출catastrophic health expenditure을 요하는 환자로 전체 환자 중에서 상위 5퍼센트를 차지하고 미국 전체 의료비의 49퍼센트를 차지한다. 중소기업 같은 경우 이런 환자가 단 1명만 있어도 나머지 종업원에 대한 보험 가입이 사실상 불가능하다. 오바마 행정부는 이처럼 해당 기업이 상한가 이상의 보험료를 부담하게 될 때는 정부가 이를 대신 부담하고 기업은 그외 종업원의 의료비를 지속적으로 지원하도록 할 방침이다.

오바마 행정부는 또 국가 주도로 전국민 의료보험 체계National Health Insurance Exchange, NHIE를 도입해 다른 선진국의 경우처럼 모든 국민이 건강보험 혜택을 받을 수 있도록 할 예정이다. 혜택 범위는 '연방 공무원 건강 혜택 프로그램Federal Employee Health Benefit Program, FEHBP'에 준한다. FEHBP의 혜택은 연방정부가 보험료의 75퍼센트까지 부담하여 본인 부담을 최소화하는 최고의 보험 제도다. NHIE는 불필요한 서류 작업이 없고 가입 절차도 간소하다. 그리고 혜택 범위도 출산, 예방 등 다양한 분야를 포괄한다.
물론 직장을 옮기더라도 혜택에는 아무런 변화가 없다.

민권 향상

1957년에 민권법Civil Rights Act이 통과됨에 따라 법무부 산하 민
권국Civil Rights Division과 민권 담당 차관보Assistant Attorney General
of Civil Rights직이 신설되었다. 그리고 투표권법Voting Rights Act과
고용기회균등위원회Equal Employment Opportunity Commission, EEOC
및 노동부연방계약준수국Office of Federal Contract Compliance
Programs, OFCCP 등의 활발한 활동은 미국 사회가 평등하고 정의로
워지는 데 많은 도움을 주었다.

그럼에도 불구하고 지난 부시 행정부 아래에서는 다량의 민권
문제가 발생했다. 예를 들면 EEOC에 3000건의 개인적인 차별 문
제가 접수된 데 반해 민권국에는 2006년 말까지 고용과 관련해서
연간 6건 정도만 접수되었을 뿐이다. 주택 및 민법 시행과Housing
and Civil Enforcement Section에 접수된 주택 관련 차별 건은 2001년
53건에서 2006년 31건으로 감소했는데, 이는 60퍼센트가 줄어든
것이다. 2003년에 법무부는 주택과 관련한 차별 행위에 대해서는
별도의 소송을 하지 않을 것이라고 발표했는데, 이는 민주·공화
양당이 오랫동안 지켜온 관행과는 정면으로 배치되는 것이었다.
투표과voting section도 2001년부터 2006년까지 흑인이 연루된 차별
행위에 대해서는 단 한 건도 취급하지 않았으며 오히려 직원 수를
줄였다.

2002년에 부시 행정부는 그동안 민권국 변호사를 인권 담당 전

문 변호사로 고용하던 관행을 깨고 전문직과 무관하게 정치적으로 임명했다. 이들은 주로 종업원보다는 고용주를 변호했거나 인종 간 차별 철폐보다는 오히려 차이를 부각시키는 변호 업무에 경험이 많은 사람들이었다. 오바마 행정부는 이런 문제들을 해결하기 위해 부시식 방식을 완전 철폐하고 능력에 따라 임명하는 방식을 취할 것으로 보인다.

민권국의 범죄과Criminal Section는 소수 인종이 피해자인 증오 범죄와 공무원의 부정행위, 성폭행, 낙태에 대한 위협과 폭력 행위, 종교 단체에 대한 위협과 폭력 행위, 경찰의 불법 체포 등을 주로 조사한다. 그러나 부시 행정부에서 범죄과는 인신매매를 주로 다루어왔다. 또 범죄과 50명의 변호사 중 흑인 변호사는 단 2명뿐이었는데 이들이 이직한 후에는 단 1명의 흑인 변호사도 임명하지 않았다. 오바마 행정부는 원래 규정대로 범죄과가 다양한 임무를 수행하도록 할 것이다. 이를 위해 취임 100일 이내에 민권 담당 차관보로 하여금 민권국 전체, 특히 범죄과의 인적 구성에 대한 다양화 계획을 보고서로 제출받을 예정이다.

오바마는 평생을 투표권의 확대를 위해 노력해왔다. 실제로 그는 시카고에서만 15만 명의 유권자가 투표할 수 있도록 했다. 인권 변호사 시절 오바마는 투표권법 강화를 위해, 또 사진ID법photo-ID law의 철폐를 위해 뛰어다녔다. 사진ID법은 2005년 인디애나 주에서 시작되었는데 유권자가 투표장에서 투표를 하고자 할 때는 반드시 자기 사진이 찍힌 신분증을 제출하도록 하는 법안이다. 즉 투표 부정을 막고자 한 것이다. 그러나 이런 제한 장치로 인해 오히려 노약자, 장애인, 극빈층, 소수 민족층이 투표장에 가지 않는 경향이 생겨났다. 이로 인해 민주당을 중심으로 이 법안의 부당성이 제기되었다. 그럼에도 불구하고 이 법안은 2008년 대법원에서 6 대 3의 비율로 합헌 판결을 받았다. 그러나 오바마는 이 법안이 자유로운 투표 참여를 막는 가장 강력한 제동 장치로 보고 철폐 운동을 벌일 방침이다.

남녀 차별은 임금 면에서 가장 상징성이 크다. 남성 임금 1달러당 여성 임금은 평균 77센트고, 4년제 대학을 졸업한 흑인 여성은 67센트이며 히스패닉계 여성은 상황이 더 열악해 57센트에 불과하다. 오바마는 이런 문제를 해결하기 위해 이미 아이오와 출신의 톰 할킨Tom Harkin 민주당 의원과 공동으로 공정 급여법Fair Pay Act을 입안했다. 또 매사추세츠 주의 에드워드 케네디 민주당 의원과는 2007년도에 동등 교정법Equal Remedies Act을 발의했는데 이 법안이 발효되면 인종적·성적 차별에 따른 처벌적 손해 보상금과 보상적 손해 보상금의 상한선은 제거될 것이다.

심지어 인간에게 백해무익한 마약 문제에도 인종 차별이 존재한다. 1986년에 통과된 마약 방지법Anti Drug Abuse Act은 5그램 이상의 크랙 코카인crack cocaine을 거래하다가 적발되는 초범 마약 사범에게 최소한 5년의 의무 징역형을 부과하도록 되어 있다. 미국 청소년들은 크랙 코카인을 이용해 살을 뺄 수 있다는 잘못된 생각을 가지고 있는 경우가 많아서 파이프 등에 녹여서 담배처럼 피우곤 한다. 크랙 코카인은 주로 케미컬을 섞어서 만든 저질의 마약이다. 그런데 동법에 따르면 가루 코카인powder cocaine은 크랙 코카인 양의 100배인 500그램을 사용해야 똑같이 5년형을 받는다. 형평성에서 많은 차이가 있는 것이다. 가루 코카인은 식물성으로 코카잎에서 백색액을 추출하여 정제해 만드는데, 주로 코로 흡입하거나 물에 녹인 상태에서 주사기를 사용하여 인체에 주입한다. 둘 다 흥분성 자극제로 치명적인 뇌손상이나 체중 감소, 환각을 일으키며 과다 사용했을 경우 사망에 이를 수도 있다.

미국 형량 위원회U.S. Sentencing Commission는 1995년에 크랙 코카인과 가루 코카인은 인체에 미치는 부정적인 효과는 비슷함에도 불구하고 형량 차이를 법률적으로 고정했다. 그런데 문제는 크랙 코카인은 주로 흑인 밀매자들이(80퍼센트 이상), 가루 코카인은 주로 백인 밀매자들이 관련되는 경우가 많다는 것이다. 이에 따라 미국 교도소에는 상대적으로 흑인과 히스패닉 젊은이들이 훨씬 더 많이 복역하고 있다. 이에 따라 오바마 행정부는 단순 소지 초범에 대한 의무 조항을 삭제하기 위해 모든 노력을 아끼지 않을 것으로 보인다.

오바마는 또 사형 제도도 개혁하고자 한다. 판단 착오, 경찰의 잘못된 수사, 인종적 편견, 법률적 모순 등으로 최근 미국에서 13명의 무고한 인명이 형장의 이슬로 사라졌다. 오바마 행정부는 심문의 전 과정을 비디오로 녹화해 기소 과정의 공정성을 고양하고자 하며 모든 주에 이를 적극 권고하고 있다.

마지막으로 미국 도시들의 가장 큰 문제는 제소자들의 복역과 복역 후의 문제다. 65만 명의 복역자 중 3분의 2가 복역 후 3년 이내에 재복역되며 200만 명의 아동들의 부모가 교정 시설에 수감되어 있다. 오바마는 이미 상원에서 이들에 대한 직업 교육, 정신 건강 상담, 고용기회 제공 등을 위한 각종 조치를 취하기 위해 노력해왔다. 이와 연장선상에서 오바마 행정부는 복지 직장 파트너십

제도와 유사한 교도소 직장 인센티브 제도, 고용주와 연결 운동, 실질적인 직업 교육 등을 위해 최대한 노력할 것으로 보인다. 또 교정 제도에 상존하는 수많은 행정 장애물을 제거하기 위한 조치들을 강구해나갈 것이다.

오바마의 꿈은 과연 이루어질 수 있을까

지금까지 제44대 미국 대통령으로 당선된 버락 오바마의 주요 정책 중 정치 분야와 교육, 국민 보건 및 인권과 같은 사회 분야를 살펴봤다.

오바마의 정치개혁은 부시 행정부에서 드러난 정치 비리를 척결하는 차원에서 추진되고 있다. 잭 아브라모프로 대변되는 로비스트들의 미국 정국 장악과 그에 따른 부정부패 그리고 일반 국민들의 정치적 소외 현상을 타개하기 위해 오바마 행정부는 로비 전 과정의 양성화를 적극 추진할 예정이다. 또 공직과 로비스트를 오가면서 모든 정보와 이권에 철저하게 개입하는 회전문 인사를 금지하고, 모든 정부 계약에서는 철저하게 경쟁 입찰을 유도할 것으로 보인다. 이와 비슷한 맥락에서 국정 수행 과정을 인터넷상에서 모든 국민에게 전격적으로 공개하고 국민의 적극적 참여를 유도하려 하고 있다.

또 경제적 성공 보장 및 비주류들의 주류 편입, 보다 나은 삶을 위해 오바마 정부는 교육개혁에도 큰 관심을 보이고 있다. 아울러 전 국민이 의료 혜택을 받을 수 있는 의료복지 수준을 대폭 상향하여 소수의 보험사들이 과점 체제로 좌우하고 있는 보험시장을 경쟁 체제로 전환하려 하고 있다.

미국 역사상 최초로 흑인이 대통령이 되었지만, 미국의 소수 민족에 대한 인권문제는 여전히 후진성을 벗어나지 못하고 있는데 이러한 문제 역시 커다란 변화가 예상된다. 과연 오바마가 피부색이 아니라 인격에 따라 대우받는 나라에 살고 싶다던 마틴 루터 킹 목사의 꿈을 실현할 수 있을지 지켜봐야 할 것이다.

1   버락 오바마 정권 인수팀은 2008년 11월 선거 직후 인수팀 홈페이지인 change.com 사이트를 개설하여 오바마·바이든 계획을 발표하였는데, 경제와 외교 등 24개 의제를 중심으로 향후 오바마 행정부의 기본 정책을 상술하고 있다. 이 사이트는 누구라도 정확한 출처만 밝히면 콘텐츠의 무한대 재가공이 가능하다. 오바마의 선거운동 조직의 성공에 힘입어 정권 인수팀 역시 '구글정부'를 채택하고 있다. 오바마는 change.gov에 일반 시민들이 손쉽게 접근하여 아이디어를 개진하고 활발하게 토론하도록 장려하기 위해 'Attribution 3.0 Unported License'를 채택하였는데, 이는 CC(Creative Commons) 라이선스 방식으로 출처만 요구되는 가장 유연한 라이선스다. 이 글도 change.com의 내용을 중심으로 오바마 신행정부의 정치·사회 분야의 주요 정책 방향을 정리하였다.

오바마의 대외정책을 말하다

윤성욱

1974년 서울에서 태어나 상문고등학교를 거쳐 2000년에 고려대학교 철학과를 졸업했다. 2005년 영국 브리스톨Bristol대학교에서 EU 관련 국제정치경제를 전공하면서 정치학 박사학위를 취득했고 같은 대학에서 EU 통합과 정치를 강의했다. 2006년 이후 외교통상부 자유무역협정기획단, 유럽연합통상과 등을 거치면서 한-EU FTA 비관세장벽 분과 협상, REACH를 포함한 EU환경, 통상, 경제, 노동 및 영국통상 등을 담당했다. 외교통상부 시절에는 〈EU의 무역관련 환경기준〉을 제작해 전국 도서관과 학교, 기업 및 연구소 등에 배포했다. 현재는 동아대학교 국제법무학과 조교수로 재직 중이고, 지식경제부 주관의 'TBT 협상전략 연구회' 위원 및 국제환경규범 선도방안 마련을 위한 자문위원, '유라시아 연구' 정치·외교분과 편집위원 등을 역임하고 있다.

오바마의 대외정책을 말하다

클린턴과는 다른 출발점에 선 오바마

2008년 말 세계를 덮친 경제위기 속에서 세상의 눈은 11월 4일 실시된 미국의 제44대 대통령 선거에 모아졌다. 최초의 흑인 대통령의 당선 여부도 큰 관심거리였지만, 지난 8년간 부시 행정부의 경제 및 대외정책 등에 대한 미국민의 심판대이자 세계 질서의 주도국[1]으로서 누가 미국의 대통령이 되어 정책 방향이 어떻게 바뀔 것인가를 판가름하는 장이었기에 세계의 관심이 모아질 수밖에 없었다.

공화당 부시 대통령의 뒤를 이은 매케인John McCain 후보를 제치고 민주당의 오바마가 미국의 44대 대통령으로 당선됨으로써 그리고 미국을 위시로 전 세계적으로 불어 닥친 경제위기로 인해 향후 미국의 정책은 많은 부분에서 변화가 예상된다. 이에 앞장에서 논의한 오바마 행정부의 경제 및 정치·사회정책에 대한 전망에 이어 이 장에서는 오바마 행정부의 대외정책을 살펴보도록 하겠다.

현재 오바마가 대통령으로서 맞이한 상황은 조지 허버트 워커 부시George Herbert Walker Bush[2]에 이어 대통령으로 당선되었던 클린턴 대통령의 취임시 상황과는 사뭇 다르다. 공화당에서 민주당으로 정권이 이양되었다는 점과 경제문제가 선거 기간 중 주요 이슈로 부각되었다는 점은 큰 틀에서 보면 공통점이라고 할 수 있지만 안보 또는 외교적인 측면에서는 그 차이가 명백하다. 시니어 부시는 냉전 종식에 따른 처리를 성공적으로 수행했고 연합군을 구성하여 이라크의 쿠웨이트 침공도 막아냈다. 이에 코헨Cohen[3]은 시니어 부시 재임 후반기를 미국 안보에 대한 위협요소가 제거되고 미국의 가치가 번창할 수 있는 '신新 국제질서'가 공포되는 등 국제 상황이 전반적으로 안정되었다고 평가했다. 이때 '문제는 경제야, 바보야It's economy. Stupid!'라는 슬로건으로 경제문제를 전면에 부각시켰던 클린턴이 대통령으로 당선되었다. 오바마도 미국에서 시작된 극심한 세계경제위기를 극복하겠다는 슬로건을 전면에 부각시키는 공약으로 대통령에 당선되었다. 이는 오바마 대통령 취임 연설에서 경제문제에 대한 내용이 많은 부분을 차지하고 있다는 것에서도 알 수 있다.

그러나 오바마 행정부가 클린턴 행정부 초창기와 극명하게 다른 상황은 경제문제 이외에도 해결이 시급한 대외문제들이 산재해 있다는 점이다. 9.11테러 이후 끊임없이 위협 요소로 상존하는 테러 집단, 핵무기를 둘러싼(테러리스트들과 연계되어 있기도 한) 문제, 지난 2008년 11월 인도 뭄바이에서 발생한 테러와 같은 지역 간 갈등문제, 2009년 1월 이스라엘의 가자지역 공격에서 볼 수 있는 중동문제, 이라크 처리문제 등 어느 하나 가볍게 넘길 수 없는 문제들이다.[4]

지금과 같이 글로벌화된 시대에서 정치(외교 및 안보 등을 포함)와 경제(통상 및 금융 등을 포함)를 분리시켜 논의하는 것은 시대의 흐름에 역행하는 것일 수도 있다. 그러나 앞서 밝혔듯이 이 장에서는 가급적 경제적인 문제를 배제하고 오바마 행정부 시대와 '네오콘' 으로 대표되는 지난 부시 정권의 대외정책과의 차이점을 부각시켜 향후 수년간 국제 사회에서 미국의 대외정책이 어떠한 모습으로 전개될 것인가를 전망해보도록 하겠다.

대외정책이라는 것이 자국 및 세계에서 발생하는 다양한 변수 들에 의해 영향을 받는다는 점을 고려할 때 향후 수년간의 대외정 책을 전망하기란 쉽지 않은 것이 사실이다. 이에 오바마 행정부의 대외정책 전망은 대선 유세기간 중에 발표한 공약, 각종 연설 등을 포함한 발언 그리고 대외정책을 담당할 내각에 임명된 인물들을 중심으로 분석하는 방법을 선택했다. 아울러 각 정책 분야마다 지 난 부시 정권과의 정책적 비교를 통해 새 정부의 정책적 특징, 차 이점 등을 부각시키는 데 초점을 맞추고, 나아가 미완결 상태로 오 바마 행정부로 넘어온 각종 사안들의 처리 방안에 대해서도 전망 해보도록 하겠다. 이를 위해 우선적으로 지난 부시 행정부의 대외 정책의 특징적 요소를 간략히 살펴보겠다.

부시 행정부의 대외정책– 신보수주의Neo-Conservatism[5]

2001년 1월 클린턴 대통령이 8년간의 임기를 마감하고 공화당 후보였던 조지 부시에게 백악관의 주인 자리를 넘겨줄 시기에 미 국은 '하이퍼 파워hyper-power'라 불리기도 했다. 냉전 시대에 미국과 소련은 '수퍼 파워super power'로서 서로를 견제하며 힘의 균형balance of power을 이루었지만 소련 붕괴 이후 미국은 더 이상 제약받지 않는 권력을 휘두르게 되었다는 의미 정도로 해석할 수 있다. 당시에 호황을 누리고 있던 경제를 바탕으로 몇몇 나라의 위협(중국, 이란, 이라크, 북한 등이 위협 대상국으로 지목되기도 했지만)을 제외하면 미국의 안보를 위협할 만한 국가는 없는 것으로 보였다.[6]

그러나 부시 행정부는 집권하면서 클린턴 행정부의 대외정책을 신랄하게 비판했다. 그 비판을 몇 가지로 요약해보면 '경제 집중으로 인한 미국의 군사력 쇠퇴' '이스라엘–팔레스타인 문제' '중국의 부상에 대한 클린턴 행정부의 대응문제' '북핵문제' '러시아와의 관계' 등을 꼽을 수 있다. 부시 행정부는 지난 정부에 대한 비판과 함께 미국의 가치와 이익을 증진하고 전 세계에 민주주의를 확산시키려는 의지를 가지고 있었다고 평가되고 있다. 그러나 이러한 의지를 펼치는 방법으로 어떠한 제한도 받지 않고 단지 미국의 힘만을 이용하려 했다는 점이 부시 행정부의 특징이다.[7]

이런 와중에 발생한 2001년 9.11테러는 부시 행정부, 나아가 미국의 대외정책에 전면적 변화를 가져올 수밖에 없었던 역사적 사건이었다. 이 사건을 계기로 부시 행정부는 전 세계적인 공감과 협조를 등에 업고 아프가니스탄 전쟁을 개시했고, 전쟁 포로에 대한 처리문제를 규정한 제네바 협정을 무시하고 전쟁 포로 및 테러 용의자들을 관타나모 기지에 수용했다. 즉 미국의 안보를 지키는 데 방해가 된다면 국제적인 협약도 무시할 수 있다는 부시 행정부의 대외정책이 나타나기 시작한 것이다. 이를 계기로 미국에 대한 전 세계적 공감은 급속히 퇴색했다. 그러나 부시 행정부의 독단적인 외교정책은 그 이후 더욱 가속화되었다. 부시는 2002년 1월 연두교서에서 알 카에다al Qaeda와 함께 '악의 축axis of evil'으로 규정한 이란, 이라크, 북한에 대해 힘을 사용해서라도 정권교체를 이루어야 한다고 밝혔다. 물론 이러한 발언은 주변국 또는 동맹국들과의 협의를 거치지 않은 부시 행정부의 대외정책 기조를 밝힌 것으로서 많은 국가들의 대외정책에 혼란을 가중시켰다. 나아가 2002년 6월 미국 육군사관학교 졸업식 대통령 훈시를 기점으로 미국의 대외정책 및 안보 전략에 다시 한 번 큰 변화가 일어났다.

이 자리에서 부시는 기존의 '방어를 위한 전쟁'이라는 미국 대외정책의 공식적인 입장 변화를 대외적으로 천명하면서 미국에 대한 공격이 임박해 있거나 '잠재적 위험'이 있다고 판단되면 선제공격preemptive action을 할 수도 있다고 밝혔다. 우리는 이 점에 주목해야 한다.

이는 부시 행정부 대외정책의 기본 틀인 '부시 독트린Bush Doctrine'[8]에서도 잘 드러나고 있다. 부시 독트린은 잠재적 적에 대한 선제공격preemptive strikes against potential enemies과 민주주의 정부 확산promoting democratic regime change이라는 기본적인 틀을 바탕으로 일방주의unilateralism 원칙을 포함하고 있다. 여기에 사담 후세인 축출을 오래 전부터 주장해왔던 신보수주의자들의 이념에 영향을 받았다.[9] 즉 부시 독트린은 9.11테러 이후 변화된 환경 속에서 신보수주의 외교정책을 바탕으로 부시 대통령 개인의 신념과 역할 강화의 측면에서 등장했다고 볼 수 있다.[10]

그렇다면 이러한 대외정책에 이론적 틀을 제공한 신보수주의의 이념은 무엇일까? 일반적으로 신보수주의의 외교 이념은 ①도덕적 우월주의와 민주적 평화 ②전쟁 불가피론과 적극적 개입주의 ③패권 안정과 공세적 현실주의 등으로 설명된다.[11] 즉 세계 유일의 초강대국인 미국의 힘에 대한 믿음과 미국적 가치의 우월성을 바탕으로 미국 중심의 패권질서를 유지하겠다는 목적이다. 그리고 그러기 위해 국제적 협약 등에 얽매이지 않고 일방주의적이고 (선제)공세적인 방법으로 미국적 제도의 전파를 지향하는 것이 주요 전략이라고 요약할 수 있다.

이라크 전쟁은 이러한 부시 행정부의 '독단적인(미국의 힘에 바탕을 둔 일방적이고 선제공격적인)' 신보수주의자들의 대외정책을 가장 극명하게 보여주는 사례다. 이라크 전쟁의 명분은 이라크가 대량살상무기Weapon of Mass Destruction, WMD를 소유하고 있다는 것이었다. WMD를 가지고 있는 이라크에 대한 선제공격은 9.11테러 이후 미국 신안보전략의 핵심 사항이었던 ①미국적 국제주의American Internationalism ②재래식·핵전력 증진을 통한 대對테러 전쟁 수행 ③선제공격 독트린에 기반하고 있었다.[12]

당시 이라크 정부는 미국의 공세적인 외교 압력에 굴복이라도 하듯 2002년 가을 대량살상무기 조사를 위해 추방했던 UN 사찰단을 다시 받아들이겠다고 발표했다. 이를 계기로 유럽 국가들, 특히 프랑스, 독일, 러시아와 가장 강력한 지지국인 영국조차도 UN의 지지를 얻기 위한 노력과 외교적 수단을 통한 사태 해결을 강조하고 나섰다. 그럼에도 불구하고 미국은 2003년 3월 19일 이라크와 전쟁을 시작했다. 그러나 이라크가 대량살상무기를 가지고 있다는 그래서 테러와 연관이 있다는 주장을 뒷받침할 어떠한 근거도 찾지 못했다. 게다가 이라크에 시장경제와 자유민주주의를 뿌리내리겠다는 네오콘의 목표도 이루지 못한 채[13] 이라크의 전후처리문제와 내부 혼란을 가중시켰고, 이는 범세계적으로 반미 감정을 고조시킨 주요 원인으로 작용했다.

오바마 행정부 대외정책의 틀

오바마의 대외정책을 살펴보는 데 있어 앞 장에서 간략히 언급한 부시 행정부의 대외정책을 먼저 살펴보는 것은 중요하다. 물론 정권이 바뀌었지만 정책의 연속성이라는 측면에서 기존 정부의 정책을 단순히 무시할 수는 없기 때문이다. 실패로 끝났다고 전제한 이라크 전쟁의 처리문제도 오바마 행정부의 가장 큰 숙제 중 하나로 남게 되었다. 이에 선점preemption, 군사적 우위military supremacy, 일방주의unilateralism, 민주주의의 확산spread of democracy으로 대표되는 부시 행정부의 대외정책이 오바마 행정부에서는 어떤 식으로 변화될지 살펴보도록 하겠다.

대외정책(foreign policy 또는 external policy)이란 보통 한 국가의 사법권jurisdiction을 벗어나는 문제들에 대한 통치정책으로 다른 국가들, 국제기구(들)와의 관계에 관련된 것이다. 이러한 측면에서 보았을 때 오바마 행정부의 대외정책을 살펴보기 위해서는 주요 분야별 정책을 살펴봄으로써 전체적인 대외정책을 전망하는 방법이 효율적으로 보인다. 물론 오바마 본인도 대외정책 공약을 설명하는 데 있어 동일한 방법을 사용했다.

오바마의 대외정책의 가장 큰 틀을 우선적으로 살펴보면 핵무기의 비확산과 이란문제를 포함한 중동문제 그리고 이를 통한 미국 외교의 재정립을 들 수 있다. 결론적으로 부시 행정부의 일방주의 및 군사주의적 대외정책이 전 세계에서 미국의 위상을 실추시켰다는 점에서 출발하여 부시 행정부와의 차별화를 통해 미국의 위상을 제고시킨다는 데 그 목적을 두고 있다.

먼저 핵확산 금지와 관련한 기본적인 정책 목표는 핵무기 확산과 핵무기로 인한 테러리스트들의 안보 위협에 초당적으로 대처한다는 것이다. 우선적으로 통제되지 않은 핵무기가 테러리스트와 같은 위험 집단에 넘어가는 것을 막고 핵확산금지조약Nuclear Non-Proliferation Treaty, NPT의 강화를 통해 궁극적으로 핵무기 없는 세상을 만들겠다는 목표를 세우고 있다. 오바마는 선거 공약에서 북한과 이란을 직접적으로 언급하며 NPT를 어기는 국가에 대해서는 자동적으로 강력한 국제적인 제재가 있을 것이라고 밝혔다.[14]

오바마의 핵무기와 관련된 정책 방향은 이란을 포함한 중동 지역과 아프가니스탄을 비롯한 남아시아 지역 그리고 직접적인 언급은 없지만 북한을 위시한 동아시아 지역과 연관되어 있다고 볼 수 있다. 특히 오바마가 이란과 아프가니스탄, 파키스탄 문제를 중요시하는 것은 이들 지역에 본거지를 두고 있거나 지원을 받고 있는 테러리스트 집단 때문이다. 즉 오바마 행정부 대외정책의 핵심인 핵무기와 대중동 및 아프가니스탄 정책은 별개의 정책이라기보다는 서로 밀접하게 연관되어 있다고 판단하는 것이 옳다.

그러나 이러한 대외정책을 추진하는 방법은 기존의 부시 정권의 방법과는 상당한 차이를 보일 것으로 전망된다. 이는 오바마 행정부 대외정책의 궁극적인 목표인 초당적인 협력을 통해 세계무대에서 미국의 실추된 위상을 회복하기 위함이라 볼 수 있다. 즉 테러리즘과 같은 문제 해결을 위해서 우방과의 협력을 더욱 강화하고, 아울러 적국과 우방국 상관없이 모든 나라들과 직접적인 협상을 추진한다는 계획이다. 또 직접적인 협상 결과에 따라 정치 및 경제적인 인센티브 부여 또는 강력한 제재라는 잣대로 분명한 선을 그어 정책을 전개해 나갈 것으로 예상된다. 이는 이란에 대한 미국의 대외정책 기조를 밝힌 공약에 잘 나타나 있다. 오바마 행정부는 이란이 핵 프로그램 및 테러리즘 지원을 포기하면 WTO 가입 등과 같은 인센티브를 제공받을 수 있다고 밝혔다. 그러나 선거 공약에서 'tough'라는 단어를 직접적으로 사용했듯이 미국의 대외정책 기조와 역행할 경우 강경한 정책을 고수할 수도 있음을 짐작할 수 있다.

이러한 대외정책의 기본 틀을 바탕으로 각 분야별(지역, 특정 대상 등으로 구분) 정책을 좀더 자세히 살펴보도록 하겠다.

새로운 미국을 위한 오바마 행정부의 대외정책

아프가니스탄 및 파키스탄

아프가니스탄은 여러 민족으로 구성되어 있다. 그중에서 가장 많은 인구를 차지하고 있는 민족은 남부 지방을 근거로 하는 파슈툰족이다. 아프가니스탄과 가장 긴 국경을 맞대고 있는 파키스탄의 경우도 파슈툰족이 주 구성원이다. 파키스탄은 이웃 나라의 파슈툰족 군벌 지원을 통해 친親 파키스탄 정권을 세워 이란, 러시아 등 인접국으로부터의 위협을 차단하고자 했다.[15] 따라서 아프가니스탄 문제를 논의하는 데 있어 파키스탄 문제 역시 같이 짚을 필요가 있다. 이 부분은 오바마도 명확히 인식하고 있는 것 같다.

앞서 언급했던 것과 같이 아프가니스탄은 오바마의 대외정책에 있어서 가장 중요한 문제 중 하나로 꼽힌다. 이는 단순히 아프가니스탄 그 자체의 문제가 아니라, 알 카에다와 탈리반Taliban에 의한 테러 위협과 연관이 있는 것이다. 아프가니스탄 내의 알 카에다와 탈리반과 같은 테러리스트들의 위협을 해결하기 위해 오바마 행정부는 인접국인 파키스탄 문제 해결이 중요하다고 강조하고 있다. 지난 2008년 12월 미국 NBC 방송과의 인터뷰에서 오바마 대통령 당선자는 미국에 위협이 되는 테러리스트 세력의 제거를 위해서는 두 나라를 별개로 생각할 수 없다고 말했다. 이는 아프가니스탄을 고립시켜 테러리스트 세력을 제거하는 정책을 펴겠다는 것이 아니라 인도, 이란 등을 포함한 지역적인 관점에서 해결책 regional solution을 마련하겠다는 의미로 해석된다.

이러한 관점에서 오바마 행정부가 지난 2008년 9월 부시 행정부가 만든 'Friends of Pakistan' 그룹을 활용해 파키스탄과 좀더 긴밀히 협력할 필요가 있다는 주장이 설득력을 보이고 있다.[17] 부시 행정부도 파키스탄 문제를 대외정책에 있어 중요 사안으로 분류하고 정책을 펼쳐왔다. 그러나 오바마 행정부는 방법적인 측면에서 부시 행정부와 차별을 둘 것으로 보인다. 우선 오바마 행정부는 그동안 전 세계에서 가장 많은 국방 예산을 지원했던 파키스탄에 대한 정책을 바꿀 것으로 예상된다. 파키스탄과 그 지역의 번영과 안정을 위해 단지 군사적 차원의 지원을 하는 것이 아니라 통치 및 법치주의 강화, 경제적 기회 창출 등[18] '역량 강화capacity building'를 추구하는 것이 파키스탄을 비롯한 이 지역에 대한 미국 대외정책의 초점이 될 것이다. 이는 부통령으로 당선된 조지프 바이든 Joseph Biden이 제안한 'Enhanced Participation with Pakistan Act of 2008'의 법안[19]과 일맥상통하며, 로버트 게이츠Rovert Gates 국방장관도 이 부분을 강조하고 있다.

그러나 이 이면에는 지금까지의 파키스탄의 대테러 대응에 대해 오바마 행정부가 불만족스러워하고 있다는 것이 내포되어 있다. 늘어나는 비非군사적 원조는 파키스탄의 대테러 대응의 적극성을 주문하기 위한 일종의 당근 정책이다. 물론 파키스탄은 오바마 행정부가 자국의 테러 척결 노력을 과소평가하고 강경책을 고수할 경우 동맹관계까지 재고할 수 있다고 시사하고 나섰다.[20] 그러나 오바마 행정부는 아프가니스탄 지역에서의 테러 세력 척결을 위해 파키스탄의 역할 강화를 보다 강력히 주문할 것으로 보인다. 그리고 그 주요 수단으로 EU를 중심으로 하는 동맹국들과의 공조를 통한 정책적 인센티브 부여와 제재가 적절히 사용될 것으로 전망된다.

아울러 게이츠 국방장관은 지난 부시 행정부의 대아프가니스탄 정책이 너무 광범위했다고 밝히면서, 오바마 행정부는 아프가니스탄 내부에서 활동 중인 탈리반과 알 카에다에 초점을 맞출 것임을 시사했다. 또 오바마 행정부는 아프가니스탄에 주둔하는 미군 병력을 늘릴 것이라고 밝혔다. 미국 및 동맹국의 안보에 위협이 되는 테러리스트 세력을 제거하기 위해서는 군사적인 행동 외에 다른 대안이 없어 보인다는 의견이 오바마 행정부 내에서 제기되고 있는 것이다.[21] 그러나 오바마 행정부의 이런 구상이 지난 부시 행정부 때처럼 일방주의적인 방법으로 나타나지는 않을 것이다. 오바마 행정부는 아프가니스탄 문제를 해결하는 데 있어 NATO, 특히 유럽 동맹국들의 적극적인 참여를 요구할 것으로 전망된다. 즉 미국은 테러리스트 세력 색출에 집중하고, NATO를 중심으로 한 유럽 연합국들은 건설, 경찰 훈련, 아프가니스탄 정부와의 협력 등의 역할을 담당하게 한다는 것이 기본 방향이다.

그러나 부패, 마약 거래 등을 통한 탈리반 세력의 활동에 기여하는 등 오히려 미국 정부의 아프가니스탄 정책에 방해가 되고 있는 현재의 아프가니스탄 정권과의 관계가 주요 변수가 될 수도 있다. 올해 안에 치러질 아프가니스탄 대선에서 오바마 행정부가 현 대통령인 칼자이Karzai를 지지할지는 아직 미지수다. 최근 아프가니스탄을 다녀온 바이든 부통령은 부시 대통령이 칼자이 대통령과 2주마다 가졌던 비디오 컨퍼런스를 오바마 행정부에서는 더 이상 실시하지 않겠다고 밝혔다. 지난 정부의 아프가니스탄에서의 목표가 너무 방대했기에 알 카에다와 같은 테러리스트 색출에만 집중하겠다는 의미로 해석된다. 이러한 목표 달성을 위해서는 파키스탄과의 지속적인 공조가 중요하다. 따라서 단지 군사적 차원의 지원이 아닌 앞서 언급한 파키스탄의 역량 강화를 위한 지원책이 주요 수단으로 사용될 것이다.

핵무기를 둘러싼 문제

핵무기와 관련된 문제는 정당을 막론하고 미국의 대외정책에서 가장 핵심적인 이슈 중 하나다. 단순히 핵무기의 확산을 저지하는 데 그 목적이 있다고 보기는 힘들다. 그보다는 '테러리스트 집단 또는 이른바 위험한 정권dangerous regime이 핵무기를 소유함으로써 결과적으로 자국민에게 위협을 줄 수 있다'는 관점에서 접근할 필요가 있다. 우선 오바마는 선거 공약인 '오바마-바이든 플랜'을 통해 통제되지 않는 모든 핵물질all loose nuclear materials을 안전한 상태로 만들겠다고 밝혔다. 오바마가 2007년《포린 어페어스 Foreign Affairs》에 기고한 글에서도 밝혔듯이, 미국은 새로운 핵무기에 쓰일 원료의 생산에 대한 '검증 가능한verifiable 국제적인 금지'를 놓고 협상할 것으로 보인다.[22]

이와 관련해 두 가지 정도 핵심적인 사항을 살펴볼 수 있다. 첫째는 오바마가 핵무기 제조와 관련하여 가장 염두에 두고 있는 부분은 플루토늄이 아니라 원심분리기를 이용해 우라늄을 생산해내려 하는 이란이라는 점이다.[23] 지난 2008년 12월 이스라엘 합참차장은 "이란은 최대 6000기의 원심분리기를 가동하고 있고 약 300킬로그램의 저농축 우라늄을 쌓아두고 있다"[24]며 이는 "이스라엘을 포함한 중동 지역에 심각한 안보위협"이라고 밝힌 바 있다.

둘째는 부시 행정부의 핵문제 처리 방안과의 연속성 문제다. 대통령 선거 캠페인 과정에서 오바마 진영은 결과적으로 핵무기 프로그램이 없는 것으로 드러난 이라크에 대한 부시 행정부의 공격을 비난하면서 부시 행정부와는 다른 핵무기 정책을 펼칠 것이라고 밝혔다. 그러나 오바마가 부시 행정부 때 북핵 문제 해결 원칙으로 제시됐던 '완전하고 검증가능하며 되돌릴 수 없는 해체 Complete, Verifiable, Irreversible Dismantlement, CVID'를 재검토할 가능성이 있음을 배재할 수 없다. 물론 부시 행정부 말기에는 거의 무용지물이 되다시피 했지만 '검증 가능한'이라는 단어가 6자 회담

진전에 큰 장애가 되었음은 이미 잘 알려진 사실이다. 그런데 오바마 역시 핵무기 문제에 있어 '검증 가능한'이라는 용어를 사용했다는 점은 이란이나 북한과의 핵문제와 관련한 협상에서 다시금 이 문제가 주요 쟁점사항이 될 수 있다는 것을 암시한다.

이러한 측면에서 부시 정부의 마지막 국무장관이었던 콘돌리자 라이스Condoleezza Rice가 특히 이란 핵문제와 관련해 '오바마 행정부가 택할 수 있는 별다른 옵션은 없다'고 언급한 것이라고 볼 수 있다.[25] 오바마 행정부의 대외정책의 큰 틀을 '조건 없이 강경tough 하고 직접적인 외교'라는 측면에서 봤을 때, 핵무기에 대한 검증 문제가 오히려 부시 행정부 때보다 더욱 강조될 수도 있다.

이와 더불어 오바마 행정부는 핵확산금지조약의 강화를 통해 이란과 북한처럼 국제적인 규칙을 어길 경우 강력한 국제적인 제재를 받게 될 것이라고 강조하고, 결과적으로 핵무기 없는 세상을 건설하겠다는 청사진을 밝혔다. NPT의 강화를 강조한 점은 분명 부시 행정부의 접근법과는 다른 측면을 가지고 있다. 부시 행정부는 지난 2005년 핵시설 일부에 대한 국제 사찰을 허용하면 핵기술과 핵물질을 미국으로부터 받을 수 있도록 하는 핵 협정을 인도와 체결했다. 이에 국제 사회는 NPT 가입을 거절해오던 인도와의 핵 협정 체결은 인도의 핵 보유를 사실상 인정함과 동시에 NPT 체제를 부정하는 것이라며 미국을 비판했다. 이는 다른 나라와의 핵협상에서(예를 들어, 북한이 인도는 핵 보유를 인정해주고 왜 우리(북한)는 포기하라고 하는지를 문제 삼고 나오는 경우[26]) 결코 미국 측에 유리한 환경을 조성해주지 않는다. 결국 오바마의 NPT 체제 강화는 이러한 측면을 고려한 것이라고 분석할 수 있으며 부시 행정부와 차별성을 보일 수 있는 정책 중 하나로 여겨진다.

한편 공화당의 대통령 후보였던 매케인은 '핵이 없는 세상'을 만들겠다는 오바마의 공약이 이상적이라며 비판했다. 매케인은 '20여 년 전에 레이건 대통령도 핵무기 없는 세상을 얘기했는데[27] 이는 자신의 꿈이기도 하다'면서 중요한 것은 '신중하고 실용적으로 미국과 동맹국의 안전을 위한 정책을 펼치는 것'이라고 강조했다. 현실적으로 핵이 없는 세상을 만드는 것은 매케인의 주장처럼 실현 불가능할 수 있다. 그러나 오바마 행정부는 핵무기의 증가를 강력하게 억제하고 점차적으로 감소시켜 나가기 위해 러시아와도 협력하겠다고 강조했다. 그런데 핵무기 감축 문제는 테러리스트의 위협과 밀접하게 연관되어 있다. 따라서 미국과 전 세계가 어느 정도 테러 위협에서 벗어나지 않은 상태에서 핵무기 감축 문제를 논의할 경우 미국 내에서조차 강력한 반대에 직면할 가능성도 배제할 수 없다. 이 부분은 겉으로 드러나진 않지만 오바마 행정부의 핵무기 관련 정책을 결정짓는 주요 변수로 작용할 것으로 보인다.

앞서 잠시 언급했지만 핵무기와 관련해서는 이란 문제를 빼놓을 수 없다. 이란의 핵 프로그램 개발 문제가 테러리스트 지원, 이스라엘에 대한 위협, 중동 지역의 안보 등과 연결되어 있다는 것을 오바마도 잘 알고 있다. 이 때문에 이란 문제가 가장 중요한 대외정책 중 하나로 꼽히고 있는 것이다. 선거 공약에서 이란을 직접적으로 지목한 것도 이란에게 분명한 메시지를 전달하려는 의도로 파악된다. 오바마 행정부 대외정책의 가장 근본적인 수단으로 사용될 것으로 예상되는 '조건 없는 강경하고 직접적인 외교'도 이란 문제와 관련해 언급되었다.

오바마 대통령이 취임 후 처음 가진 TV 인터뷰가 아랍어 뉴스 채널인 '알 아라비야Al Arabiya'라는 것에서 알 수 있듯이 중동 문제는 오바마의 최대 관심사다. 이 인터뷰에서 오바마는 이란과 같은 나라가 주먹을 편다면 미국은 손을 내밀 것이라면서 미국과 이란 두 나라가 서로 어떤 점이 다른지를 찾아보면 관계 개선을 위한 방법도 발견할 수 있을 것이라는 입장을 피력했다.[28]

이란 문제에 대한 오바마의 대외정책의 또 다른 주요 수단은 인센티브를 제공하는, 다시 말해 '채찍과 당근'을 같이 사용한다는 전략이다. 미국은 이란이 핵과 테러 지원을 포기하면 WTO 회원 가입, 경제적인 투자, 외교관계 정상화 등을 제시할 수 있다고 밝혔다. 그러나 이란이 현재 정책을 고수할 경우에는 경제적 압박과 정치적 고립 정책을 펼 것이라며 선택권을 이란에게 주었다. 이러한 '당근과 채찍'을 사용해 상대국에게 선택권을 주는 정책은 비단 이란뿐이 아니라 북한 등 다른 나라에도 똑같이 적용될 것으로 보인다.

아직 오바마 행정부의 대이란 정책이 구체적으로 나타나지 않은 상황에서 더욱 구체적인 논의가 이루어지기는 힘든 측면이 있다. 그러나 이란이 WTO 멤버십, 경제적 투자, 미국과의 외교관계 수립의 대가로 오바마의 표현을 빌자면 이른바 '문제 일으키는 행위troubling behaviour'를 그만두려 할지는 의문점으로 남는다. 오바마 행정부는 강경한 외교를 방법으로 제시하고 있지만 아직 구체적인 방안이 제시되지 않은 상태다. 따라서 직접적인 대화를 통해 그 정책적인 수단이 정해지지 않을까 전망된다.

새로운 대외정책을 통한 미국의 위상 재정립

앞에서 언급한 오바마 행정부의 대외정책은 결론적으로 국제사회에서 미국의 위상을 새롭게 하기 위한 것이라고 단정지을 수 있다. 오바마 행정부는 기본적으로 '부시-체니' 행정부가 취했던 '그들이 좋아하는 국가의 지도자들과만 대화한다'는 정책을 전면적으로 부정하고 있다. 오바마는 이러한 부시의 정책으로 인해 미국이 거만한arrogant 국가로 인식되었다고 전제하고, 강력한 국제적인 지지를 바탕으로 이러한 인식을 바꿀 것임을 강조했다. 그리고 이는 단지 테러 문제에만 국한되는 것이 아니라 부시 행정부가 거부했던 기후변화 관련 사안, 핵무기 문제, 질병 및 빈곤 문제 등을 망라한다고 밝히고 있다. 이를 위해 오바마 행정부가 가장 신경 쓰게 될 부분은 국제 문제에 있어 동맹국과 국제기구와의 공조를 통한 국제적인 지지일 것이다.

부시 행정부의 대외정책도 그의 두 번째 임기 중에 이미 중요한 변화가 있긴 했다. 부시는 첫 번째 임기 중에 보였던 '오만과 전투적 기질hubris and bellicosity'의 일부를 포기하고 동맹국과 국제기구들과 협력하려고 노력했으며 팔레스타인 문제에 더 많은 관심을 기울였다.[29] 그럼에도 불구하고 범세계적으로 부시 행정부의 대외정책은 '국제적인 협약도 미국이 원할 경우 무시될 수 있다'는 독단적인 정책으로 인식되고 있다.

오바마 행정부는 이러한 부시 행정부의 외교적 유산을 청산하는 데 주력할 것으로 보인다. 이는 민주당의 대외정책과 관련한 전통에서도 보여왔을 뿐 아니라 오바마의 선거 공약과도 일맥상통한다. 즉 오바마는 미국의 대외정책과 관련해 동맹국들과의 협력을 중시하고 국제 사회에서 인정받는 정책을 펴나가는 것을 주안점으로 삼을 것이 확실시된다. 이는 결과적으로 국제 사회에서 미국의 위상을 새롭게 하는 문제와도 직결되어 있다. 이를 위해 국제적으로 비난의 대상이 되었던(예를 들어, 쿠바의 관타나모 수감시설의 폐쇄, 부시 정권이 소극적인 태도를 보였던 기후변화) 정책들을 우선적으로 시행할 것으로 보인다.

특히 오바마는 대통령 집무 이틀째에 미국의 인권과 도덕성 저하를 상징하는 관타나모 수감시설을 1년 내에 폐쇄하라는 내용의 행정명령에 서명함으로써 미국의 대외 위상을 높이는 프로젝트를 이미 시작했다고 볼 수 있다. 물론 관타나모 수감시설 폐쇄와 관련해 수감자들의 처리 방향(어디로 보낼지 등)이 결정되지 않은 상태여서 유럽 등 다른 동맹국들과의 협의가 필요하다. 어느 나라든 쉽사리 수감자들을 받아들이지 않으려 할 것이기 때문에 주요 외교 사안이 될 수도 있다.

특히 대외정책과 관련해서는 이번 44대 대선 전부터 오바마의 경험 부족이 주요 약점으로 부각되었다. 매케인에 비해 상대적으로 적은 정치 경험도 '오바마가 과연 주요 난국을 잘 헤쳐나갈 수 있을까'라는 의구심을 자아냈다. 이라크 전쟁으로 미국은 세계무대에서 신뢰를 상실했기 때문에 오바마와 같은 새로운 인물에 대한 기대감이 높았던 것도 사실이지만, 공화당 후보였던 매케인도 현상 유지가 필요하다고 보는 관점에서는 무시할 수 없었던 후보였다. 그러나 결국 민심은 신보수주의에 싫증을 느꼈고 부시 정권의 독단적인 'go-it-alone' 정책에도 실망한 것으로 드러났다.

앞서서도 언급했듯이 대외정책과 관련한 부시 행정부의 독단적인 정책에 대한 국민의 염증은 민주당의 대외정책에 대한 전통과 일맥상통하는 부분이 있다고 볼 수 있다. 국무장관으로 내정된 힐러리의 경우도 기후변화나 테러리즘과 같은 위협을 극복하기 위해서는 부시 정권의 'go-it-alone' 정책을 버리고 미국의 우방들friends에 의존해야 한다고 역설한다. 즉 국민들이 오바마를 선택한 것은 내부적으로 새로운 정책 방향을 제시해주길 바라는 희망과 함께 국제무대에서 미국의 위상을 긍정적으로 바꿔주길 바라는 희망도 담겨 있다.

미국의 새로운 위상 정립을 위해서는 지난 부시 행정부의 미완결 과제에 대한 처리도 주요 변수로 작용할 것이다. 그 대표적인 것이 이라크 문제다. 오바마가 선거 공약에서 밝혔던 이라크에 주둔 중인 미군을 16개월 내에 철수시키는 문제는 단순한 문제가 아님에 틀림없다. 인도주의적 차원에서, 또 그동안 발생한 미군 사상자와 전쟁 비용[30] 등을 감안할 때 설령 대다수가 미군 철수에 찬성한다고 할지언정, 현 상황에서의 철수는 미국의 이미지를 더욱 실추시킬 수 있다는 지적도 있다. 다시 말해 후세인 축출에는 성공했지만 아직까지 이라크는 테러, 내전, 실패한 정치 기구로 묘사될 만큼 제대로 된 국가의 기능을 수행하지 못하고 있다. 이로 인해 즉각적인 미군 철수가 이라크 내부의 분열을 더욱 심화시킬 수도 있으며, 미국에게는 이라크 전쟁의 실패라고까지 묘사될 수 있는 정치적인 굴욕을 가져올 수도 있다는 얘기다.

이러한 관점에서 오바마는 부시 행정부의 마지막 국방부 장관이었던 로버트 게이츠를 국방부 장관으로 재지명했다. 물론 게이츠 본인이 '이라크에서 미군의 책임 있는 철수와, 이와 관련해 미군 지휘관들의 의견에 귀를 기울일 것[31]'이라는 오바마의 정책에 동의한다는 입장을 밝혔다. 그러나 지난 부시 정권에서 이라크 문제를 직접적으로 관장했던 게이츠의 역할이 오바마에게도 중요할 수밖에 없다는 점을 간과할 수는 없을 것이다.

아울러 눈여겨 봐야 할 부분은 미국 민주당의 대외정책 패턴이다. 'Startfor'의 창시자인 조지 프리드먼George Friedman[32]은 민주당의 대외정책 패턴을 네 가지로 구분하고 있다. 첫째, 가능한 한 직접적인 전쟁을 피하고 전쟁은 적에 의해서만 시작된다. 둘째, 전쟁에 독단적으로 참여하지 않고 동맹국들과의 연합을 바탕으로 한다. 이에 동맹국들은 미국의 참여에 감사해한다. 셋째, 전쟁 결과 다자 차원에서 평화를 유지할 수 있는 국제적인 기구 또는 시스템을 만들고 미국은 그 안에서 주도적인 역할을 수행한다. 마지막으로 이러한 국제적인 시스템은 유럽과의 관계trans-Atlantic relationship에 기반을 두고 만든다.

이러한 관점에서 보았을 때 부시 행정부의 이라크 전쟁은 민주당의 전통적인 대외정책과는 거리가 멀었다. 9.11테러 이후 미국의 아프가니스탄 공격은 이라크 전쟁과는 달리 민주당의 대외정책과 일맥상통한 부분이 있다. NATO와 UN을 포함한 국제적인 지지를 기반으로 하고 있으며 미국의 자기 방어self-defence 차원에서 이루어진 전쟁이기 때문이다. 물론 민주당 내부적으로도 이라크 전쟁에 대해서는 찬반이 갈렸다.[33] 그러나 민주당은 동맹 차원에서 중요시하는 국가들(특히 프랑스, 독일 등)의 지지가 결여되어 외교적으로 고립되었다. 민주당은 인명피해 및 막대한 비용 등의 측면에서 결국 이라크 전쟁에는 반대했다.

이는 오바마의 선거 공약에도 고스란히 반영되어 있다. 공화당 후보였던 매케인은 아프가니스탄과 이라크 가운데 이라크에 초점을 맞출 것이라는 점과, 부시 대통령의 이라크 전쟁을 적극 지지하며 전쟁을 끝낼 이유도 없고 필요하다면 이라크에 미국 군대를 증파할 수도 있다는 입장이었다. 그러나 오바마는 이라크 전쟁에 대해서는 처음부터 반대했고 책임지고 전쟁을 종식시켜 이라크에 파병되어 있는 미군을 16개월 이내에 재배치, 즉 철군시킨다는 입장을 취하고 있다. 아울러 미국의 안보에 직접적으로 위협이 되고 있는 아프가니스탄과 파키스탄에 더욱 집중하겠다는 공약을 내세웠다. 특히 아프가니스탄 문제에 대해서는 앞서 언급한 바와 같이 알카에다와 탈리반 세력의 부활을 막기 위해 미군을 증편시킬 수도 있으며 NATO의 동맹국들에게도 군대 증편을 요청할 수 있다는 입장을 가지고 있다.

오바마 행정부의 이라크 및 아프가니스탄, 파키스탄에 대한 정책적 변화는 결과적으로 대중동 및 핵 테러리즘의 위협에 대응하는 전략, 나아가 국제사회에서 실추된 미국의 위상재고 측면으로 연결된다고 볼 수 있다. 그 방법과 원칙에 대해 오바마는《포린 어페어스》에 "미국은 현 시대의 위협을 혼자 감당할 수 없고, 그렇다고 다른 국가들도 미국 없이 이를 해결하기 어렵다. 미국이 국제사회의 강력한 리더로서 재정립되기 위해서는 국제적인 지지를 얻을 수 있는 공동의 문제에 공동으로 대처해야 한다"고 기고했다.

오바마는 미국 위상 정립과 관련하여 아시아 지역에서 새로운 파트너십을 추구한다고 밝혔다. 기존의 양자 협정, 특별한 목적을 위한ad hoc 정상 회동을 넘어서는 효과적인 틀effective framework을 만들겠다는 것이다. 한 가지 주목할 만한 점은 오바마 행정부의 대중국 정책이다. 아직 명확한 밑그림이 밝혀질 단계는 아니지만 한국, 일본, 호주와의 동맹관계를 더욱 굳건히 하면서 중국이 국제적인 규정에 따라 행동하도록 하겠다는 내용을 담고 있는 것으로 보인다. 급속한 경제 발전을 바탕으로 아시아의 맹주로 부상하고 있는 중국에 대한 견제가 본격화될 수 있다는 전망이 나오는 대목이기도 하다. 오바마가 대통령 취임 첫날부터 중국의 환율 조작 문제를 직접적으로 언급하고 있다는 점도(물론 지난 부시 행정부에서도 끊임없이 제기되어왔던 문제지만) 어느 정도 이러한 전망을 뒷받침해준다고 볼 수 있다.

미국의 아시아에 대한 대외정책과 관련해 한 가지 분명한 점이 있다. 매케인과 오바마 중 어느 누가 대통령으로 선출되었다 한들 아시아 지역은 과거보다는 훨씬 더 미국의 관심 대상이 될 것이라는 점이다. 이는 아시아의 정치·경제적인 맹주로 부상하고 있는 중국을 필두로 인도와 같은 나라들이 있기 때문이다. 단지 오바마의 경우에는 공화당 후보였던 매케인보다(설령 미국의 이익에 반하는 경우 견제를 할 것임에도) 중국 및 인도를 포함한 아시아 국가들과의 연합 또는 네트워크를 바탕으로 하는 대외정책을 훨씬 더 강력하게 펼 것으로 전망되고 있다. 이는 많은 아시아 국가들이 기존의 부시 정권에 가지고 있던 적대적인 감정을 반영하는 측면에서 이루어질 것이고 결과적으로 이러한 적대적 감정이 많이 수그러들 수 있는 계기가 될 것으로 보인다.

새로운 미국을 향한 출발

2009년 1월 20일 거행된 취임식에서 오바마는 "미국은 그동안 미사일이나 탱크가 아닌 굳건한 동맹과 확신으로 파시즘과 공산주의를 이겨냈다. 이제 미국은 미국의 힘만으로 미국을 지킬 수 없다. 그리고 미국이 원하는 대로 할 수 있는 권리도 없다"고 연설했다. 이는 앞으로 변화할, 특히 지난 8년간 부시 행정부의 대외정책과 달라질 부분, 그중에서도 방법적인 부분을 가장 명확히 나타내고 있다고 할 수 있다. 즉 '냉전시대의 종식도 군사력에 의한 것이 아니었고, 전 세계적으로 위협이 되는 테러도 단지 한 국가의 힘만으로 막을 수 없다. 설령 막을 수 있는 힘이 있다 하더라도 더 이상 독단적으로 미국이 원하는 대로만 하지 않겠다'는 것을 의미한다.

물론 이 글에서 다루지 못한 많은 주요한 이슈들도 있다. 2009년이 시작되면서 국제적인 관심의 대상이었던 이스라엘과 팔레스타인 문제, 아프리카와 남미지역 문제, 아울러 러시아 문제 등 많은 대외정책들이 남아 있다. 그러나 지금까지 살펴보았던 내용을 토대로 보았을 때 오바마의 대외정책은 크게 두 가지 측면에서 이해할 수 있다.

우선 국제문제에 대처하는 데 있어 동맹국들을 적극 활용하는 것이다. 즉 '균형력power of balance'[34]을 가진 국제정치를 추구할 것이라는 주장이 힘을 얻고 있다. 미국이 과거와 같은 '하이퍼 파워'로서의 자리매김은 힘들다고 보았을 때, 오바마의 말처럼 모든 문제를 이제는 미국 혼자만의 힘으로 감당하기 힘들다. 따라서 미국은 EU와 같은 다양한 동맹국들의 적극적인 참여를 이끌어낼 것으로 보인다. 특히 민주당의 전통적인 대외정책 입장에서 보았을 때 EU의 역할이 그 어느 때보다 중요할 것으로 판단된다. EU의 적극적인 지지를 얻기 위해서는 미국 정책에 대한 EU의 이해가 바탕이 되어야 하기 때문에 이라크 전쟁과 같은 독단적 형태의 대외정책은 등장하지 않을 것이다. 물론 EU가 정치적인 통합을 통한 국제무대의 주연으로 등장하기 위해서는 아프가니스탄 등에서의 역할이 무척 중요하다. 이라크 전쟁 때와 같은 EU의 내부적 분열은 국제무대에서 EU의 정치적 위상 정립을 저해한다는 점을 EU는 더없이 잘 알고 있을 것이다.

이와 더불어 오바마 행정부는 그 어느 정권보다 원칙을 바탕으로 한 강력한 제재를 취할 것으로 전망된다. 이란의 경우에서 살펴봤듯이 테러리즘, 핵무기 등과 연관되어 있는 국가들에게는 선택권이 주어져 있다. 미국이 제시한 당근과 채찍 중 채찍을 선택하는 경우에는 그에 상응하는, 그것도 국제적인 공조를 바탕으로 하는 그 어느 때보다 강력한 제재가 가해질 것이다. 이러한 관점에서 국무장관인 힐러리가 상원 인준 청문회에서 밝힌 '스마트 파워smart power를 앞세워 외교정책을 펼치겠다'는 점에 주목할 필요가 있다. 이는 군사력이나 정치력 등을 앞세운 하드 파워hard power와 경제 원조, 외교(대화), 문화 등 다양한 소프트 파워soft power를 적시 적소에 맞춰 사용하겠다는 뜻이다. 즉 지난 부시 행정부에서 미국의 군사력이 위험스러울 정도로 과도하게 사용되었다는 측면을 오바마 행정부는 인정하면서도, 미국의 이익과 승리를 위한 의지는 수그러들지 않았다는 신호를 전 세계에 보내는 것이라고 판단된다.

이라크 전쟁과 현재의 경제위기로 인해 미국의 쇠퇴론이 힘을 얻고 있는 것도 사실이다. 그러나 미국을 대체할 만한 국가의 등장은 아직 시기상조라는 의견이 대세다. 지난 부시 정권에서 만들어진 국제 질서는 오바마 행정부가 들어서면서 새로운 형태로 변화되거나 최소한 그 변화를 위한 초석이 만들어질 것이다. 이는 기본적으로 오바마 행정부가 지난 부시 행정부의 대외정책을 전면적으로 부정하고 있기 때문이며 앞서 설명한 두 가지 주요한 대외정책의 특징 때문이다.

오바마 대통령은 알 아라비야와의 인터뷰에서 "미국이 지시하고 상대국들이 따르는 대외정책의 틀에서 벗어나 서로를 이해하고 존중할 수 있는 커뮤니케이션을 적극 활용할 것"이라고 밝혔다. 이는 향후에 미국이 다시 하이퍼 파워로 부상할 수 있을 때, 강제와 군사력에 의한 하이퍼 파워가 아닌 기회opportunity, 활력dynamism, 도덕적 힘moral force을 바탕으로 하는 하이퍼 파워가 되도록 하겠다는 의지의 표현이라고 볼 수 있다.[35]

그러나 우리는 오바마 행정부의 대외정책을 전망하는 데 있어 공통의 관심을 기울여야 하는 부분은 미국 경제의 회복이라는 점을 간과해서는 안 된다. 이른바 소프트 파워로 분류되는 경제력이 관건이 될 수밖에 없는 이유는, 정치 및 군사력으로 대표되는 하드 파워는 건실한 경제가 바탕이 되어야 발휘될 수 있기 때문이다. 그렇다고 미국이 국내 경기 회복을 위해 국제적인 주요 문제에 등을 돌릴 수도 없다. 따라서 EU를 위시한 동맹국들의 적극적인 역할이 요구될 수밖에 없는 것이다.

《파이낸셜 타임스Financial Times》는 2009년 1월 19일자에서 클린턴과 카터 대통령이 재임 시절에 중동평화 문제에 직접적으로 개입함으로써 대부분의 시간을 이 문제에 쏟아부을 수밖에 없었다는 점을 지적하고 있다. 오바마는 이러한 문제점을 충분히 숙지하고 있을 것이다. 아마도 오바마는 힐러리 국무장관에게 대외정책과 관련하여 힘을 실어주고, 아프가니스탄과 중동에 특사special envoy를 파견할 것이다. 또 아프가니스탄에 유럽 동맹국들이 군대를 증파해주기를 요청하는 등 경제위기가 해소될 때까지 숨을 고르면서 다양한 문제를 동시에 대처해나갈 것이다.[36] 목표는 당연히 '부시 행정부의 대외정책과는 다르다'는 인식을 전 세계에 심어줌과 동시에 세계 패권국으로서 미국의 위상을 새롭게 하는 데 있다고 하겠다.

1   세계 패권국으로서의 미국의 위치에 대해서는 많은 찬반양론이 제기되어오고 있는 실정이다. 그러나 이 글에서는 경제위기, 국제적 위상 실추 등에 따른 미국의 상대적 쇠퇴에도 불구하고 미국은 여전히 세계무대에서 지도국가의 위치를 점하고 있다는 전제에서 시작한다.

2   미국의 43대 대통령이었던 조지 워커 부시George Walker Bush 대통령과 구분하기 위해 필요시 이 장에서는 41대 부시 대통령은 '시니어 부시'로, 그의 아들인 43대 대통령은 '주니어 부시'로 구분하여 사용하도록 하겠다.

3   Warren I. Cohen, "America's Falling Empire: US Foreign Relations since the Cold War", Oxford, *Blackwell Publishing Ltd*, 2005. 이 장에서는 정확한 한글 표현을 위해 이 책의 역서인 《추락하는 제국 : 냉전 이후의 미국 외교》(워런 코헨 지음, 김기근 옮김, 산지니, 2008)'을 병행하여 사용한다.

4   클린턴 행정부 시대의 주요 대외문제로는 소말리아, 아이티, 르완다, 보스니아, 코소보 등을 들 수 있다. 아울러 코헨은 클린턴 외교정책의 주요 관심 분야는 무역과 투자를 위한 시장 확대였지만, 공식적인 최우선 관심사는 미국과 러시아와의 관계였다고 보고 있다.

5   앞서 언급한 것과 같이 이 장은 제43대 대통령인 조지 부시(주니어 부시) 대통령 시절의 대외정책에 관한 내용이다.

6   워런 코헨 지음, 앞의 책 p. 210.

7   워런 코헨 지음, 앞의 책 p. 213. 전 세계에 미국이 추구하는 민주주의

를 확립시키려는 차원에서 이상적 국제주의이자 미국 대외정책의 큰 틀인
'윌슨주의'와 유사하지만, 윌슨주의는 국제기구의 중요성 등을 주장한 반면
부시 행정부는 국제기구나 동맹국들과의 협력 없이 미국의 힘만을 이용하려
고 했다는 점에서 차이가 있다. 이와 관련《카우보이들의 외교사: 먼로주의에
서 부시 독트린까지 미국의 외교전략》(김봉중, 푸른역사, 2006), 참조.

8　　Thomas Donnelly, 'The Underpinnings of the Bush Doctrine' AEI
National Security Outlook, 2003, 참조(http://www.aei.org/publications/
pubID.15845/pub_detail.asp).

9　　신보수주의neo-conservatism에 대해서는 〈미국 신보수주의의 정의와 정
치적 의의−연구방법과 연구현황〉(남궁곤), 《네오콘 프로젝트: 미국 신보수
주의의 이념과 실천》(남궁곤 편, 사회평론), pp. 15~53, 참조.

10　　〈미국 정당정치의 변동과 신보수주의〉(장훈),《네오콘 프로젝트: 미국
신보수주의의 이념과 실천》(남궁곤 편, 사회평론), pp. 243-244. 마상윤은 신
보수주의가 핵심적인 이론으로 등장하는 데 있어 9.11과 같은 조건이 형성되
었고, 이러한 조건을 실천자들이 즉각 활용하였기에 가능했다고 설명하고 있
다. 〈미국 신보수주의의 역사적배경-탈냉전에서 이라크전쟁까지〉(마상윤),
《네오콘 프로젝트: 미국 신보수주의의 이념과 실천》(남궁곤 편, 사회평론),
pp. 81~101, 참조.

11　　김성한,〈미국 신보수주의 외교이념의 구성과 주장〉, 남궁곤 편,《네오
콘 프로젝트: 미국 신보수주의의 이념과 실천》, 사회평론, pp. 190~204.

12　　김성한, 앞의 책, pp. 182~183. 미국적 국제주의란 미국의 힘(군사력과
경제력)을 강화하여 국제체제의 평화와 안정을 기여한다고 보는 것이며, 미국
은 어떠한 잠재적 위협도 저지하기 위해 일정 범위의 재래식 · 핵전력 증진을
할 필요가 있다고 보는 관점이다.

13　　마상윤은 그러나 아직 신보수주의가 종말을 고했다고 단정하기에는
이르며, 새로운 상황에 적응하면서 이념적 수정이 이루어질 수도 있다고 보
고 있다.

14   http://www.change.gov 참조. 이에 대한 원문은 "Obama and Biden will crack down on nuclear proliferation by strengthening the Nuclear Non-Proliferation Treaty so that countries like North Korea and Iran that break the rules will automatically face strong international sanctions."

15   《동아일보》, 〈9.11 테러의 뿌리: 아프가니스탄의 전쟁사〉(2009.1.23). (http://www.emilitarynews.com/board/sboard.php?brd_code=d0027&no=22&mode=view&cpage=1)

16   http://www.msnbc.msn.com/id/28097635/page/3/에서 인용.

17   Jayshree Bajoria, 'Obama's Pakistan Challenge', *Council on Foreign Relations*(http://www.cfr.org), 2009.1.2. 'Friends of Pakistan'은 2008년 9월 26일 뉴욕에서 창설되었으며, 참여국은 미국을 비롯하여 영국, 프랑스, 독일, 중국, 아랍 에미리트, 캐나다, 터키, 호주, 이탈리아, UN, EU 등이다. 파키스탄의 민주화와 사회경제적 발전을 지원하는 데 그 목적을 두고 있다.

18   Caroline Wadhams, Brian Katulis, Lawrence J. Korb, Colin Cookman, "Partnership for Progress: Advancing a New Strategy for Prosperity and Stability in Pakistan and the Region", *Center for American Progress*, 2008.11.17, 참조.

19   이 법안이 통과되면 향후 5년간 미국은 75억 달러를 파키스탄의 비군사적인 분야에 지원해주게 된다('What do you mean, bin Laden doesn't exist?', *The Times*, 2008.11.6).

20   《한국일보》, 〈오바마-파키스탄 對테러전 기싸움〉(2009.1.21). 후세인 후카니 주미 파키스탄 대사는 TV 인터뷰에서 파키스탄 문제에 대한 미국의 인내심을 요구하고, 긍정적 정책이 채택되지 않을 경우 모든 선택사항을 재고할 수 있다고 밝히고 있다.

21   'Aides Say Obama's Afghan Aims Elevate War' (http://www.nytimes.com/2009/01/28/us/politics/28policy.html?_r=1&hp), *New York Times*, 2009.1.27.

22   Obama, Barack, 'Renewing American Leadership', *Foreign Affairs*, July August, 2007.

23   MBC 뉴스 기자칼럼, 〈오바마-바이든 플랜의 4가지 키워드〉 http://im news.imbc.com/mpeople/rptcolumn/2242557_3571.html

24   《뉴시스》, 〈이스라엘, 내년 중대 안보위협 직면 가능성〉(2008.12.17).

25   'Rice: Obama to follow Bush foreign policy', *Financial Times*, 2008.12.21, 이에 대한 이유로 라이스는 각종 대외정책 현안을 다루고 해결하기 위해 부시 정부는 다자적인 방법으로 국제적인 공조를 조성해놓았다고 언급하고 있다. 이에 대한 원문은 "The reason why there might be some elements of continuity is that what we've tried to do is to arrange or organise international groupings that can first manage and then resolve these very difficult problems in a multilateral way." (http://www.ft.com/cms/s/0/99a2e8b6-cfa7-11dd-abf9-000077b07658.html?nclick_check=1)

26   이는 실제적으로 북미협상에 참가하는 익명을 요구한 미국의 고위관리가 직접 언급한 내용이다. 이에 대한 기사는 'The Basics; Why (Not) Sell Nukes to India?', *New York Times*, 2005.7.24.

27   이에 대한 원문은 "our dream is to see the day when nuclear weapons will be banished from the face of the Earth"이며, 매케인의 핵정책에 대한 오바마 진영의 대응(Obama Campaign's Response to McCain's Nuclear Policy Speech)에서 발췌.
(http://thepage.time.com/obama-campaigns-response-to-mccains-nuclear-policy-speech/)

28   'President's first interview since taking office: Obama tells Al Arabiya peace talks should resume' (http://www.alarabiya. net/articles/2009/01/27/65087.html), *Al Arabiya*, 2009.1.27.

29   'After Bush', *Economist*, 2008.3.27.

30   미국은 5년째 접어든 이라크 전쟁에서 이미 6000억 달러 이상이 소요

되었으며 4000명 이상의 전사자를 냈다(《중앙일보》, 〈오바마의 새 판 짜기에 EU·동아시아 역할 커질 것〉(2009.1.2). 'After Bush', *Economist*, 2008.3.27에 따르면 이라크에는 약 16만 명의 미군 병력이 주둔하고 있으며, 하루에 약 3억 달러의 비용이 소요된다고 한다.

31 게이츠 국방장관 내정자의 오바마의 이라크에 대한 정책에 대한 의견 원문은 다음과 같다. "He (Obama) repeated his desire to try and get our combat forces out within 16 months. But he also said that he wanted to have a responsible drawdown. And he also said that he was prepared to listen to his commanders. So I think that that's exactly the position the president-elect should be in." (참조 : CNN Politics.com 2008.12.3, 'A new president but old problem for Gates', http://edition.cnn.com/2008/POLITICS/12/03/gates.analysis/index.html)

32 조지 프리드먼의 저서로는《Future of War》《America's Secret War》《The Next 100 Years》등이 있으며, Stratfor는 1996년 프리드먼에 의해 설립되어 정치, 경제, 군사 등을 지정학적인 관점에서 분석, 전망하는 연구기관이다.

33 오바마 행정부의 국무장관으로 내정된 힐러리 클린턴 상원의원의 경우 2002년에 이라크 침공에 찬성하였지만, 민주당 경선기간 중에는 자신이 대통령이 될 경우 60일 이내에 이라크 주둔 미군을 철수하겠다고 했다.

34 이 용어는 오바마의 대표적인 싱크탱크였던 신미국안보센터(Center for a New American Security)에서 발행한 저서, Kurt M. Campbell, Nirav Patel, Vikram J. Singh, "The Power of Balance: America in Asia", 2008에서 인용한 것으로 아시아에서 미국이 취해야 할 새로운 대외정책 전략을 소개하고 있다. 그러나 기존의 양자관계를 더욱 돈독히 하면서 다자차원에서 창조적인 역할을 강조하는 이 논리는 비단 아시아뿐 아닌 다른 지역에도 공히 적용될 것으로 보인다.

35 Amy Chua, "Day of Empire: How hyperpowers rise to global dominance-and why they fall", New York, *Doubleday*, p. 342.

36　'The biggest foreign policy priority lies close to home', *Financial Times*, 2009.1.19. 이 신문은 이란에 오는 2009년 6월에 총선이 있으므로 정상회담이 급속하게 진행되지 않을 것이며, 4월의 NATO 60주년 기념식에서 아프가니스탄에서 유럽의 보다 적극적인 참여를 요구하게 될 것이라고 전망하고 있다.

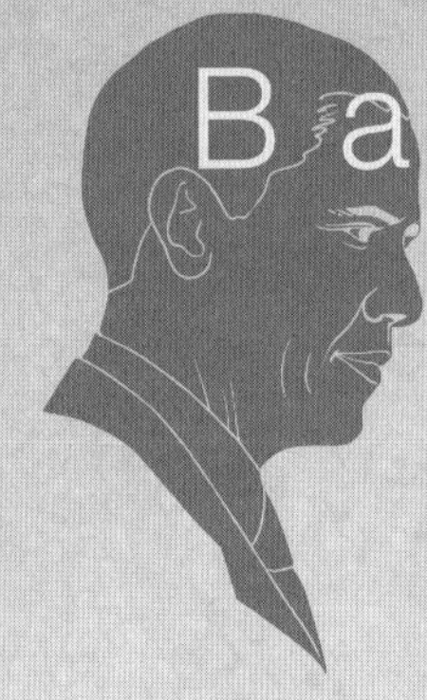

미국 신행정부와 한반도

조성렬

1958년 서울에서 태어나 마포고등학교를 거쳐 서울공대 화학공학과를 졸업했다. 뒤늦게 대학원에 진학하여 성균관대학교에서 정치학 박사학위를 취득했고, 일본 도쿄대학교 대학원과 게이오대학교 법학부에서 객원연구원으로 근무했다. 1999년부터 지금까지 국가안보전략연구소(전 국제문제조사연구소)에서 근무하고 있으며, 국제관계연구센터장, 기획실장, 신안보연구실장으로 일했다. 청와대 외교안보정책실 정책자문위원, 한국국제정치학회, 한국세계지역학회, 북한연구학회 이사를 역임했고, 현재는 국방부 정책자문위원, 한국정치학회 이사를 맡고 있다. 지은 책으로는《정치대국 일본: 일본의 정계개편과 21세기 국가전략》《주한미군: 역사, 쟁점, 전망》(공저)《한반도평화체제: 한반도비핵화와 북한체제의 전망》 등이 있다.

미국 신행정부와 한반도

변화를 기대하는 세계

2009년 1월 20일 미국 200년 역사상 처음으로 흑인 대통령이 탄생했다. 오바마 행정부의 탄생은 국내적으로는 '변화'를 기대하는 미국 국민들의 여망을 반영하는 것임과 동시에 국제적으로는 지난 8년간 군사적 유일패권을 재정립하려던 미국의 일방주의에 시달려온 국제사회의 기대에도 부응하는 것이다.

그렇다면 오바마 행정부의 출범으로 미국의 대외정책은 크게 변화할까? 국제정치학자들 가운데는 공화당과 민주당의 대외정책이 미국의 '국익'과 '패권'을 중심으로 하고 있다는 점에서 그다지 다르지 않을 것이라고 전망하는 이들이 있다. 큰 틀의 이념이나 국가목표로만 따지면 공화당과 민주당 사이에 별 차이가 없다고 볼 수도 있을 것이다. 하지만 현실적인 국제정치에서는 크게 차이가 난다.

가령 미국이 대외정책의 최대 목표를 테러와의 전쟁에 두고 있다는 점에서 부시 행정부와 오바마 행정부는 차이가 없다. 하지만 이라크 국민들의 입장에서 본다면, 10만 명이 넘는 미군을 주둔시키면서 반군세력들에 대한 소탕작전을 계속하는 부시 행정부의 정책과 16개월 이내에 미군을 철수하겠다는 오바마 행정부의 정책은 하늘과 땅 차이다. 북한의 입장에서 볼 때도 과거 클린턴 행정부와 부시 행정부의 대북정책은 엄청난 차이였다. 무엇보다 오바마 행정부는 지난 부시 행정부의 대외정책에 매우 비판적이라는 점에 주목할 필요가 있다.

통상 미국 대선에서는 세금, 건강보험, 교육과 같은 국내·경제문제가 주요 현안으로 떠오르게 마련이다. 하지만 2001년 9.11테러 사태 이후에는 미국 유권자들의 관심이 점차 외교안보문제로 옮겨갔다. 특히 수천억 달러의 전비가 들어가고 4000명 이상의 미군병사들이 죽어간 이라크 전쟁의 처리 같은 외교안보문제가 이번 대선에서는 주요 현안으로 떠올랐다.

잘 알려져 있듯이 오바마의 정치적 화두는 '변화'다. 그는 '변화'를 어떤 방향으로 어떻게 실현해갈 것인가 하는 구체적인 계획을 제시하지는 않았다. '변화'의 구체적인 계획은 정권 출범 직후 만들어갈 것이다. 미국 신행정부의 첫 외교안보 진용에 힐러리 국무장관, 존스 국가안보보좌관, 게이츠 국방장관이 기용됨에 따라 오바마 대통령이 주창해온 '변화'가 국제정세에 어떤 형태로 반영될지 주목된다.

하지만 오바마 대통령은 '변화'의 방법은 제시했다. 그가 지향하는 것은 '변화를 위한 통합Unity for Change', 즉 미국 국민의 통합, 동맹국과의 통합을 통해 변화를 실현해나가는 것이다. 오바마 행정부는 당면한 금융위기의 극복을 위해 초당파적인 협력과 국제적인 협력이 필요하다는 것을 잘 알기 때문에 집권 초기부터 자기의 색깔을 드러내지 않을 가능성이 있다. 그렇지만 클린턴 행정부 8년간의 정책이 부시 행정부에 들어와 대부분 뒤엎어졌던 것처럼 지지율 20퍼센트 대에 머물렀던 부시 행정부의 뒤를 잇는 오바마 행정부가 기존 정책을 그대로 계승할 가능성은 그다지 높지 않다.

여기서는 미국의 제44대 대통령으로 당선된 오바마의 후보 시절 논문과 각종 공약, 민주당의 〈2008 민주당 대선강령〉 그리고 오바마 진영의 정책참모들의 외교안보 구상 등을 중심으로 미 신행정부의 대외전략과 한반도정책을 진단해보고 향후 미국과 한반도와의 관계를 전망해보겠다.

오바마 행정부 대외정책의 특징

오바마 행정부는 테러와의 전쟁을 지속해야 하는 외교안보적 과제를 지난 부시 행정부로부터 물려받았다. 오바마 대통령은 부시 대통령이 수행한 테러와의 전쟁이 급진적인 이슬람 전체주의를 근절시키자는 세계의 결의를 분열시키고 힘들게 얻은 역사적 동맹을 약화시켰다고 평가했다.[1] 그러면서 오바마 대통령은 미 행정부가 추진해야 할 대외정책의 주요 방향을 제시했다.[2] 그것은 테러와의 전쟁 지속, 핵군축과 NPT체제의 강화, 새로운 아시아질서의 모색이다.

테러와의 전쟁 지속

이라크전의 조기 종식 – 오바마 행정부가 내세운 대외정책의 첫 번째 과제는 이라크 전쟁의 책임 있는 종료다. 오바마 대통령은 줄

곧 부시 행정부가 수행한 이라크 중심의 외교안보전략을 비판해왔다. 오바마 대통령은 이라크에서 수행한 미군의 작전이 테러와의 전쟁이 아니라고 규정하고, 아프가니스탄과 파키스탄에 있는 알 카에다를 소탕하기 위해 이라크에 투입된 군사력을 아프가니스탄으로 옮겨와야 한다는 입장이다. 그는 부시가 이라크 전쟁에 국력을 쏟는 바람에 새로운 안보위협에 맞서기 위해 필요한 군사력과 자원을 소모해버렸으며, 이로 인해 미국의 국제적 지위가 훼손되었고 결과적으로 미국의 안보를 취약하게 만들었다고 말한다.

이 때문에 오바마는 2010년 여름까지 이라크 주둔 미군을 철군시키겠다는 계획을 제시했다.[3] 미군 철수 후에는 이라크 신정부가 테러세력과 대항할 수 있도록 이라크 보안군을 육성하고 정치적 진보를 지원한다는 방침이다. 또 이라크 난민을 위해 20억 달러를 제공하며, 이라크의 정치 안정을 위해 UN, 세계은행, EU 등 국제 사회의 협력을 요청한다는 계획이다.

아프가니스탄 전쟁의 승리 – 오바마 대통령의 두 번째 대외정책 과제는 알 카에다와 탈리반과의 전투를 종식시키는 것이다. 테러와의 전쟁을 위해서는 이라크가 아니라 아프가니스탄과 파키스탄을 대對알 카에다 전투의 주전선으로 삼아야 한다고 보고 있다. 그렇기 때문에 이라크전에 투입된 군사력을 아프가니스탄으로 전환하겠다는 것이다.

오바마 대통령은 이라크 철군에 이어 아프가니스탄에서 전환점을 만드는 것을 해외 군사정책의 최우선 순위로 꼽고 있다. 로버트 게이츠 국방장관도 지난 2009년 1월 27일 상원 군사청문회에서

"최대의 군사적 도전은 아프가니스탄"이라고 말했다. 미국은 3만 4000명인 아프가니스탄 주둔 미군 병력의 규모를 2배로 늘리기로 하고, 우선 3개 여단 1만~1만 2000명을 추가로 파병하는 문제를 검토하고 있다. 또 NATO 동맹국의 협조를 요구하고 있으며, 필요하다면 파키스탄 내의 테러 근거지까지 군사행동을 확대할 것을 시사하고 있다.

이러한 군사행동과 함께 오바마는 이라크나 파키스탄이 테러세력의 온상이 되는 것을 막기 위해 민주화를 통해 정치적인 안정을 이루도록 지원한다는 방침을 밝혔다. 특히 이라크 난민을 위해 20억 달러를 제공하며, 아프가니스탄 전투의 승리와 국토안전을 위해 파키스탄 군부가 국민의 지지를 회복할 수 있도록 장기간에 걸쳐 재정을 지원하고 테러집단과의 연계를 차단한다는 구상을 제시했다. 파키스탄의 안정화가 아프가니스탄 대테러 전쟁 승리의 핵심이고, 이는 민주화를 통해 달성할 수 있다는 것이 오바마 대통령의 기본 인식이다.

그리고 국제테러망을 분쇄하기 위한 새로운 연합체로서 '공유된 안보동반자 프로그램Shared Security Partnership Program, SSPP'을 창설한다는 계획이다. 또 2012년까지 대외원조액을 500억 달러로 늘리며, 실패국가들의 안정화 및 아프리카 국가들의 지속가능한 성장을 지원한다는 구상이다. 이를 통해 테러리즘이 재생산되는 원천을 없애겠다는 목표를 세워놓고 있다.

핵군축과 NPT체제 강화

'핵무기 없는 세계'의 추진-부시 행정부의 핵정책에 대한 국내외 비판이 제기되고 있는 가운데 오바마 행정부는 새로운 핵정책을 검토하고 있다. 오바마 대통령의 취임식 직후 백악관은 홈페이지에 국정아젠다를 게재해 신행정부의 핵정책 방향을 제시했다.[4] 또 힐러리 국무장관은 상원 인준청문회 답변을 통해 미국 핵정책의 일단을 밝혔다.[5]

오바마 행정부가 추구하는 핵정책의 목표는 '핵무기 없는 세계'다. '핵무기 없는 세계'란 핵확산금지조약NPT의 기본정신이다. 역대 미국 대통령들도 이러한 목표를 내걸고 옛 소련과 핵군축을 추진했다. 하지만 부시는 역대 미국 대통령들과 달리 핵무기 폐기를 공언하지 않았다. 부시 행정부는 NPT체제의 한계를 말하면서 핵선제공격 독트린의 채택, 포괄핵실험금지조약CTBT의 비준 거부, 대체 핵탄두RRW의 개발 추진과 미사일방어체제MD 구축, 대량살상무기확산방지구상PSI의 추진 등 NPT체제 밖에서 핵무기확산방지를 이루고자 했다.

오바마 대통령 역시 역대 대통령들처럼 '핵무기 없는 세계'를 내걸고 러시아와 핵군축협상에 나설 채비를 갖추고 있다. 오바마 대통령은 핵탄두 대체프로그램RRWP[6]에 따라 지속되어온 신형 핵무기의 개발을 중단하고, CTBT에 대한 조기 비준을 통해 전 세계의 핵군축 실현을 주도한다는 입장이다. 또 2009년 12월로 종료되는 '전략핵무기감축조약START-1'과 2012년 12월로 만료되는 '전략공격무기감축조약SORT'이 연장될 수 있도록 러시아 측과 협의한다는 방침을 세워놓고 있다.

오바마 행정부가 러시아와의 핵군축 협상을 서두르는 이유는 부시 행정부의 핵정책이 국제 사회의 커다란 반발을 가져왔기 때문이다. 미국과 러시아가 CTBT를 비준하지도 않고 NPT에서 규정한 핵군축을 외면한 채 신형 핵무기를 개발하면서 비핵보유국가들의 평화적 원자력 이용권을 제한하려고 하자 국제 사회가 이에 반발한 것이다. 따라서 미국은 러시아와 핵무기 및 미사일 군축협상을 재개하고, 핵확산금지조약NPT을 솔선해 지킴으로써 북한, 이란과 같은 국가들이 NPT를 준수하도록 유도한다는 방침이다.[7]

NPT체제의 강화 노력－테러집단이나 불량국가로부터 핵안전을 확보하는 것도 오바마 행정부가 설정한 시급한 과제다. 40여 개국에 산재한 고농축우라늄 50톤의 안전 문제, 비확산체제의 붕괴를 막기 위한 대책, 테러집단이나 불량국가로부터 모든 핵무기와 핵물질의 안전 확보 등 핵안전 문제는 중요하다. 오바마 대통령은 핵안전을 확보하기 위해 다음과 같은 입장을 밝혔다.

첫째는 4년 안에 엉성하게 보관되어 있는 핵물질에 대한 안전 조치 확보다. 현재 25만 개 이상의 핵무기를 제조할 수 있는 3000톤의 핵물질이 40여 개국에 흩어져 있다. 만약 테러집단이 핵물질을 훔치거나 사들일 경우 핵무기나 더티밤dirty bomb을 제조하여 테러에 이용할 수 있다. 그렇기 때문에 미 신행정부는 비축된 핵물질에 대한 안전조치와 함께 더 이상 핵무기용 물질을 생산하지 못하도록 하는 국제협의에 착수한다는 계획이다. 특히 1993년 제48차 유엔 총회 결의로 채택된 '핵분열물질생산금지조약FMCT'을 각국이 조기 비준하도록 촉구할 방침이다.

둘째는 민감 핵기술의 확산 저지다. 전 세계적으로 원자력발전의 이용이 확대되면서 민감 핵기술과 핵과학자들이 테러집단으로

흘러들어갈 가능성이 높아졌다. 최근 이집트, 터키, 사우디아라비아를 비롯한 중동국가들에서는 원전 건설 붐이 일고 있다. 미국은 민감 핵기술의 확산을 막기 위해 5000만 달러를 투입하여 IAEA의 관리 아래 국제핵연료은행을 설립하고, 합당한 가격에 안정된 핵연료 공급을 보장하는 국제핵연료공급센터와 같은 수단을 강구할 계획이다. 이것은 핵보유국들이 핵비보유국에게 핵연료의 공급을 보장해주는 조건으로 NPT 제4조에 규정된 농축, 재처리 권한의 일부를 제한하려는 것이다.

셋째는 IAEA 검증체제와 NPT체제의 강화다. 오바마 행정부는 국제원자력기구IAEA에 의해 수행된 안전조치의 사찰조항 강화를 '추가의정서Additional Protocol'에 담아 각국의 서명, 비준을 추진할 계획이다. 추가의정서에는 핵물질의 보호를 위한 '핵물질방호협약', 핵물질의 불법거래를 사전 차단하기 위한 '핵물질불법거래대응그룹NTFG', 핵물질의 탐지를 위한 '화물안보구상SFI' '핵물질밀수방지협력구상NSOI' 등이 포함된다. 또 NPT 탈퇴 우려국 및 NPT 비회원국을 IAEA이사회를 거치지 않고 자동적으로 유엔안보리 이사회에 회부해 강력한 국제제재를 받게 하는 내용으로 핵확산금지조약NPT을 개정해 북한, 이란 등에 대한 견제를 강화한다는 방침이다.

새로운 아시아질서의 모색

미국 신행정부의 외교안보정책에서 주목되는 부분은 아시아정책이다. 신행정부의 첫 국무부 동아태 차관보로 임명된 커트 캠벨은 지난 부시 행정부가 이라크와 아프가니스탄에 집중하느라 아시아지역에 제대로 신경을 쓰지 못했다고 비판하면서 포괄적인 아시아전략이 필요하다고 지적했다.[8] 힐러리 국무장관이 첫 해외순방지로 동아시아를 선택한 것도 이 때문이다. 그리고 이 가운데 중국방문이 핵심이다.[9]

2008년 8월에 발표된 〈2008 민주당 대선강령〉에는 아시아의 안정과 번영을 위해 한국·일본·호주 등 기존 동맹국과 새로운 전략적 동반자인 인도와의 협력을 강화해야 한다고 나와 있다. 아울러 중국과는 공동관심사에 관해서는 협력하되, 중국의 완전한 개방과 시장경제로의 전환을 더욱 촉진시켜나간다는 방침을 표명했다.[10] 이는 오바마 행정부가 번영과 공조를 위해 중국을 더 이상 적대시하지 않겠다는 것을 의미한다.

그뿐 아니라 떠오르는 중국을 활용해 아시아지역의 번영과 협력을 위한 새로운 기회를 만들어나간다는 구상을 가지고 있다.[11] 이미 미국은 북핵문제의 해결을 위한 6자회담 과정에서 중국과의 건설적 협력 가능성을 확인했다. 또 이란의 핵문제 해결과 다르푸르Darfur의 학살 중지, 짐바브웨나 미얀마 문제의 해결과 같은 비전통위협에 대처하기 위해서도 중국과의 공동협력이 필요하다고 판단하고 있다.

그렇다고 오바마 행정부가 중국을 완전히 신뢰한다고 볼 수는 없다. 중국의 부상이 위험성을 내포하고 있기 때문이다. 미국은 중국의 부상이 평화로워야 한다는 입장이다. 또 미국은 중국의 인권과 민주주의의 진전을 위해서 그리고 티벳의 고유문화와 종교전통에 대한 보호를 위해서 노력을 계속해나갈 방침이다.[12] 양안문제와 관련해서도 오바마 대통령은 '하나의 중국' 정책은 지지하되 〈미·

중 공동성명〉과 〈대만관계법Taiwan Relations Act〉에 따라 대만을 보호할 것이라는 입장을 분명히 했다. 이에 따라 미국은 중국의 대만 침공을 억제하기 위해 대만에 무기제공을 계속할 것으로 보인다.[13]

일본과의 동맹관계도 과소평가할 수 없다. 미·일 양국은 아시아를 넘어 세계 차원에서 민주주의, 법치, 인권, 자유시장과 같은 공동가치에 기초해 안보와 번영의 증진이라는 공동이익을 추구해나간다는 입장이다.[14] 또 북한과 중국의 부상, 그와 관련된 예측 불가능한 사태뿐 아니라 아프리카 원조, 중동평화, 경제발전, 민주주의 증진, 지진해일 및 조류독감 예방, 환경 및 기후변화 등 글로벌 문제에서도 주도적 역할을 다하기 위해 일본과 협력해나갈 것임을 분명히 하고 있다.[15]

오바마 대통령은 새로운 동아시아 질서를 구상하고 있다. 중국이 부상하고 한국과 일본이 자국의 권리를 주장하고 있는 현 상황을 고려하여, 현재와 같은 양국 협상과 간헐적인 정상회담, 나아가 6자회담과 같은 임시적인 대화장치를 뛰어넘어 보다 효율적이며 새롭고 항구적인 아시아 집단안보체제를 만들어나갈 것이라고 밝혔다.[16] 부시 2기 행정부 후반기부터 미국이 적극 추진해온 6자회담을 기반으로 한 동북아 다자안보기구의 형성 노력을 더욱 가속화한다는 의미다.

다시 말해 지역의 평화와 안정을 높이고 초국가적인 위협에 맞서기 위해 아시아에서 보다 효과적인 지역틀regional framework이 필요하다고 생각한 것이다. 일본을 내세워 중국을 견제하기보다는 협력안보의 틀 속에서 중국과 일본을 동시에 관리해나가겠다는 구도를 그리고 있는 것이다. 이를 위해 미국은 한국, 일본, 호주, 태국,

필리핀과 동맹을 더욱 강화하고 인도와도 민주주의 동반자관계를 심화할 것으로 보인다. 게다가 중국도 중시하고 있어 부시 1기 행정부처럼 반反중국 해양연대 구축과 같은 시도는 없을 전망이다. 따라서 부시 대통령이 추진하려던 NATO 파트너십의 동아시아 확대, 아태민주주의파트너십APDP과 같은 공동가치에 기초한 광범위한 해양연대의 구축 노력은 동력이 크게 약화될 것이다.

그 대신 동남아국가연합ASEAN, 아세안지역포럼ARF, 아태경제협력기구APEC, 동아시아정상회의EAS, 기타 지역대화체가 활성화될 것으로 보인다. 특히 부시 행정부와 달리 오바마 행정부는 아세안과의 불가침 약속 및 FTA 체결 추진을 골자로 하는 '우호및협력조약TAC'에 가입할 것으로 알려졌다. 또 초국가적인 위협에 대처하기 위해 새로운 범태평양 연대trans-Pacific linkage의 필요성을 인식하고 있을 뿐 아니라 아태경제협력기구APEC의 활용에도 많은 관심을 보이고 있다.

오바마 행정부의 대한국정책과 한미관계

한미 전략동맹과 글로벌 협력

한미 전략동맹 선언 – 한미동맹은 미국이 추진하는 동아시아 안보정책의 중심에 있으며, 10만 명의 재한 미국인과 200만 명의 재미 한국인의 강력한 사회적, 문화적 유대를 통해 심화되고 있다. 이제 한미동맹은 공동위협을 막기 위한 것에서 공동가치와 상호이익을 위한 것으로 재구축될 필요가 있다. 특히 한반도와 동북아지역을 넘어 글로벌 차원에서 21세기 위협에 공동대처할 21세기 공동비전을 세우기 위한 작업이 필요하다.[17]

오바마 대통령은 중국과의 협력을 통해 항구적인 아시아집단안보체제의 구축을 구상하고 있다. 이처럼 오바마 행정부가 '가치'보다는 현실적 협력을 우선시하는 경향을 보이고 있어 21세기 한미동맹의 방향에도 일정한 영향을 미칠 것으로 예상된다. 2008년 4월 한미정상회담에서 이명박 대통령과 부시 대통령은 '21세기 한미 전략동맹 선언'을 추진하기로 합의한 바 있다. 이에 우리 정부는 한미 전략동맹의 내용으로 '가치동맹, 신뢰동맹, 평화구축동맹'을 제시했다.

2008년 8월 5일 방한한 부시 대통령은 한국 측의 이러한 제안을 공동성명에 반영했다. 그리고 성명 전문에 "양 정상은 4.19 캠프 데이비드에서의 첫 번째 정상회담이 21세기 한미 전략동맹 발전의 이정표가 되었음을 상기하였다"고 밝혔다. 공동성명 본문에서는 "양 정상은 21세기 안보환경의 변화와 미래수요에 보다 잘 대처하기 위해 한미동맹을 전략적이고 미래지향적인 구조로 발전시켜나가기로 하였다"고 명시하면서 가치와 신뢰, 범세계적 차원의 평화와 번영이라는 기조를 재확인했다.

오바마 행정부도 부시 행정부 때 제시된 한미 전략동맹 선언을 긍정적으로 검토할 것으로 보인다. 우리 측이 제시한 한미 전략동맹의 내용 가운데 '가치동맹'은 한미 관계에 국한될 경우 오바마 행정부에서도 수용될 가능성이 높다. 하지만 오바마의 외교정책 기조가 중국, 러시아 등과의 국제협력을 표방하고 있기 때문에 가치동맹이 배타적인 것으로 해석되지 않도록 유의할 필요가 있다.[18]

또 '평화구축동맹' 역시 미국이 제시한 '한미 글로벌 파트너십'
과 부합되기 때문에 오바마 행정부가 적극 받아들일 가능성이 높
다. 특히 오바마 행정부가 국제테러의 퇴치를 위해 마샬 플랜과 같
은 성격의 '공유된 안보동반자 프로그램SSPP' 등을 통해 실패국가
들에 대한 원조와 투자 확대를 촉구하고 있어 국제평화 분야의 협
력은 가능할 것으로 보인다. 그밖에도 오바마 행정부가 아프가니
스탄 전쟁에 주력하는 만큼 우리 정부와 군대 혹은 지방재건팀
PRTs 요원의 증원문제를 협의할 가능성도 높다.

아프가니스탄 지원 문제 – 오바마 행정부는 아프가니스탄 전쟁
을 '테러와의 전쟁'의 주전선으로 인식하고 있다. 2001년 9.11테러
의 주범인 오사마 빈 라덴이 아프가니스탄 지역을 근거지로 삼고
있기 때문에 알 카에다와 탈리반과의 전투를 종식시키는 것이 진
정한 의미의 '테러와의 전쟁'이라고 보는 것이다. 이러한 테러와의
전쟁은 본질적으로 장기화될 수밖에 없다. 따라서 미 국방부는 국
방계획서(QDR 2006)에서 테러와의 전쟁을 '장기전Long War on
Terrorism'으로 규정한 바 있다.[19]

오바마 행정부는 정권 출범 전부터 아프가니스탄 전쟁의 승리를
위해 여러 가지 방안을 모색했다. 2009년 1월 10일 조지프 바이든 미
부통령은 당선인 자격으로 아프가니스탄을 방문하여 하미드 카르
자이 대통령과 데이비드 매키어넌 아프가니스탄 주둔 미군사령관
을 만나 테러와의 전쟁에 관해 협의했다. 이 자리에서 바이든 부통
령은 카르자이 대통령에게 미군의 증파와 아프가니스탄 국립경찰
의 창설 지원 등을 약속했다. 이때 매키어넌 미군사령관은 "아프가

니스탄 남북지역에서 탈리반에 맞서려면 좀더 많은 헬리콥터와 공병대원, 헌병, 수송장비 등이 필요하다"며 전력 증강을 요청했다.[20]

오바마 행정부는 테러와의 장기전을 위해 미군의 증강뿐 아니라 NATO 동맹국의 추가 파병 그리고 동맹국들의 재건동참을 촉구하고 있다. 한국에게도 아프가니스탄 재건활동에 참여해줄 것을 희망하고 있다. 오바마 행정부와 한미 전략동맹을 발전시켜나가고 싶어하는 한국 정부로서는 미 신행정부가 역점을 둘 가능성이 높은 아프가니스탄 사업에 관심을 갖지 않을 수 없다.

하지만 최근 아프가니스탄의 전황은 매우 좋지 않다. 탈리반 반군들이 수도 카불 일대를 제외하고 아프가니스탄 전역의 70퍼센트 가까이를 지배하고 있기 때문이다. 다국적군의 사망자 수도 계속 늘어 매년 300명에 육박하고 있다. 한국군은 의료 및 공병을 담당하는 동의·다산 부대를 파견했다가 파병 시한이 만료되어 2007년 12월에 모두 철수했다.

우리 정부는 2002년부터 2008년까지 총 6600만 달러의 개발원조금을 아프가니스탄에 제공했으며, 2009년부터 2011년까지 3000만 달러를 추가 지원해 총 1억 달러 정도를 지원하게 된다. 현재 우리 정부는 지방재건팀PRT 24명을 파견한 상태고 현지인을 포함해 53명이 일하고 있다. 한국의 지방재건팀은 바그람 기지 안에서 병원과 직업훈련센터를 운영 중인데 앞으로 진료인원을 2배 이상으로 확대할 예정이다. 우리 정부는 아프가니스탄 재건 지원을 강화하기 위해 현지에 파견한 지방재건팀PRT 인력을 3배로 늘려 60~70명 수준으로 운영하는 방안을 추진키로 했다. 또 수송·소방·통신장비와 소방·교통경찰 훈련요원 등도 지원할 예정이다.[21]

■ 아프가니스탄 다국적군 사망자수

연도	미군	여타	합계
2009	32	22	54
2008	155	139	294
2007	117	115	232
2006	98	93	191
2005	99	31	130
2004	52	6	58
2003	48	9	57
2002	49	20	69
2001	12	0	12
총계	651	424	1,075

※ http://icasualties.org/oef (검색일 : 2009년 3월 15일)

한미 군사관계의 재편

전시작전통제권의 전환 - 탈냉전 이후 미국의 군사전략이 내포하고 있는 핵심은 적은 비용으로 전 세계의 위협에 대처하는 것이다. 이러한 미군의 군사전략이 반영된 것이 해외미군기지 재편계획GPR이다. 럼스펠드 전 국방장관 때부터 시작된 GPR은 현재 절반 정도 진행된 상태이며, 오바마 행정부에 들어와서도 기본적으로는 계속 추진될 것으로 보인다. 하지만 세부 사항에서는 현행 계획을 보다 정교화하고 재정의된 국가안보정책의 맥락에서 재검토하는 작업이 수반될 것이다.[22]

미 국방부가 해외미군 재배치GPR 계획의 일환으로 추진하고 있는 한미연합사령관의 전시작전통제권(이하 전작권)의 한국군 전환은 노무현 행정부와 부시 행정부 사이에 이루어진 합의에 따라 예정된 2012년 4월 17일부터 시작될 것으로 보인다. 미국은 전작권의 전환에 맞춰 미 8군 사령부의 전방전투지휘소 확대 재편, 연합

공군사령부 창설, 전시증원계획 정비 등을 추진하고 있다. 이에 대해 간략히 살펴보면 다음과 같다.

첫째, 미 8군 사령부의 전방전투지휘소 확대 재편이다.[23] 그동안 인사·행정지원 기능을 맡아왔던 미 8군 사령부는 오는 2011년 무렵부터 작전기능이 추가된 전방전투지휘소Operational Command Post-Korea, OCPK로 확대 재편된다. 당초에는 미 8군 사령부의 수뇌부가 하와이로 옮겨가 한국의 OCPK와 미국 워싱턴주 1군단을 산하에 둔다는 구상이었다. 하지만 미국 측은 미 8군사령부 요원 150여 명을 모체로 정보, 작전, 지휘통제C4I 요원들을 추가해 약 400명 규모의 OCPK를 창설하는 방향으로 조정할 것으로 보인다. OCPK에 기존 8군사령부의 수뇌부를 편입시켜 실제로 전투를 수행할 수 있는 조직으로 탈바꿈시킨다는 것이다.[24] 이처럼 미 8군사령부가 한반도에 잔류하게 됨으로써 미군의 전개시간이 훨씬 단축되는 등 유사시 한미 간 협조가 더욱 원활할 수 있을 것으로 보인다.

둘째, 연합공군사령부 설치다. 로버트 게이츠 국방장관은 한반도, 페르시아만, 대만해협 등지에서 일어날지 모를 재래식 전쟁을 억제하고 침략행위를 징벌하기 위해 공군과 해군을 유지할 필요가 있다고 강조한 바 있다.[25] 이와 관련해 월터 샤프 주한미군사령관은 "앞으로도 공군과 정보의 경우에는 기존의 한미연합체제로 유지될 것"이라며 "전쟁이 발발하면 즉각 대응할 수 있는 연합공군 능력이 필요하므로 오산에 연합공군사령부CAC를 창설하겠다"고 말했다.[26]

현재 오산 기지에는 공군구성군 사령부가 배치되어 있는데 오는 2012년쯤 이 사령부를 확대 개편해 연합공군사령부를 만들 계획이다. 연합공군사령관은 미군 장성이 맡게 된다. 한미연합사령부 예하 공군구성군 사령관을 미 7공군사령관(중장)이 겸직해온 것과 같다.[27] 이는 한반도에서 전쟁이 발발하면 즉각 대응할 수 있도록 미 공군이 한국 공군의 작전통제권을 계속 행사한다는 의미다.

셋째, 전시증원계획의 재정비다. 한미연합사에서 한국합참으로 전작권이 전환됨에 따라 미국은 향후 한국 합참이 주도하고 주한미군이 지원하는 단일 공동작전계획을 작성하고 있다. 전작권 전환에 따른 단일 공동작계를 작성하기 위해 2008년 7월 한국과 미국은 MOU를 체결했다. 그리고 2009년 8월에 있을 을지프리덤가디언UFG 연습에 적용하기 위해 7월까지 작성을 완료할 예정이다. 한미연합훈련인 키리졸브KR 및 독수리FE 연습은 전작권 전환 전에는 기존 연합방위체제의 작전계획인 〈작계 5027〉에 기반한 현 연합방위체제 연습을 그대로 시행한다.

한미 군사당국은 올해 UFG 연습부터 새 작계를 적용하는 데 이어 2012년 봄까지 연합연습을 통해 공동작계를 최종 점검한 뒤 전작권을 전환한다는 계획이다. 현실적으로 미군의 전시증원전력이 〈작계 5027〉에서 규정한 69만 명에는 미치지 못할 것으로 보이지만, 작계 수립과정에서 한반도 방위에 지장이 없을 정도의 미군전력이 전개되도록 보장받을 것으로 보인다.

미사일방어체계의 연동 운용 – 그동안 미국 민주당은 공화당이 MD 계획 추진에 막대한 예산을 쏟아붓는 것에 비판적이었다. 오바마 대통령도 선거 유세 기간 동안 MD체계의 효율성을 재검증해야 한다고 역설한 바 있다. 그 가운데 최대쟁점은 2014년까지 폴란드와 체코에 MD를 배치하려는 계획이다.

미국은 폴란드에 미사일 기지와 체코에 레이더 기지를 건설하려는 이유가 이란의 대對유럽 위협에 대처하려는 것이며, 러시아도 이란의 미사일 위협 사정권에 있기 때문에 러시아 안보에도 도움이 된다는 주장을 펴고 있다. 실제로 2008년 말 이란은 사정권이 남부 유럽까지 미치는 정확도가 높은 지대지 미사일을 개발에 성공했다.

하지만 미국의 MD 확대배치 계획은 끊임없이 논란에 휩싸여 왔다. 러시아는 폴란드와 체코에 미국의 MD 기지를 설치하는 것은 자국의 안보를 위협하는 행위라며 강하게 반발하고 있다. 2008년 11월 5일 러시아 메드베데프 대통령은 폴란드와 리투아니아 국경 근처에 500킬로미터 사거리의 핵탄두 장착이 가능한 이스칸데르 단거리 미사일을 배치하겠다고 발표하면서 맞불을 놓았다.[28]

이를 둘러싼 미러 간의 협의 끝에 먼저 러시아가 유럽을 겨냥한 단거리 핵미사일기지 건설계획을 철회했으며, 뒤이어 2월 11일 힐러리 국무장관도 "이란이 핵무기 개발을 포기하면 미국은 MD의 동유럽 배치를 재고하겠다"고 화답했다. 미국으로서는 핵탄두의 대량감축을 이루고 이란의 핵개발을 저지할 수 있다면 동유럽 MD 배치계획을 변경하더라도 미국 내 MD추진파의 반발을 누그러뜨릴 명분을 얻게 된다.[29]

동아시아에서도 북한의 미사일공격에 효과적으로 대처하기 위해 미국이 주도하고 일본이 참여하는 MD체계를 구축하고 있다. 일본은 1998년 8월 북한의 대포동 1호 미사일 발사시험을 계기로 MD공동연구에 참여했다. 현재 일본은 이지스 구축함과 조기경보레이더 시스템을 주축으로 '미사일방어체계JADGE'를 구축한 상태다.

MD체계의 참여와 관련하여 한국은 중국과 남북관계 등 전략적인 이유와 과도한 예산부담으로 1999년 3월에 TMD 프로그램 불참을 선언했다.[30] 하지만 2차 북핵 위기가 터지고 북한이 2006년 7월 5일 대포동 2호 미사일을 발사한 데 이어 같은 해 10월 9일 핵실험까지 단행하자 국내 일각에선 MD프로그램에 동참해야 하지 않겠냐는 목소리가 높아져 왔다.

이러한 목소리는 미국과의 전략동맹을 추진하는 이명박 정부에 들어와 구체적인 움직임으로 가시화되고 있다. 한국 합참은 2008년 초 대통령직 인수위원회에 미국이 주도하는 MD 참여방안에 대해 보고했다. 합참은 한국이 (요격) 미사일 발사 장소를 미국에 제공하는 방안, 미국이 개발 중인 MD프로그램에 합류하는 방안, 미국의 MD시스템을 한국에 배치하고 비용을 분담하는 방안, 미국의 MD네트워크와 연동작전을 할 수 있는 첨단 미사일방어시스템을 구입하는 방안 등을 검토했다.[31]

하지만 이명박 정부는 미국 주도의 MD네트워크 참여문제에 대해 막대한 비용과 기술수준, 한국과 북한과의 지리적 근접성, 국민정서 등을 고려하여 신중한 태도를 보이고 있다. 이와 관련하여 한국군은 북한의 미사일을 탐지, 요격하는 임무를 전담할 작전통제서AMD-Cell를 2012년까지 구축하고, 이를 위해 탐지거리 400~1000킬로미터의 조기경보레이더를 확보할 계획이다.[32]

미국 주도의 MD체계에 참여하기보다는 북한의 미사일 공격을 차단하기 위해 독자적인 저고도low-tier 미사일 방어체계를 한국군

단독으로 구축한 뒤 주한미군이 단독으로 운용하고 있는 TMO-Cell과 연동하는 방안을 추진하고 있는 것이다. 이로써 한국의 MD 참여를 둘러싼 논란은 종식될 것으로 보인다.

주한미군의 근무여건 개선

평택기지 이전의 완료-주한미군의 안정적인 주둔여건을 마련하기 위한 연합토지관리계획LPP에 따라 한강 이북의 미군기지를 평택으로 이전하는 사업이 오바마 행정부에 들어와 본격 추진될 것으로 보인다. 당초 용산기지는 2008년까지 이전을 완료한다는 계획이었으나 2014년까지 이전을 완료하는 것으로 재조정되었다. 하지만 미 2사단의 평택 이전은 아직 일정이 유동적이다.

미 2사단의 이전문제는 한미 간의 협의가 계속되고 있으나 총 이전비용과 한미 간 분담액이 아직 확정되지 않아 일정이 정해지지 않았다. 우리 정부는 이전이 지체되면서 평택 · 동두천 등 관련 지역에서 예정됐던 각종 재개발사업이 헝클어지고 주민 손실이 커지자 2014년까지 미 2사단의 이전을 완료해야 한다는 의견을 내세우고 있다. 그러나 미국 측은 2016년 이후로 늦추자는 입장인 것으로 알려졌다.

이처럼 주한미군 2사단의 이전을 둘러싸고 일정을 합의하지 못하는 이유는 매년 한국 정부가 미국에 제공하는 방위비와도 관련이 있다. 한미 양국은 2008년 말 방위비 중 일부를 미군의 이전비용으로 사용할 수 있도록 정식 합의했다. 그렇기 때문에 주한미군으로서는 이전 시한을 뒤로 미룰수록 더 많은 비용을 방위비로 충당할 수 있게 된다.

당초 연합토지관리계획의 취지는 한강 이북의 주민들이 겪고 있는 불편을 해소하고 주한미군 병사들의 근무 및 주거 환경을 개선함으로써 주한미군의 장기적이고 안정적인 주둔을 보장한다는 것이었다. 하지만 미 2사단의 이전이 늦어지면서 우리 주민들의 불만과 민원이 늘고 있어 한미 간에 새로운 불씨가 되고 있다. 그런 점에서 오바마 행정부는 미 2사단의 이전문제를 조속히 마무리 짓도록 해야 할 것이다.

주한미군의 근무기간 연장 – 주한미군의 재편 가운데 미군병사들의 근무기간 연장도 주목할 필요가 있다. 미군의 해외 파병 기간은 가족동반을 기준으로 결정된다. 가족을 동반하지 않을 경우 1년 이상 파견되지 않으며, 전투에 투입될 경우에는 6개월을 넘지 못한다. 문제는 근무기간을 연장하여 가족동반으로 할 경우에는 주택 비용을 포함해 엄청난 유지비가 소요되며, 6~12개월 단위로 순환근무할 경우에는 순환경비rotation fee가 많이 든다는 것이다.

미 국방부가 해외미군의 재편에서 크게 관심을 갖는 부분은 역시 예산 부분이다. 해외주둔 미군을 미국 본토로 철수해 유지할 경우 새로운 기지 건설비용과 유지비용 등 엄청난 예산이 소요된다. 따라서 미국의 입장에서 볼 때 미군을 해외에 주둔시키면서 주재국host nations으로부터 더 많은 방위비 분담을 얻어내는 것이 유리하다. 그리고 미군들이 가족동반으로 해외에 주둔하는 것이 더 적은 비용이 든다.

하지만 군사변환을 위해서 해외미군의 재배치가 불가피하기 때문에 해외기지의 축소 운영이 불가피하다. 즉 예산문제만 고려할 때 주둔비용이 많이 드는 국가에서 적게 드는 국가로 미군을 옮길 필요가 있는 것이다. 독일에서는 가족동반을 전제로 3년 이상 근무하기 때문에 그에 따른 비용이 엄청나게 소요된다. 따라서 미국은 독일주둔 미군기지를 줄이고 일부를 동유럽으로 옮기려 하고 있다.

한국의 경우 지금까지 가족동반 근무가 아니다 보니 순환경비 rotation fee가 많이 발생했다. 그렇기 때문에 주한미군 측은 미군병사들의 가족동반을 허용하고 근무기간을 현행 1년에서 3년으로 연장하기로 결정했다.

하지만 가족까지 동반할 경우 주한미군의 숙소를 대규모로 건립해야 한다. 문제는 수조 원이 소요될 것으로 추산되는 막대한 미군병사의 숙소 건립비용을 누가 부담할 것인가 하는 점이다. 주한미군 측은 한국 정부가 비용을 부담해주길 희망하지만, 한국 정부

■ 지역별, 종별 미군의 배치현황 (2007.6.30 현재)

	합계	육군	해군	해병	공군
미국 본토 및 해외영토	1,082,627	436,108	232,020	135,722	278,777
유럽 지역	89,183	49,721	6,255	874	32,333
옛소련 지역	155	38	4	100	13
동아시아 · 태평양	73,799	20,925	14,861	16,344	21,669
북아프리카, 근동, 남아시아	3,425	656	1,808	468	493
사하라남부 아프리카	2,367	623	803	585	356
중남부 아메리카	2,058	701	589	391	377
합 계	1,253,614	508,772	256,340	154,484	334,018

※ 〈출전〉: Michael O'Hanlon, Unfinished Business: U.S. Overseas Military Presence in the 21st Century, Center for a New American Security, June 2008, pp. 51~55.

는 엄청난 소요예산 때문에 쉽게 결정을 내리지 못하고 있다. 따라서 이 문제도 향후 한미 양국이 풀어야 할 과제로 남아 있다.

오바마 행정부의 대북정책과 북미관계

북핵문제의 해결

오바마 행정부는 완전하고 검증가능한 북한 핵무기 프로그램의 제거, 우라늄 농축계획 및 핵기술의 해외확산 방지에 주력하게 될 것이다.[33] 오바마 대통령은 북핵 실험 이후 추진된 부시 행정부의 북미 직접대화와 〈2.13합의〉〈10.3합의〉 등 비핵화 노력에 대해 "비록 늦긴 했지만 북한 핵무기프로그램에 대한 검증 가능한 종식을 추구하고, 지금까지 북한이 생산한 모든 핵분열성 물질과 무기를 완전하게 설명하도록 하려는 외교적 노력을 지지"한다고 밝힌 바 있다.

오바마 행정부는 한반도 비핵화라는 목표달성을 위해 6자회담을 기본으로 하면서 북미 직접대화를 병행해나갈 것으로 보인다. 오바마 대통령은 부시 대통령이 북한을 '악의 축'이라고 하면서 6년간 그들과 대화하지 않았기에 북한이 오히려 핵무기를 개발했다고 보고 있다. 또 북한이 1994년 〈제네바 기본합의〉를 무시하고 2006년 10월 핵실험을 단행하자 부시 행정부가 갑자기 북미 직접대화로 선회하게 된 것으로 평가하고 있다.[34]

이처럼 오바마 행정부의 대북정책은 6자회담의 틀 속에서 북미 양자접촉을 통해 비핵화를 진전시켜나가는 외교적 방식을 견지할 것으로 전망된다. 대선 당시 한반도정책팀장이었던 프랭크 자누지는 2008년 10월 2일 워싱턴 한인모임에서 "북한이 비핵화 노력을 재개하고 핵신고 내역에 대한 검증을 허용하기를 원한다"고 말했다. 이러한 바람은 2008년 12월 6자회담에서 북한이 검증의정서의 채택을 거부하는 바람에 이루어지지 못했지만 새로운 오바마 행정부의 외교안보팀들이 대북정책에 대한 검토가 끝나면 본격적으로 북미 직접대화와 6자회담에 나설 것으로 보인다.

오바마 대통령을 포함한 최근 민주당의 외교안보정책은 소프트 파워만을 주장하기보다 '소프트 파워-하드 파워'가 균형을 이루는 스마트 파워를 강조하는 경향을 띠고 있다. 그렇기 때문에 부시 행정부가 사용하지 않았고 하려고도 하지 않았던 직접적이고 적극적인 외교를 최우선적으로 고려하고 있는 것이다. 하지만 북핵의 외교적 노력이 결렬될 경우 대북 군사제재론이 등장할 가능성도 배제할 수 없다. 오바마 대통령은 북미 직접대화를 선호하고 있지만, 북한이 약속을 파기할 경우에는 무력사용을 포함한 강력한 대응조치를 취할 가능성도 있다.

오바마 행정부의 인사들은 부시 행정부와 달리 '협상 없는 압박'에는 반대하지만 그렇다고 '협상 일변도'만 주장하지도 않는다. 먼저 북한과 협상하여 합의를 이끌어내되, 이렇게 해서 도출된 북미 합의를 북한이 위반할 경우에는 군사행동과 같은 강력수단도 불사한다는 입장이다. 북핵문제에 관한 오바마 측의 이중적 전략 Two-Path Strategy은 양당 대선캠프의 아시아정책 토론에서 분명히 드러났다.[35]

당선인 시절 오바마 대통령은 만약 북한이 확고한 검증을 수용하지 않는다면 6자회담 참가국과 협력하여 에너지 지원 유보, 최근 해제한 제재의 재부과 및 새로운 제한을 검토하겠다는 뜻을 밝힌 바 있다.[36] 미 대선 당시 오바마캠프의 한반도팀장을 역임했던 프랭크 자누지 미 상원 외교위 전문위원도 일본방위성 방위연구소 회의에서 북한이 약속위반을 했을 경우 미사일시설 파괴, 특수작전부대의 증강 등 강경수단도 불사할 것이라고 주장했다.[37]

2006년 5월 초부터 북한의 대포동 미사일 2호 발사 준비가 이루어지고, 6월 하순 들어 발사실험 움직임이 본격화되자 클린턴 행정부에서 국방장관과 국방차관을 역임한 윌리엄 페리와 애쉬튼 카터는《워싱턴포스트》공동기고문에서 함북 무수단리에 있는 북한의 미사일 시설을 먼저 공격해야 한다고 말했다.[38] 핵실험 직후에 페리 전 국방장관도 북한이 핵시설을 확대해 핵무기 대량생산을 추구할 경우 미국은 군사행동을 통해서라도 이를 사전에 파괴해야 한다고 주장했다.[39] 따라서 북핵의 외교적 노력이 결렬될 경우 대북 군사제재론이 다시 등장할 가능성도 배제할 수 없다.

북미관계 정상화

북미 외교관계 – 오바마 대통령의 대북정책은 2006년 북한 핵실험 이후 변화된 부시의 대북정책과 어느 정도 유사할 것으로 보인다. 오바마는 부시 행정부가 북한과의 관계개선을 위한 노무현 정부의 노력을 과소평가해서 한미관계를 악화시켰다고 비판해왔다.[40] 이런 점에서 오바마 행정부는 과거 클린턴 행정부가 약속했던 북미관계의 개선을 위한 노력을 재개할 가능성이 높다. 지난 클린턴 행정부 때인 2000년 10월 북미 양자는 〈북미 공동커뮤니케〉를 통해 "북미관계의 전면적 개선"을 약속한 바 있어 복원 여부가 주목된다.

2008년 10월 2일 프랭크 자누지는 워싱턴 한국동포들의 오바마 지지모임에 참석해 한반도정책을 설명하면서 "오바마는 북한과의 관계 개선을 위해 고위급 협상을 포함한 모든 외교적 대안을 고려하고 있다"고 밝혔다. 아울러 "그가 대통령이 되면 북한의 김정일 국방위원장과 만날 수도 있을 것"이라고 말했다. 그러나 "실질적인 성과를 거두려면 매우 신중한 준비가 있어야 하는 만큼 먼저 한국과 이 문제를 상의할 것"이라고 강조했다.

오바마 행정부의 출범 이후 미 국무부가 대북정책을 본격적으로 검토하면서 북미관계 정상화와 관련된 주목할 만한 입장 변화가 나타나고 있다. 2009년 1월 13일 힐러리 클린턴은 국무장관 상원 외교위원회 인준청문회에서 '선 비핵화, 후 관계정상화'라는 원론적인 입장을 밝힌 바 있다. 하지만 취임 후 첫 동아시아 순방 길에 오른 힐러리 클린턴은 출발에 앞서 아시아 소사이어티에서 가진 연설에서 "북한이 진정 핵무기 프로그램을 완전히 그리고 검증 가능하게 폐기할 준비가 돼 있다면, 오바마 행정부는 양국 관계를 정상화하고 한반도의 휴전체제를 평화조약으로 대체할 것"이라고 밝혔다.[41]

힐러리 국무장관의 핵포기와 연계된 북미 관계정상화 약속 발언은 오바마 행정부 출범 이후 미국이 처음으로 북한을 상대로 큰 틀의 협상 의제를 제시한 것이다. 여기서 새롭게 변화된 부분은 북미관계의 정상화가 북핵 프로그램의 폐기 이후가 아니라 "폐기할 준비가 돼 있다면"이라고 전제한 점이다. 이에 대해《워싱턴 포스트》의 글렌 케슬러는 오바마 행정부가 북핵 폐기 이전에라도 북미관계의 정상화나 한반도평화협정 체결 가운데 일부 조치를 추진할 수 있음을 시사한 것으로 볼 수 있다고 평가했다.[42]

힐러리 국무장관이 암시한 일부 조치로는 완전한 관계정상화 이전의 부분적인 관계정상화 또는 한반도평화협정에 앞서 정상회담을 통한 서면 안전보장 약속이 될 수도 있다.[43] 미 의회 조사국의 래리 닉쉬 박사도 북핵문제가 완전히 해결된 뒤에나 가능한 대사급 수교 이전에라도 북핵문제의 해결에 '일정 정도의 진전'이 있다면 이익대표부 설치도 가능할 것이라고 전망하고 있다.[44]

북한 인권문제—부시 행정부는 지난 8년간 북한 인권문제를 여러 차례 언급했다. 부시 행정부는 집권 초기 북한 인권문제에 대해 매우 적극적이었으나 이후 북핵 협상 진전에 우선순위를 두면서 소극적인 자세로 돌아섰다. 북한 인권문제를 거론하면서 인권개선을 위해 일관된 전략을 추진하기보다 사실상 효과가 거의 없는 북한정권 비판에만 치중하는 바람에 인권에 대한 정치적 논쟁만 유발시켰을 뿐 북한주민의 실질적 인권개선에 기여하지 못한 것이다.[45]

북한의 농축우라늄 개발 의혹이 한창 제기되던 2004년 10월에 미 의회는 〈북한인권법〉을 제정했다. 당시 공화당 측에서는 북한의 인권개선과 대북 제재를 연계시키는 〈북한자유화법〉의 제정을 추진했으나, 민주당의 반대로 순수하게 북한 인권문제만 다루는 〈북한인권법〉이 제정된 것이다. 그러나 부시 행정부가 법집행에 소극성을 보이는 바람에 〈북한인권법〉은 성과를 거두지 못하고 시효가 끝나고 말았다.

오바마 대통령도 인권문제에 깊은 관심을 갖고 있지만 특별히 북한의 인권문제만 집어서 거론하고 있지는 않다. 그 대신 국제인 권기준을 향상시키고 전쟁 기간에 민간인들에게 무차별 폭력이 가해지는 것을 막기 위한 전 지구적인 노력을 선도해야 한다고 밝히고 있다. 〈2008 민주당 대선강령〉은 북한만 따로 지목하지 않은 채 쿠바, 북한과 같은 공산국가, 미얀마, 짐바브웨, 수단과 같은 독재국가로부터 압제받는 사람들을 위해 노력할 것을 약속하는 데 그치고 있다.[46]

하지만 힐러리 미 국무장관은 북한주민의 인권문제를 지속적으로 제기하고 있다. 또 지난 2월 13일 아시아 소사이어티 연설에서는 북한 인권문제뿐 아니라 북한에 의해 자행된 일본인 납치문제도 거론했다. 따라서 북한 인권문제는 북미관계 정상화를 위해 해결하고 넘어가야 할 과제가 될 것이다.

반면 바이든 부통령은 북한 인권 및 탈북자문제에 대해 점진적인 개선책을 제시하고 있다.[47] 그는 북한이 인권과 안보 그리고 무역 부분에서 점진적으로 국제규범을 준수하도록 북돋우는 전략을 세워야 한다고 말했다. 따라서 미 행정부가 급격한 인권정책을 취하지 않을 가능성도 있다.

2008년 10월 7일, 미 의회가 2012년까지 4년 연장하는 〈북한인권법 재승인법〉을 제정했기 때문에 오바마 행정부는 앞으로 북한 탈북자들의 처리문제에 보다 적극성을 보일 것으로 예상된다.[48] 오바마 행정부가 탈북자들의 난민자격 인정을 확대할 것으로 보임에

따라 앞으로는 미국행을 선택하는 탈북자들이 늘어날 가능성도 있
다. 미국행을 희망하는 탈북자의 심사를 위해 미 국무부와 한국 정
부는 탈북자 정보와 관련해서 보다 긴밀한 협조체제를 구축할 필
요가 있다.

한반도평화체제 – 오바마 대통령은 대선 공약에서 한반도평화
체제에 관한 입장을 구체적으로 밝히지 않았다. 하지만 대선 당시
오바마 선거캠프의 한반도팀장을 맡았던 프랭크 자누지 전문위원
은 "북핵에 대한 검증체계 확보 전까지 제재를 해제해서는 안 되지
만 일단 검증에 대한 합의가 이뤄진다면 단계적인 '행동 대 행동'
의 원칙에 따라 한반도평화체제를 향해 나아가야 한다"고 강조했
다. 즉 한반도평화체제의 본격적인 추진은 북핵문제의 진전이 있
어야만 가능하다는 입장을 밝힌 것이다.

앞서 언급한 힐러리 클린턴 국무장관의 아시아 소사이어티 연
설에서 그녀는 북한이 핵폐기 준비가 되어 있다면 북미관계의 정
상화, 한반도 정전체제의 평화조약 대체, 에너지·경제 부분의 지
원을 하겠다고 밝혔다. 여기서 미국은 오바마 행정부에 들어와 처
음으로 한반도 정전체제의 평화조약 전환문제를 꺼냈다. 하지만
평화체제 논의는 북미 직접대화의 주제가 아니라는 점에서 다자간
논의가 필요한 부분이다.

한반도평화체제의 논의는 〈9.19공동성명〉에 따라 6자회담의
5개 실무그룹회의와 별도로 구성될 직접당사자가 참여하는 한반
도평화포럼에서 논의하게 될 것이다. 참여국이 아직 공식 결정된
것은 아니지만 1990년대 한반도 평화체제를 논의했던 4자회담의

전례로 볼 때 남북한과 미국, 중국 4자가 참여하게 될 것으로 보인다. 또 2009년 안에 2단계 비핵화작업이 마무리되어 6자 외무장관 회담이 열리게 되면 그 자리에서 한반도평화포럼이 만들어질 것으로 예상된다.

오바마 대통령은 대선 기간 중에 북미 정상회담 가능성을 언급했지만 북핵문제의 해결이 임박한 단계가 되어서야 실현이 가능할 것으로 보인다. 만약 북미 정상회담이 개최된다면 한반도 평화체제의 구축에 한 발 진전된 결과를 도출할 수 있을 것이다. 또 북핵문제의 완전하고도 검증가능한 해체 이전에 북미 정상회담이 개최된다면 한반도평화협정 체결 이전에 '종전선언'이 추진될 가능성도 배제할 수 없다.

2008년 10월 제2차 남북정상회담에서 채택한 〈10.4정상선언〉 4항에서 남북정상은 "남과 북은 현 정전체제를 종식시키고 항구적 평화체제를 구축해나가야 한다는 데 인식을 같이하고, 직접 관련된 3자 또는 4자 정상들이 한반도 지역에서 만나 종전을 선언하는 문제를 추진하기 위해 협력해나가기로" 합의한 바 있다. 하지만 남북관계가 장기간 정상화되지 못할 경우, 북한은 한국을 배제한 채 종전선언을 위한 북미 정상회담 또는 중국까지 참가하는 북미중 3자 정상회담 개최를 주장할 가능성도 있다.

그러나 한국이 배제된 종전선언에 대해 미국이 동의하지 않을 것이고 또 종전의 실효성을 담보할 수 없기 때문에 결국은 한국의 참여가 이루어질 수밖에 없을 것이다. 지난 2000년 10월 워싱턴에서 발표된 〈북미 공동커뮤니케〉에서 "정전협정을 공고한 평화보장체계로 바꾸어 한국전쟁을 공식 종식시키는 데는 4자회담 등 여러 가지 방도들이 있다"며 4자회담을 포함시킨 것도 미국 측의 이러한 판단이 작용했기 때문이다. 그러한 점에서 한반도평화체제 논의에서도 한미 간의 긴밀한 사전협의가 요구되고 있다.

기로에 선 한반도

오바마 행정부는 출범 이전부터 한반도정책 검토에 들어갔다. 한미관계는 기존 '이명박-부시' 대통령 당시에 합의된 틀에서 크게 벗어날 것으로 보이지는 않는다. 특히 오바마 행정부가 부시 행정부와 달리 일방주의가 아닌 국제협조주의를 표방하고 있기 때문에 한미관계의 발전에서 커다란 돌출요인은 없을 것이다. 따라서 미국의 새로운 한반도정책 검토는 주로 북한문제에 집중될 수밖에 없다.

2008년 대선과 함께 실시된 미 상원 및 하원 선거에서도 민주당이 대승리를 거두었기 때문에 오바마 행정부의 대외정책은 상대적으로 의회의 간섭을 덜 받으면서 추진될 것이다. 그런 점에서 한반도정책에 크게 영향을 미치는 요인은 미 국무부와 국방부, 백악관 등의 한반도정책 담당자들의 입장이다.

현재 미 국무부는 힐러리 국무장관 아래에 제임스 스타인버그 부장관, 윌리엄 번즈 정무차관이 자리하고 있고 한반도 책임자로는 커트 캠벨 동아태 차관보와 커트 통 한국과장이 있다. 그리고 미국의 대북정책을 총괄하게 될 북한특별대표에는 스티븐 보스워스가, 6자회담 수석대표에는 성킴이 임명되었다.

미 국방부는 로버트 게이츠 국방장관과 윌리엄 린 부장관, 미셸 플라우노이 차관 그리고 한반도 책임자로 월러스 그렉슨 아태 차관보와 스티브 박 한국과장이 자리하고 있다. 백악관 국가안보위원회NSC에는 제임스 존스 국가안보보좌관과 존 브레넌 부보좌관 그리고 제프리 베이더 동아시아담당 선임보좌관과 대니얼 러셀 한국·일본담당 보좌관이 배치되어 있다.

미국의 대외정책, 한반도정책은 공화당에서 민주당으로 정권이 교체됐다고 해서 쉽게 바뀌지 않는다. 더군다나 정책담당자의 손에 의해 좌지우지되지도 않을 것이다. 하지만 미국의 영향력을 고려할 때 미국 정책담당자의 스타일 변화조차도 우리에게는 크게 느껴지는 경우가 종종 있다. 그런 점에서 이번 초기 오바마 행정부의 인선이 한반도정책에 어떠한 영향을 미칠지 주목할 필요가 있다.

미국 오바마 행정부의 대외정책 구상과 정책담당자들을 보면, 미국의 한반도 정책이 단지 한미관계나 북미관계와 같은 양자관계로 전개되기보다는 테러와의 전쟁, 새로운 핵질서 구축, 동아시아 신질서 모색 등과 같이 세계적 및 지역적 차원에서 다뤄질 가능성이 높다. 이것은 한편으로 한국에게 글로벌 협력을 요청하는 형태로 나타날 것이다. 아울러 북핵문제도 이란핵과 연계된 새로운 핵전략 아래에서 추진될 것으로 보인다.

새로운 미국의 대외정책과 한반도정책은 우리에게 도전이자 기회 요인이 될 수 있다. 국내 정치여건이 충분히 고려되지 않은 한미 간 글로벌 협력은 우리 정부의 국정운영에 부담이 될 수 있으며, 북한문제의 과도한 국제화는 한반도문제에 대한 우리의 주도권을 약화시킬 수 있다. 반면 우리 정부가 한미 간 글로벌 협력을 잘 활용한다면 한미동맹을 강화하고 국제 사회에서 위상도 높일 수 있다. 또 50여 년간 현상유지상태로 고착되어온 한반도문제에 해결의 실마리도 잡을 수 있을 것이다.

주

1   Rham Emanuel, Bruce Reed, "The Plan: Big Ideas for America, *Washington*", *PublicAffairs*, August 15, 2006. (람 에마뉴엘, 브루스 리드 지음 안병진 옮김,《더 플랜: 미국의 새로운 비전과 민주당의 도전》, 리북, 2008).

2   Barack Obama, "New challenges for a new world", Ronald Reagan International Trade Center, Washington, DC, July 15, 2008. (http://news.bbc.co.uk/1/shared/bsp/hi/pdfs/15_07_08_obama_speech.pdf)

3   Barack Obama on Defense Issues, "A 21st Century Military for America", BarackObama.com.

4   http://www.whitehouse.gov/agenda/foreign_policy

5   http://www.state.gov/secretary/rm/2009a/01/115196.htm

6   Jonathan Medalia, "Nuclear Weapons: The Reliable Replacement Warhead Program", CRS Report for Congress, Updated March 9, 2006.

7   *ibid.*

8   Kurt M. Campbell, Nirav Patel, Vikram J. Singh, The Power of Balance: America in iAsia, *Center for a New American Security*, 2008, pp. 5.

9   Glenn Kessler, "China Is at the Heart of Clinton's First Trip-Bush Solidified Relations; Now the Obama White House Will Push for Broader Cooperation", *Washington Post*, February 15, 2009.

10　Platform Drafting Committee, "The Draft 2008 Democratic National Platform-Renewing America's Promise", August 7, 2008.

11　特別リポート, "オバマ政權は何をやるか ── 日本は〈弱い国〉へ転落する",《選擇》2009年 1月号, pp. 6~9.

12　"U.S.-China Policy Under an Obama Administration," AmCham-China, China Brief, October 2008. (출처: CSIS Pacific Forum, "U.S. Presidential Candidates' Views on Relations with Asia", *Comparative Connections: A Quarterly E-Journal on East Asian Bilateral Relations*, Vol. 10, No.3, October 2008.)

13　Frank Jannuzi, "Views of Senator Obama on matters related to the Korean Peninsula", October 26, 2008. (2008년 10월 26일 〈6.15공동선언〉 실천 해외위원회 워싱턴 행사 때 프랭크 자누지가 배포한 자료); Statement by Obama campaign spokesperson Wendy Morigi, October 6, 2008. (출처: CSIS Pacific Forum, *op. cit.*)

14　Barack Obama, Floor Statement, *Congressional Record*, April 25, 2007, on occasion of visit to US by Prime Minister Abe. (출처: CSIS Pacific Forum, *op. cit.*)

15　Walter Mondale, Honorary Chair, Japan Advisory Council for Obama Campaign, during an interview with The Asahi Shimbun, August 22, 2008. (출처: CSIS Pacific Forum, *op. cit.*)

16　Barack Obama, "Renewing American Leadership", *Foreign Affairs*, July/August 2007.

17　Barack Obama, "Floor Statement", *Congressional Record*, February 11, 2008. (출처: CSIS Pacific Forum, *op. cit.*)

18　일부 중국학자들은 한미동맹이 가치동맹으로 발전한다는 구상에 거부감을 보이고 있다. 王宜勝(Wang Yi-sheng), 〈한미 군사동맹 강화가 동북아 안보에 미치는 영향〉, 제6회 한중 안보포럼 자료집, (사)21세기군사연구소,

中國國際友好聯絡會, 2008년 10월 28일.

19　　DoD, *2006 Quadrennial Defense Review Report*, February 6, 2006.

20　　《연합뉴스》 2009년 1월 11일.

21　　《연합뉴스》 2009년 2월 10일.

22　　Michael O' Hanlon, "Unfinished Business: U.S. Overseas Military Presence in the 21st Century", *Center for a New American Security*, June 2008, p. 5.

23　　《연합뉴스》 2009년 2월 6일.

24　　《조선일보》 2009년 1월 6일.

25　　Robert M. Gates, "A Balanced Strategy: Reprogramming the Pentagon for a New Age", *Foreign Affairs*, January/February 2009.

26　　《연합뉴스》 2009년 2월 4일.

27　　《조선일보》 2009년 2월 5일.

28　　《연합뉴스》 2008년 12월 17일.

29　　Daniel Dombey, Charles Clover, "US plans to improve ties with Russia", *Financial Times*, February 14, 2009.

30　　East Asia Nonproliferation Program, op. cit., pp. 6~7.

31　　Jung Sung-ki, "South Korea to Launch Theater Command by '09", *Defense News*, March 13, 2008.

32　　《연합뉴스》 2009년 2월 15일.

33　　Barack Obama, "Statement on US-North Korea nuclear agreement", October 11, 2008. (출처: CSIS Pacific Forum, *op. cit.*)

34　　Frank Jannuzi, "Views of Senator Obama on matters related to the Korean Peninsula", October 26, 2008.

35　William Perry, "Review of United States Policy Toward North Korea: Findings and Recommendations", October 12, 1999.

36　Barack Obama, "Statement on U.S.-North Korea nuclear agreement", October 11, 2008.

37　山口 昇·岡垣知子·坂口大作, "米国民主党の再挑戰—新たなる外交·安全保障政策に向けて",《防衛研究所紀要》第10卷第1号, 2007年9月, 21~22쪽에서 재인용.

38　Ashton B. Carter and William J. Perry, "If Necessary, Strike and Destroy- North Korea Cannot Be Allowed to Test This Missile", *Washington Post*, June 22, 2006.

39　《연합뉴스》2007년 1월 18일.

40　Barack Obama, "Renewing American Leadership", *Foreign Affairs*, July/August 2007.

41　힐러리 클린턴 미 국무장관의 연설 원문은 다음과 같다. "If North Korea is genuinely prepared to completely and verifiably eliminate their nuclear weapons program, the Obama administration will be willing to normalize bilateral relations, replace the peninsula's long-standing armistice agreements with a permanent peace treaty, and assist in meeting the energy and other economic needs of the North Korean people."

42　Glenn Kessler, "Clinton to Meet Families of Abducted Japanese U.S. Emphasis on Seizures by N. Korea in '70s, '80s Accompanied by Peace Outline for Pyongyang", *Washington Post*, Feb. 14, 2009.

43　조성렬, 〈미국의 대북정책 전환과 북·미관계 전망〉,《민주사회와 정책연구》2008년 상반기(통권 13호).

44　미 의회조사국CRS의 래리 닉스 박사는 이익대표부interest sect의 조기 설치 가능성을 말하고 있다. Radio of Free Asia, November 24, 2008.

45   Emma Chanlett-Avery, "Congress and U.S. Policy on North Korean Human Rights and Refugees: Recent Legislation and Implementation", *CRS Report*, October 22, 2008.

46   Platform Drafting Committee, *op. cit.*

47   Radio of Free Asia, September 24, 2008.

48   H.R. 5834: North Korean Human Rights Reauthorization Act of 2008.

오바마 행정부의 출범에 따른 한반도 정세 및 북미관계

홍익표

1967년 서울에서 태어나 관악고등학교를 거쳐 한양대학교 정치외교학과를 졸업했고, 2005년에 동대학 대학원에서 북한문제를 전공하면서 정치학 박사학위를 취득했다. 북한경제와 남북경협은 물론 동북아 경제협력에도 관심이 많으며, 2007년 통일부장관 정책보좌관으로 임명되어 남북관계 실무에도 많은 경험을 쌓았다. 북한경제와 관련된 저서(공저 포함) 및 논문이 40여 편에 달한다. 현재는 대외경제정책연구원 전문연구원으로 재직하면서 북한경제와 남북경협 관련 연구를 담당하고 있으며, 북한대학원대학교 겸임교수직도 맡고 있다.

오바마 행정부의 출범에 따른
한반도 정세 및 북미관계

▌북미관계와 남북관계는 개선될 것인가

오바마 행정부의 출범을 계기로 북한 핵문제와 북미관계가 새로운 전기를 맞이하고 있다. 미국 대선 과정에서 나타난 바와 같이 오바마 행정부는 북한의 핵 포기를 적극 추구하는 한편, 이를 위해 북한과의 직접대화와 전면적인 관계개선 등 대북 포용정책도 과감하게 추진해나갈 것으로 보인다.[1]

그러나 북미관계 개선 과정은 오바마 행정부에서도 상당한 곡절이 있을 것으로 보인다. 북한에 대한 미국 내의 부정적 인식, 워싱턴 관료주의의 덫에 빠져서 돌파구를 쉽게 찾지 못하고 있는 6자회담 및 북미 양자대화, 한국과 일본의 대북 강경책과 북미 관계개선에 대한 한미일 3국의 정책 조율 등은 자칫 북미관계 전반에 부정적인 영향을 미칠 수도 있다.

북한 역시 미국과의 관계 개선에 있어 대화만을 고집하지 않을 것이다. 자신들의 판단에 따라 추가 핵개발, 미사일 발사 실험, 재래식 군사력 등을 활용해 6자회담 합의 위기 및 한반도지역의 군사적 긴장 등을 조성해서 미국과 주변국들을 압박하는 대결노선 정책도 구사할 것으로 보인다.

그러나 북미관계는 과정상의 어려움에도 불구하고 개선될 것으로 보는 낙관적 전망이 지배적이다. 이는 과거 부시 행정부와 달리 오바마 행정부가 일방주의적이고 이념지향적 외교에서 벗어나 협력적이고 실용적인 외교노선을 추구할 가능성이 높기 때문이다. 특히 오바마 행정부가 북한은 물론 이란, 시리아 같은 적대적 관계의 국가들과도 우선은 적극적인 대화를 통해 문제 해결에 나설 것임을 분명히 하고 있다는 점도 낙관적인 전망을 뒷받침해 주고 있다.

북한도 2012년 경제강국 목표를 효과적으로 달성하고 당면한 후계체제 문제를 안정적으로 해결하기 위해서는 제1의 체제위협 요소라고 할 수 있는 북미관계 문제와 한반도 비핵화 문제를 조기에 마무리하려 할 것이다. 이는 김정일 위원장이 그 누구보다 분명하게 인식하고 있다. 따라서 김정일 위원장은 가급적 자신이 건재할 때 이러한 문제들이 모두 처리되기를 바랄 것이다.

이와 같이 북미관계가 개선될 가능성이 높지만 한반도의 정세, 특히 남북관계의 경색과 위기국면은 해결될 기미를 보이지 않고 있다. 더욱이 최근에는 서해상이나 군사분계선상에서의 군사적 충돌과 이에 대한 보복공격 가능성을 남북한 양측의 책임 있는 군사당국자들이 공공연하게 언급하고 있다. 과거 박정희, 전두환 정권 시절에도 볼 수 없는 현상이다. 이명박 정부는 남북관계에서 좌파 정권으로 인해 '잃어버린 10년'을 바로 잡겠다더니 역사의 시계를 오히려 30년 이상 뒤로 되돌린 것 같다.

오바마 행정부 아래에서 일어날 한반도와 북미관계의 변화는 그 수준과 속도를 가늠하기 어려울 정도로 빠르고 밀도 있게 진행 될 가능성이 높다. 따라서 한반도 질서의 재편과 변화에 대해 우리 정부의 보다 실용적이고 체계적인 분석과 대응책 마련이 매우 중 요하다.

오바마 행정부는 대북정책에서 큰 변화를 보일 것인가

오바마의 외교정책은 협력적 실용주의 노선

오바마 행정부의 출범 이후 한반도에서 나타날 가장 큰 변화는 북미관계에서 나타날 가능성이 높으며, 초미의 관심사는 오바마 행정부가 대북정책에서 부시 행정부와 어느 정도 차별성을 보일 것인가 하는 점이다. 상당수의 한반도 전문가들은 오바마 행정부 가 출범함으로써 대북정책을 포함한 미국의 대외정책 전반에 상당 한 변화가 불가피할 것으로 전망하고 있다.[2]

부시 행정부도 2006년 11월 미 의회 중간선거 이후 대북정책에 서 상당한 유연성을 보였고, 2008년에는 한반도 비핵화의 진전에 따라 북한을 적성국교역법과 테러지원국 적용 대상에서 제외했다. 그러나 부시 행정부는 임기 내내 네오콘과 체제변화regime change 등으로 상징되는 대북 강경책을 견지함으로써 북미관계의 경색을 초래했고 남북관계 발전에도 상당히 부정적인 영향을 미쳤다.

이에 반해 오바마 행정부는 기본적으로 다자주의multilateralism에 기초한 '자유주의적 국제주의Liberal Internationalism' 성향의 외교정책이 현실주의적·실용주의적 노선과 결부되어 나타날 것으로 예상된다. 이는 '테러와의 전쟁'을 최우선 과제로 설정하고 일방주의에 기초해서 국제협력을 간과한 채 이념적 편향성을 보여온 부시 대통령과는 달리 국익 중심의 실용외교 노선을 구체화할 가능성이 높다는 것을 의미한다. 이러한 오바마의 협력적 다자주의 정책은 소프트 파워soft power를 통해 이루어질 것으로 예상된다.[3]

따라서 오바마 행정부의 외교안보정책의 기조는 '대화와 협력, 다자안보체제와 파트너십을 통한 국제문제 해결'이라고 할 수 있다. 대선 과정에서 오바마는 '부시-체니 정권의 대외정책이 가진 가장 큰 문제점은 대화를 통한 외교적 접근을 거부한 것'이라고 비판했다. 또 부시 행정부의 일방주의적 외교가 도리어 미국의 리더십을 반감시키고 전 세계적으로 반미감정을 확산시키는 주된 원인이 되었다고 지적했다. 오바마는 테러, 핵 확산, 전염병 같은 복잡한 사안들에 대해 강력한 국제적인 협력 없이 미국 혼자서 해결하는 것이 불가능하다는 점을 분명히 인식하고 있다. 따라서 오바마는 우호국뿐 아니라 적대국의 지도자와도 회담을 통해 문제 해결에 나설 수 있다고 밝혔다.[4]

이러한 협력적 다자주의 외교노선과 관련해서 신미국안보센터CNAS, 미국진보센터CAP, 브루킹스연구소 등 오바마의 핵심 싱크탱크 그룹들은 몇 가지 중요한 개념들을 제시했다.[5] 우선 MGI(Managing Global Insecurity) 프로젝트 보고서에서 제시된 '책임지는 주권responsible sovereignty'은 '국가주권의 행사에는 다른 국가는 물론 자국 국민들에 대한 의무와 책임을 동반한다'는 개념을 강조한

다. 전통적 주권개념이 국경의 신성불가침, 타국 내정에 대한 불간
섭 원칙에 근거했다면 책임지는 주권은 국내정치적 행위가 초래하
는 외부적 효과에 대해서도 책임을 져야 한다는 입장이다.[6]

피닉스 이니셔티브 보고서에서 제시한 '전략적 리더십strategic
leadership'이란 '미국의 힘과 지위를 상호 이익을 위해 행사하겠다
는 것'을 말과 행동으로 입증하는 것을 말한다. 공동의 목표를 수
행하기 위한 리더십은 세계의 모든 이들이 따를 수 있도록 하는 리
더십이어야 한다는 것이다. 따라서 전략적 리더십은 군사력을 대
체 보완할 수 있는 정치력에 크게 의존하고 있으며, 만약 군사력을
사용해야만 하는 경우에는 국가적 관점만이 아닌 국제적 의무와
부합하는지도 고려해야 한다는 점을 강조하고 있다.[7]

미국진보센터에서 제시한 '지속가능한 안보sustainable security'는
미국의 국가안보, 개인들의 안전과 안락한 삶을 위한 인간안보, 세
계 전체의 이익을 공유하기 위한 집단안보, 이 세 가지 접근을 적
절히 조합하는 것이다.[8]

마지막으로 신미국안보센터가 제시한 '균형력power of balance'
은 세력균형balance of power과 대비되는 개념이다. 세력균형이 주
로 군사력에 입각한 국가 간 관계의 '제로-섬' 측면을 강조하는 것
이라면 균형력은 국가는 국제체제의 다양한 행위자 중 하나일 뿐
이고, 외교와 무역을 통해 제로-섬이 아닌 윈-윈 상황을 창출할
수 있다고 강조한다.[9]

이상의 개념들은 모두 부시 행정부의 일방주의나 편향된 외교
전략에서 벗어나 국제협력의 중시와 절제된 군사력 활용 등을 강
조한 표현들이라고 볼 수 있다.

오바마 행정부의 '적극적이고 직접적인' 대북정책

이와 같은 오바마 행정부의 대외정책 기조는 미국의 대한반도 및 대북정책에도 일정하게 반영될 것으로 보인다. 오바마 행정부의 대북정책을 부시 행정부의 정책과 비교할 때 가장 중요한 점은 '미국이 북핵문제의 완전한 해결을 위해 북한의 주관심사인 북미관계 정상화 카드를 적극 활용할 것인가'이다.

오바마 행정부가 대북정책에 있어 핵문제에 초점을 두고 완전하고 검증 가능한 해결을 지향한다거나 핵확산금지조약NPT 체제 위반시 국제제재를 가하겠다고 밝히고 있는 점은 부시 행정부의 정책과 연속성을 보이고 있다. 그러나 이러한 정책목표 달성을 위해 북한과 같은 적성국이나 불량국가와 '적극적이고 직접적인 외교tough and direct diplomacy'를 펼치겠다고 밝힌 것은 이전 정부와는 다른 모습이다.[10]

오바마의 대북정책은 대선 이후 보름만에 나온 '오바마-바이든 플랜'에 집약되어 있다. 오바마 인수팀은 "우방국은 물론 적성국들과도 전제조건 없이 적극적이고 직접적인tough and direct 외교정책을 추구해나갈 것"이라고 밝혔다. 그리고 "(이를 위해서는) 신중한 준비가 필요하다"면서 "미국이 대화에 나설 경우 전 세계가 이란과 북한의 핵 프로그램을 해결하려는 미국의 리더십 아래 결집하게 될 것"이라고 말했다. 또 핵, 테러 관련 정책에서는 "북의 핵무기 프로그램의 완전하고 검증 가능한 제거와 이란의 핵무기 확보를 막기 위한 실질적 인센티브와 압력을 동반한 외교정책을 활용할 것"이라고 설명했다.

이러한 입장이 시사하는 대북정책을 구체화하면, 미국은 북한과 전제조건 없이 "많이 주고 많이 받는" 과감한 외교를 펼칠 것이며 양자회담에 적극 나설 가능성이 높다고 볼 수 있다. 그러나 이 과정에서 한국, 중국, 일본, 러시아 등 관련국들과 반드시 협의할 것이며, 핵 포기에 따른 인센티브를 분명히 제시하고 이에 응하지 않거나 약속을 위반할 경우 제재 등 강한 압력을 가할 수도 있다.[11]

특사 방북, 북미 외교대표부 설치, 국무장관의 방북, 북미 정상회담 등은 오바마 행정부의 이 같은 원칙과 북한 문제를 우선순위에 둘 수밖에 없는 현실적인 요구 위에 놓여 있다. 그중에서도 가장 가능성이 높은 것은 '터프하고 직접적인 외교'에 꼭 들어맞는 특사 파견이다. 오바마 행정부가 왜 특사를 파견해야 하는지에 대해서는 오바마 캠프의 정책 산실이었던 미국진보센터CAP가 대선 후 발간한 정책제안서에 잘 나타나 있다. 오바마 백악관의 법률고문이 된 그레고리 크레이그는 제안서에서 "북미관계의 발전과 개선이 새로운 미국 정부의 아젠다에서 매우 높은 위치에 있다는 점과 새로운 미국 정부의 핵심적인 목표가 핵문제의 진전임을 북에 명확히 밝혀야 한다"면서 정권출범 후 100일 내에 특사를 파견해야 한다고 주장했다. 크레이그는 또 "북한은 북미 간 고위급 직접 대화야말로 미국의 새정부가 수용할 수 있는 방법임을 알아야 한다"고 말했다. 이는 북미관계의 빠른 개선을 위해서는 일종의 정치적 '담판외교'가 필요하다는 뜻이다.[12]

그러나 최근 대북정책을 둘러싸고 미국 내에서 두 가지 기류가 대립하면서 대북정책의 방향은 여전히 불확실한 상태다. 첫째는 부시 행정부 2기의 대북정책을 그대로 유지하는 방안이다. 즉 크리스토퍼 힐 차관보가 남겨놓은 정책유산인 〈2.13합의〉의 3단계 '검증 가능한 폐기' 협상을 6자회담의 틀 안에서 지속하는 것이다. 둘째는 2000년 클린턴 행정부가 당시 올브라이트 국무장관을 대북특사로 보내고, 직접 북미 정상회담을 통해 북핵문제를 풀려고 했던 '통 큰' 대북협상을 벌이는 방안이다. 2000년 10월 북미 간에 합의한 '조미 공동선언'에 기초해 북미관계와 한반도 비핵화문제를 일괄 타결하는 것이다. 오바마 행정부는 2월 말까지 대북정책 재검토를 끝내고 북과 다시 대화에 나선다는 입장이다.[13]

그러나 미 행정부와 의회의 상황은 낙관적이지 않다. 후자보다 전자의 방식을 선호하는 기류가 강해지고 있기 때문이다. 오바마 행정부의 북핵 고위급 대북 특사직 후보로 거론되었던 미첼 리스 전 국무부 정책기획국장은 미국 언론과의 인터뷰에서 "6자회담을 통해 북핵문제를 해결하려는 대북정책의 기조는 차기 행정부에서도 변함이 없다"면서 "엄격한 검증체계를 확립해야 한다는 데 민주, 공화 양당 간에 강한 공감대가 형성돼 있어 오바마 행정부도 6자회담 틀 안에서 북한의 핵 개발계획 검증체계를 확립해야 한다는 원칙을 계속 유지할 수밖에 없을 것"이라고 전망했다.

그러나 이러한 논란이 문제가 되는 것은, 대북정책이 북핵문제에 매몰된 채 북미협상이 미 국무부 관료들이 선호하는 6자회담 틀로 제한될 경우 미국은 관료적 타성에 젖은 '주고받기 식tit-for-tat'의 지루한 협상을 지속하고 북한은 이를 타파하기 위해 또 다른 위기국면을 조성할 가능성이 높다는 점이다. 최근 북한이 서해상에서의 군사적 충돌 가능성을 제기하고 국제사회의 우려에도 불구하고 인공위성(외부에서는 대륙간 탄도미사일로 간주)을 발사하려는 것은 미국의 대북정책의 모호성이나 정책 추진의 지지부진 등과도 연관되어 있다고 할 수 있다.

얼마 전 대북 특사로 보스워스 전대사가 임명되었고 힐러리 국무장관의 동아시아 순방이 2월 중에 이루어진 점을 고려할 때 북한과의 적극적이고 직접적인 협상 및 대화를 시작하기 위한 오바마 행정부의 움직임이 조만간 가시화될 것으로 기대된다.

오바마 행정부를 바라보는 북한의 시각

북한은 부시 이후 새롭게 등장한 오바마 행정부에 대해 일단 긍정적인 시각을 갖고 있는 것으로 보인다. 따라서 북한은 미국과의 직접대화와 관계개선에 보다 적극적인 자세를 보일 가능성이 높지만, 미국의 태도에 따라 또다시 북미 양국 간의 힘겨루기가 재연될 가능성도 배제할 수 없다.[14]

북한이 2009년 신년사설에서 '조선반도의 비핵화 실현, 동북아시아 및 세계의 평화와 안전'을 언급하는 한편, 북한을 '우호적으로 대하는 나라들과의 관계발전'을 언급한 것은 미국 신정부의 입장과 태도 여하에 따라 적절히 대응하겠다는 뜻으로 읽힌다.[15] 즉 북한으로서는 오바마 행정부와의 '대화'와 '대결'에 대한 모든 가능성을 열어두고 있는 것으로 보인다.

오바마 행정부가 출범 이후 북핵문제와 인권문제 등을 중심으로 북한을 강하게 압박할 경우, 북한은 부시 행정부 출범 초기처럼 핵무기 개발 및 선군노선에 기초한 체제결속 등을 바탕으로 '버티기'에 들어갈 가능성이 높다. 이 경우 북한은 추가적인 핵개발과 함께 '2차 핵실험' 등을 포함한 모든 수단을 동원해 미국에 대응할 것으로 보인다.

이는 한반도의 위기를 고조시켜 한국 경제는 물론 2012년을 목표로 하고 있는 북한경제에도 상당한 어려움을 초래케 할 것이다.

오바마 행정부 역시 당면한 국내경제 현실을 고려할 때 북핵문제가 새롭게 부각되는 것은 큰 부담이 될 것이다.

반면 오바마 행정부가 양자 간 직접대화를 바탕으로 핵문제의 실질적 해결을 통한 북미관계 정상화에 주력할 경우 북미대화는 빠르게 개선될 것이다. 현재 이라크와 아프가니스탄에 발목이 잡혀 있고 최악의 경제위기로 인해 사실상 군사적 옵션의 선택이 불가능한 미국 정부의 입장과 한반도의 특수성(중국의 존재, 전쟁발발시 상상할 수 없는 피해규모 등)을 감안할 때, 북핵문제의 평화적·외교적 해결을 위한 관계당사국들 간의 대화 외에는 달리 뾰족한 수가 없다. 북한 역시 미국과의 대결보다는 대화와 관계개선을 절실히 원하고 있다.

따라서 오바마 행정부 아래에서 북미관계는 한반도 핵문제 해결과 북미관계 개선이라는 두 가지 노력이 병행될 가능성이 높다. 이 경우 북미관계의 출발점으로 2000년 10월의 '조미 공동성명'이 재조명되는 한편, 북핵문제의 해결은 북미관계 정상화와 북한의 국제사회 참여 보장 차원에서 다루어질 것이다. 최근 6자회담에서 핵심쟁점으로 부각된 핵시설 검증문제는 '행동 대 행동' '보상 대 보상'이라는 6자회담의 원칙에 따라 처리될 가능성이 높으며, 이 경우 대북 경수로 제공문제에 대한 논의도 본격화될 수밖에 없을 것으로 보인다. 이와 같이 양국 간 대화와 관계개선이 순조롭게 진행된다면 금년 중에 미국 대북특사의 평양 방문과 함께 '평양-워싱턴' 간 연락사무소의 설치를 위한 구체적인 실무협의가 개시될 가능성도 배제할 수 없다.

한편 북한은 한반도 비핵화는 북미관계의 근본적 변화의 과정을 통해 해결될 수밖에 없다는 점을 오바마 행정부가 분명히 이해하기를 원하고 있다. 북한이 2009년 들어 1월 13일과 17일 두 차례에 걸쳐 발표한 북한 외무성 담화문을 보면, 6자회담에서의 북핵문제에 대한 협의는 대미 관계정상화가 목표임을 밝히고 있다. 그러나 북핵 폐기 시점은 "미국의 핵위협이 제거되고 남조선에 대한 미국의 핵우산이 없어질 때"라고 말한다. 또 "비핵화가 최종적으로 실현되는 단계에 가서는 조선반도 전체에 대한 검증이 동시에 요구된다"고 주장했다. 특히 17일 외무성 담화에서는 "북미 관계정상화와 핵문제는 별개의 문제"라면서 북한이 핵무기를 제조한 것은 "미국과의 관계정상화나 경제지원 때문이 아니라 미국의 핵위협으로부터 자신들을 지키기 위해서"라고 강조했다.

이는 한반도 비핵화 과정은 상당한 시간이 필요하며, 미국과의 관계개선을 위해서는 단순히 외교관계 수립뿐 아니라 정치적으로는 '미국의 대북 적대시정책의 포기', 경제적으로는 '미국의 대북 경제제재 해제', 군사적으로는 '핵무기를 포함한 대북 선제공격 포기', 외교적으로는 '북미 국교수립' 등이 이루어져야 한다는 것을 의미한다. 즉 북한은 한반도 비핵화 과정에서 자신들의 체제를 위협하는 모든 군사적·비군사적 요소의 제거와 함께 미국과의 근본적인 관계개선이 이루어져야 한다는 점을 분명히 한 것으로 볼 수 있다.

6자회담을 통한 한반도 비핵화는 지속될 수 있을까

북미 양자대화와 6자회담 지속 여부

오바마 행정부가 당면한 북한 및 한반도 관련 제1의 이슈는 역시 6자회담을 통한 한반도 비핵화다. 오바마 행정부 역시 부시 행정부와 마찬가지로 한반도 비핵화를 평화적·외교적으로 해결하는 것을 최우선 과제로 설정하고 있다. 이를 위해 오바마 행정부는 앞에서 언급한 바와 같이 '적극적이고 직접적인' 북미대화를 6자회담과 병행해서 진행할 가능성이 높다.

그러나 최근 6자회담이 검증문제로 인해 개최시기도 결정하지 못하고 있다는 점에서 효율성에 대한 근본적인 의문이 제기되고 있다. 6자회담은 주지하는 바와 같이 한반도 비핵화 실현을 위한 다자간 협의체로서 그동안 의장국인 중국과 남한의 중재자적 역할을 바탕으로 북미 간의 이견을 해소하고 합의를 도출하는 데 일정한 기여를 했다. 하지만 2007년 〈2.13합의〉 이후 6자회담은 사실상 북미 양자회담 구도로 전환되었으며, 나머지 국가들은 북미 합의를 사후 추인하는 역할에 머물렀다. 게다가 2008년에는 남북관계의 경색으로 6자회담에서 한국이 기존의 중재 역할이나 갈등조정 등의 건설적 역할을 하지 못한 채 사실상 일본과 함께 6자회담의 대화구조에서 겉돌게 되면서 북미 양자 중심의 진행구조가 한층 심화되었다.

2008년의 경우 6자회담에서 이루어진 비핵화 2단계 핵 불능화의

진전을 살펴보면 북미대화 구조는 더욱 분명하게 나타났다. 불능화
와 신고가 예정보다 지연되는 가운데 북미 싱가포르 회동(2008. 4)
으로 북핵신고에 대한 돌파구가 열렸고, 미국무부 한국과장이
2008년 5월 초 북한을 방문해 영변 핵시설 가동기록 1만 8800여 페
이지를 확보하기도 했다. 북한의 핵신고(2008. 6) 이후 개최된 6자회
담 수석대표회의(2008. 7)에서 검증과 관련해 세 가지 사항(시설방문,
문서검토, 기술자 면담)이 합의됐으나 이 역시 북미 간 사전 조율된 내
용을 추인한 것에 불과했다. 북한이 테러지원국 해제 지연에 반발
하여 취한 불능화 중단 및 재처리시설 재가동 통보 등의 조치로 야
기된 문제를 해결한 것도 6자회담이 아니라 북미 간 대화였다.

결국 2008년은 북핵회담의 축을 북미 직접대화로 옮기려는 북
한의 전략이 일정하게 결실을 거두면서, 6자회담이 사실상 무력화
된 해였다고 할 수 있다. 6자회담은 이 회담을 만든 부시 행정부에
서 이미 무기력해진 상황이므로, 오바마 행정부에서 북미 직접대
화를 강화한다고 해서 다른 6자회담 참가국들이 북미 회담에 제동
을 걸기는 어려울 것으로 보인다.[16] 물론 오바마 행정부의 외교정
책 기조가 협력적 국제주의라는 점을 감안할 때 6자회담을 일방적
으로 중단하지는 않을 것이다. 게다가 한반도 비핵화 과정에서 발
생하는 비용문제를 주변국들과 공동으로 해결할 수 있다는 장점이
있기 때문에 미국으로서는 6자회담을 유지할 현실적인 이유도 있
다. 그러나 이처럼 6자회담이 형식적인 대화틀로 변형되고, 실제
핵심이슈들이 북미 직접대화를 중심으로 협의, 해결된다면 한국과
일본 등에서 6자회담 무용론이 제기될 가능성도 있다.

최근 검증문제로 대북 강경입장을 고수하고 있는 한국 정부의

어려움이 바로 여기에 있다. 일본과 보조를 맞추어 검증문제에 대해 강경한 입장을 견지하면서 6자회담을 장기간 공전시킨다면, 이는 6자회담 무용론으로 확대되어 보다 전면적인 북미대화의 필요성이 더욱 부각될 수도 있기 때문이다. 또 현재와 같은 남북관계 경색국면에서 기존의 북미 양자 중심의 6자회담을 용인한다면, 1994년 김영삼 정부 때와 같이 돈만 내고 남북대화도 못하고 있다는 비판을 초래할 수도 있다.

결국 6자회담의 경우 회담 자체는 지속되겠지만 북미 직접대화가 강화되는 데 반비례하여 6자회담의 동력은 떨어질 수밖에 없을 것으로 전망된다. 이러한 북미 직접대화 방식에 대해서 중국·러시아는 환영하지만, 일본은 납치문제 해결이 이루어지지 않는 상태이기 때문에 양국관계 개선에 제동을 걸기 위해 다양한 외교적 노력을 기울일 것으로 보인다. 한국도 드러내놓고 반대하기는 어렵지만 남북관계 경색을 빌미로 북미대화 진전의 속도조절을 요구할 가능성이 높다. 그러나 오바마 대통령이 철저한 사전준비를 전제로 김정일과 만날 수도 있다는 점을 밝혔고, 이명박 대통령도 북미 정상회담을 환영한다는 입장이기 때문에 우리 정부의 운신의 폭은 그리 넓지 않다고 볼 수 있다.

미국의 북한 핵보유국 인정 여부

한반도 비핵화 및 6자회담과 관련해서 또 하나 주목해야 할 것은 북한의 핵보유국 인정 여부다. 최근 미국의 국방부 보고서를 비롯해 CIA, 국무부 등의 미 정부 내 관련 문건에서 북한을 핵보유국으로 인정하는 듯한 표현이 드러나면서 북한의 핵보유국 인정 문제가 논란이 된 바 있다. 북한이 핵보유국으로 인정되느냐 아니냐는 향후 6자회담의 진행과 이에 대한 보상 및 한반도 평화체제 등과 관련해 매우 중요한 사항이다.

사실 북한을 핵보유국으로 인정한 것은 2006년 10월, 북한 핵실험 직후 미국이 기존의 강경정책에서 벗어나 유화적 대화정책으로 급변했을 당시에도 일부에서 제기되었다. 물론 이번 2월에 방문한 힐러리 국무장관과 유명환 외교장관의 회담에서 한미 양국은 "어떠한 경우에도 북한의 핵보유를 용인할 수 없으며 양국 간 공조를 바탕으로 6자회담을 통해 검증가능한 북한 핵폐기를 추진한다"는 점을 재확인함으로써 일단 미국의 '북한 핵보유국 인정설'을 불식시켰다.

그러나 이러한 양국 외교장관 간의 합의에도 불구하고 미국이 북한의 핵보유를 현실로 받아들일 가능성도 완전히 배제할 수는 없다. 한반도 비핵화 3단계인 핵 폐기를 통한 완전한 문제해결까지는 상당한 시간이 필요하다는 점에서 북한 핵의 추가 개발이나 확산 등을 막기 위한 실질적인 대책 마련이 중요하기 때문이다.

만약 북한이 핵보유국으로 인정받는다면 한반도 비핵화를 위한 6자회담의 성격과 이를 통한 보상의 내용과 수준 그리고 한반도 평화체제 논의는 크게 변화될 것이다. 또 북한의 정치군사적 지위는 지금과는 완전히 달라진다. 최근 북한 외무성이 담화를 통해 핵 폐기 문제를 북미관계 정상화 문제와 분리하면서 북한에 대한 미국의 군사적 위협 제거와 연계시키는 것도 이를 뒷받침하는 것으로 볼 수 있다. 즉 한반도 비핵화가 한반도 평화체제 또는 동북아지역의 군축 차원에서 논의될 가능성도 있는 것이다.

또 북한이 핵보유국으로 인정될 경우 최종적인 북핵 폐기단계에서 북한에 대한 경제적 보상은 더욱 커지게 될 것이다. 〈9.19공동성명〉에서 합의한 바와 같이 북측은 경수로의 제공은 물론, 북한이 개발한 핵무기를 구입하는 비용과 핵 관련 시설 및 관련자들에 대한 경제적 보상까지 요구할 가능성이 높기 때문이다.

이와 같이 북측의 추가적인 경제적 요구 및 군축협상 제의 가능성 때문에 미국이 북한을 공식적인 핵보유국으로 인정하는 것은 현재로서는 쉽지 않을 것이다. 그러나 북핵문제의 완전한 해결까지 북핵의 추가 개발 및 확산을 효율적으로 관리·통제해야 하는 미국의 입장으로서는 북핵문제의 레드라인 재설정이나 실질적인 협상방안 마련을 위해 불가피하게 북한의 핵보유를 인정할 가능성도 배제할 수 없다.

남북관계가 북미관계의 진전에 발목을 잡을 것인가

출구가 보이지 않는 남북관계

2008년 2월 이명박 정부가 출범한 이후 남북관계는 최악의 국면에 처해 있다. 〈6.15공동선언〉과 〈10.4정상선언〉의 이행 여부에 대해 이명박 정부는 모호한 입장을 견지했다.[17] 그러나 북한은 남한 정부의 이러한 태도를 남북정상 간 합의사항에 대한 이행 거부로 간주하고 2008년 하반기 이후 대남 공세의 수위를 계속 높여왔다.

게다가 2008년 7월 금강산에서 발생한 여성 관광객 피격사망 사건으로 금강산 관광사업이 중단되었다. 또 남측 보수단체의 대북 비방 전단 살포와 현 정부의 대북정책에 대한 북측의 불만이 고조 되면서 북측 군사당국이 개성공단에 대한 출입통제 강화, 경의선 철도운행 및 개성관광 사업 중단 등의 조치를 작년 12월 초에 단행 함으로써 개성공단 사업도 크게 위축된 상태다.

올해 남북관계도 지난해와 마찬가지로 경색국면이 지속될 가능 성이 높다. 북한은 올해 신년사설에서 〈6.15공동선언〉 이후 볼 수 없었던 남한 정부에 대한 직접적이고 강도 높은 비판을 했다. 또 지 난해 수차례 밝힌 것처럼 신년사설에서 남북대화의 조건으로 〈6.15 공동선언〉 및 〈10.4정상선언〉의 인정과 '우리 민족끼리'의 원칙 수 용을 제시했다. 그러나 지난 10년간 대북정책을 '친북' '퍼주기' 등 으로 비판했고, 보수적 지지층에 의해 집권한 이명박 정부로서는 북한의 〈6.15공동선언〉 및 〈10.4정상선언〉 이행 주장을 수용하는 것이 현실적으로 불가능하다.

이명박 정부가 〈6.15공동선언〉 및 〈10.4정상선언〉에 대해 '유보 적' 입장을 취하는 이유는 표면적으로는 막대한 재정적 부담 때문 이라고 말하지만, 사실 근본적인 이유는 〈6.15공동선언〉 1항의 '통 일문제를 우리민족끼리 자주적으로 해결', 2항의 '연합제와 연방 제에 대한 합의' 그리고 〈10.4정상선언〉의 '통일지향적 법제정비 (이를 국가보안법 폐지로 이해)' 때문이다. 이러한 합의사항으로 인해 이명박 정부와 한나라당은 야당시절부터 줄기차게 두 차례 정상합 의를 사실상 '친북·좌파'적으로 규정하고 비판했다. 따라서 북한 의 주장이나 남측의 야당 및 통일운동세력의 비판에 의해 이명박 정부의 대북정책이 바뀔 가능성은 크지 않다.

북한 역시 최고지도자인 김정일 위원장이 서명한 두 문건을 '사실상' 인정하지 않고 있는 남한 정부가 분명한 입장변화를 보이지 않는 한 남북대화에 나서려 하지 않을 것이다. 또 자신들의 최고지도자인 김정일의 위원장의 '존엄'이 훼손당하고 있다고 인식하는 상황에서는 북한 지도부 어느 누구도 남한 당국과 대화를 재개해야 한다고 주장하기 어려울 것이다.

결국 남북 모두 현실적으로 물러설 수 있는 출구가 보이지 않는다는 점에서 대화의 물꼬나 관계개선을 모색하기가 쉽지 않다. 일부에서 남북관계 경색을 타개하기 위해서는 대북 특사를 보내야 한다는 주장도 있지만 근본적으로 이명박 정부의 대북정책이나 인식의 전환 그리고 이를 바탕으로 한 실질적인 대북 제안이 준비되지 않는다면 대북 특사를 북한이 수용할 가능성도 거의 없고 설사 수용한다 하더라도 당국 간 대화재개로 이어지기는 어려울 것이다. 최근 한국 정부에 대한 북한의 입장이 계속 강경해지고 남북 교류협력 등에서도 북측이 제한조치를 연이어 발표하고 있는 점을 감안할 때, 극적인 반전이 없는 한 2009년에도 남북대화가 재개될 가능성은 매우 낮다.

요즘 들어 서해 NLL에서의 무력충돌 가능성을 북한 군부가 계속 경고하고 있다. 만약 이러한 남북 간의 충돌이 현실화된다면 남북관계 경색은 상당기간 지속될 것이다. 한편, 군사적 충돌과 관계없이 북한은 올해 남북 당국 간 대화에 나서지 않은 채 민간차원의 교류협력만 허용할 가능성이 높다. 이를 통해 현 정부를 '반통일적, 반민족적'이라고 비판하면서 남한사회 내의 북한 및 통일문제를 둘러싼 '남남갈등'을 확대시키려 할 수도 있다. 과거 남북대화

의 경험에서 볼 수 있듯이 남한 정부에 대한 한국사회 내부의 반대
나 저항이 거셀 경우 북한은 당국 간 대화에 더욱 소극적인 자세를
견지했다는 점도 남북관계 개선 전망을 어둡게 하고 있다.

남북관계 경색이 북미관계 개선의 장애요인으로 작용할 수도

오바마 행정부 출범 이후 북미대화 및 교류가 활발히 이루어질
경우 남북대화에 대한 북측의 관심은 더욱 낮아질 것으로 보인다.
이로 인해 일부에서는 '통미봉남通美封南'(미국과만 대화하고 남한을
배제하는 정책)에 대한 우려를 제기하고 있다. 사실 '통미봉남'은 한
반도 주변정세의 변화에 따른 현실적 결과이지 북한이 의도하는
결과라고 볼 수는 없다. 〈6.15공동선언〉 이후 북한의 기본입장은
'통미연남通美連南'(미국과 대화하고 남한과 협력하는 정책)이라고 판단
된다.

그러나 이명박 정부 출범 이후 남북관계가 단절된 상태에서 북
미대화가 활성화될 경우 결과론적으로 '통미봉남'이 현실화될 가
능성은 매우 높다. 이 경우 한반도 비핵화를 비롯하여 한반도의 평
화체제와 관련된 논의가 북미 양자 또는 북미중 3자의 틀에서 주요
하게 다루어질 가능성도 배제할 수 없다는 점에서 한국 정부의 고
민이 있다.

우선 새롭게 출범한 오바마 행정부의 대북정책이 부시 행정부
와 차별성을 지님에 따라 한국은 미국과 대북정책을 다시 조율해
야 하는 과제를 안게 되었다. 현재 이명박 정부는 북한의 대화거부
와 남북관계 긴장 등에 대한 대응책 마련에 부심하고 있지만 정부
표현대로 '기다리는 것' 외에는 달리 방안이 없는 것으로 보인다.

이러한 정부의 입장과 태도는 정부가 아무런 실질적 조치를 취하지 않고 남북관계의 대치상황을 수수방관하고 있다'는 야당 및 시민사회단체의 비판에 직면해 있다.

현재 오바마 행정부는 2000년 10월 클린턴 행정부가 취했던 것과 유사하게 핵문제, 북미관계 진전, 한반도평화체제 전환 등을 포괄적으로 해결하려는 입장을 취할 가능성이 높다. 오바마 행정부는 6자회담의 틀을 유지하되 북미 양자회담을 중시하는 한편, 북한의 호응 여부에 따라 북미 외교대표부 개설, 북미 정상회담, 한반도평화체제 논의 가동 등을 시도할 가능성이 있다.

북미관계와 남북관계의 상관관계에 대해서는 북미관계 및 남북관계의 병행 개선, 북미관계 개선 및 남북관계의 경색, 북미관계 경색 및 남북관계 개선, 북미관계 및 남북관계의 경색이라는 네 가지 유형이 있을 수 있다. 한국 정부의 고민은 현재와 같이 남북관계가 경색된 상황에서 북미관계가 개선될 가능성이 높다는 점이다. 이럴 경우 한국은 미국 및 북한에 대한 입지가 약화될 뿐 아니라 한반도 문제의 주도권을 상실할 가능성도 높다.

이와 같이 남북관계의 경색 속에서 북미대화만 독자적으로 발전하는 것은 바람직하지도 않으며 한계에 부딪힐 가능성도 매우 높다. '통미봉남' 상황 아래에서 한국 정부는 보수 언론 및 시민단체 등과 이러한 상황을 지켜보고만 있지는 않을 것이다. 오히려 이 분위기를 활용해 미국의 대북 관계개선 속도를 조절하려고 할 가능성이 높다. 최근 몇 년간 6자회담 내에서 일본인 납치문제를 활용해 회담의 진전과 북미 접근을 방해한 일본 정부의 사례에서 볼 수 있듯이, 한국 정부 역시 북미대화에 부정적인 영향을 줄 수 있는 능력을 가지고 있다. 또 한일 양국이 정책공조를 통해 미국을 압박한다면 전통적 우방과의 관계와 관련국과의 협력적 다자외교를 중시하는 오바마 행정부로서는 상당한 부담을 안게 될 것이다.

북한도 북미관계 개선을 원할까

북한의 후계체제와 북미관계

올해 북한의 정치에서 가장 중요한 화두는 체제결속과 당 기구 및 체계의 '정상화'다. 북한은 체제결속의 중요성을 매년 강조했지만, 금년에는 보다 각별한 의미를 가지고 있다고 볼 수 있다. 지난해 8월 이후 확산된 김정일 위원장의 건강 문제는 그 진위 여부와 관계없이 북한의 후계체제 문제가 현실적인 과제로 대두되었다는 것을 의미한다.

최근 북한 공식매체의 보도와 활발한 현지 지도 영상 등을 통해 김정일 위원장이 건강에 큰 문제가 없는 것으로 확인되었으며, 후계체제 문제에 대한 논의도 일단 중단된 것으로 보인다. 그러나 김정일 위원장의 나이가 68세이기 때문에 후계문제에 대한 논의는 어떠한 형태로든 진행될 수밖에 없다. 북한 사회의 특성상 최고지도자인 수령이 갖고 있는 위상과 역할, 과거 사회주의 국가들에서 나타난 정권 교체기 또는 후계자 확정과정에서의 내부적 혼란과 대립 등을 감안할 때, 전 사회적인 체제결속과 김정일 위원장에 대한 '절대적인 충성심' 확인이 그 어느 해보다 중요하게 다루어질 것으로 보인다.

북한 신년사설에서 당의 위상과 역할을 강조한 것 역시 후계체제 문제와 상당한 연관이 있는 것으로 보인다. 현재로서는 후계체제가 혈연승계로 갈지 아닐지를 예단하기가 어렵다. 다만 최근 중국이나 우리나라 정보기관 등을 통해서 확인되는 것은 김정일 위원장의 3남인 김정운 씨가 후계자로서 유력하다는 것이다.

또 올해 신년사설에서 북한은 당 조직의 전투적 기능과 역할을 높여야 한다면서 "각급 당조직들은 위대한 령도자 김정일 동지를 당과 혁명의 진두에 높이 모신 격정과 환희에 넘쳐 모든 분야에서 일대 앙양을 일으켜나가던 1970년대처럼 당 사업에서 새로운 전환을 가져와야 한다. 장군님의 불멸의 선군령도업적을 당 사업에 철저히 구현하며 당의 유일적 령도체계를 세우기 위한 사업을 더욱 심화시켜나가야 한다"고 지적했다. 사실 1970년대는 김정일 위원장이 '3대혁명 소조운동'을 직접 지휘하면서 당의 세대교체와 조직화사업, 사업방식 개선 등을 통해 후계자로서의 지위를 확립한 시기였다. 이를 바탕으로 1970년대에 이미 김정일 위원장은 '당 중앙'으로 지칭되었고, 1980년 제6차 당대회를 통해 후계자로 공식 인정되었다.

북한은 후계체제 문제를 체계적으로 정리하고 그 절차적 정당성을 인정받기 위해서 당 조직의 정상화와 역할 강화가 불가피하다고 판단한 것 같다. 따라서 당 조직의 정비와 역할 강화는 후계 문제와 맞물려 진행될 것으로 보인다. 강성대국의 1차 목표가 완료되는 2012년경에 1980년 이후 개최되지 못한 7차 당대회가 개최될 가능성이 높으며, 후계체제도 당대회를 통해 가시화될 것으로 전망된다.

이러한 후계체제 문제를 순조롭게 추진하기 위해 김정일 위원장 및 북한 지도부로서는 국가의 최대 현안 중의 하나인 북미관계의 근본적 개선을 서두를 수밖에 없을 것이다. 또 김정일 위원장은 자신이 살아 있을 때 북미관계 개선 및 핵문제를 해결함으로써 차세대 지도자에게 보다 안정적인 정치환경을 만들어주는 것이 바람직하다고 판단했을 가능성이 높다.

지난 2월 힐러리 국무장관은 방한 중 기자들에게 포스트 김정일 시대의 정치적 불확실성에 대한 우려를 언급했다. 이는 최고 지도자의 존엄을 중시하는 북한에게는 결례가 되는 발언이지만, 힐러리 장관 발언의 핵심은 김정일 위원장이 살아 있을 때 핵문제를 해결하는 것이 바람직하다는 미국 측의 견해를 밝힌 것이다. 즉 북미 양국은 관계개선 및 핵문제 해결을 가급적 빠른 시일 내에 합의하기 원한다. 따라서 북미 양국 간 직접대화가 조기에 개최될 가능성이 높다고 할 수 있다.

대북 경제제재 해제와 북한 경제발전

북한이 경제강국의 대문을 여는 시점인 2012년까지 시간이 멀지 않다는 점에서 향후 경제부문의 성과와 실적은 매우 중요하다. 북한 당국도 경제부문의 비약적 발전을 위해 모든 자원과 정책수단을 집중할 것으로 보인다. 이는 신년사설 발표 이후 1월 5일자 《로동신문》에서 "올해 공동사설의 기본정신은 한 마디로 말하여 선군의 불길 속에 다져온 우리의 정신력과 잠재력에 의거하여 우리 조국 력사에 일찍이 있어 본 적이 없는 혁명적 대고조를 일으킴으로써 강성대국의 대문을 열기 위한 투쟁에서 결정적인 전환을 가져와야 한다는 것"이라고 언급한 데에서도 잘 나타나고 있다.

신년사설에서는 경제부문의 대도약을 위해 1950년대 천리마운동과 같은 '제2의 천리마 대고조'를 강조했다. 이와 관련하여 김정일 위원장은 지난해 12월 24일 천리마운동의 시발점이 되었던 '천리마제강연합기업소'(구 강선제강소)를 방문했다. 김정일 위원장이 이처럼 천리마 대고조를 강조하는 것은 당시 북한이 전후복구에 국력을 총동원함으로써 상당한 경제적 성과를 거두었다는 점을 인민들에게 전달하기 위한 것으로 보인다.

이에 대해 일부에서는 북한이 과거 방식으로 회귀하여 자력갱생과 대중동원방식의 경제발전을 모색하고 있다고 지적하지만, 북한이 신년사설에서 제2의 천리마 대고조를 강조하는 것은 이와는 조금 차이가 있는 것으로 보인다. 물론 북한이 경제부문에서 가장 강조하는 원칙 중의 하나가 자력갱생과 자립적 민족경제인 것은 분명하다. 그러나 2000년대 북한의 '자력갱생'은 과거 1950년대의 그것과는 상당한 인식상의 차이가 있다. 즉 국가로부터의 충분한 자금과 자재가 공급되지 않는 현실에서 개별 공장 및 기업소 차원에서 설비 현대화 및 생산정상화 방안을 적극 모색하려는 것이지 대외경제협력을 도외시하는 것은 아니라는 점이다.

북한은 자력갱생 또는 자립적 민족경제와 대외경제관계 확대를 대립되는 개념으로 이해하지 않으며, 도리어 대외경제관계 확대를 통해 자립적 민족경제를 보완, 발전시키려 하고 있다.[18] 특히 2000년대 자력갱생은 실리주의 및 과학기술 발전 등과 연계되어 경제의 자립성 및 현대화 강화, 생산증대 등을 목표로 하고 있다는 점도 주목해야 한다.

근 거	관련법
미국의 국가안보를 위한 제재	• 적성국교역법(해외자산통제규정) • 방위산업법 • 수출관리법(수출관리규정)
사회주의 국가에 대한 제재	• 브레튼우즈협정법 • 수출입은행법 • 무역협정연장법(무역법) • 대외원조법
국제테러를 지원하는 국가에 대한 제재	• 수출관리법(수출관리규정) • 대외지원법 • 수출입은행법 • 무기수출통제법(국제무기거래규정) • 국제금융기관법 • 대외활동수권법
대량살상무기 수출 및 확산에 관한 제재	• 무기수출통제법(국제무기거래규정) • 핵확산금지법 • 북한 위협감소법

※ 그외 북한의 인권문제와 이와 관련된 제재법으로는 해외지원법, 국제종교자유법, 인신
매매피해자보호법 등이 있음.

※ 자료 : 김상기, 《대북경제제재의 유효성 분석: 실태와 효과》, KDI 정책연구시리즈, 2007
년 9월, p.26.

지금까지 북한의 대외경제 관계에 있어 가장 큰 걸림돌로 작용
했던 것은 바로 미국의 대북 경제제재다. 미국은 한국전쟁 이후 북
한에 대해 광범위하고 다양한 형태의 경제제재 조치를 취해왔다.[19]
1950년대 이후에도 미국은 북한이 사회주의 국가이고 국가안보에
위협이 된다는 이유로 다양한 법적 근거를 통해 경제제재를 강화
했다.

2008년에 미국은 6자회담을 통한 비핵화 진전에 따라 적성국교
역법과 테러지원국 지정에서 북한을 해제했다. 적성국교역법은

1950년 전쟁이 발발하자 북한에 적용되어 현재까지 지속되었는데, 금융거래를 포함한 교역을 포괄적으로 제한하는 방식이다. 적성국교역법의 취지가 미국과 교전 중인 국가와 단체를 제재하기 위한 것이라는 점을 감안할 때, 미국이 북한을 제외시켰다는 것은 사실상 적대관계의 청산이라는 상징적 의미를 갖고 있다. 한편, 북한은 KAL기 폭파사건으로 인해 1988년 1월에 테러지원국으로 지정되었다. 미 국무성은 연례보고서를 통해 테러지원국을 발표하고 있다.

이와 같이 북핵문제의 진전과 북미관계 개선에 따라 북한이 미국의 적성국교역법과 테러지원국 지정에서 해제됐다는 것은 지금까지 북한의 경제발전과 대외경제협력 확대를 가로막는 가장 큰 장애물 중의 하나인 대북 경제제재가 대폭 완화된다는 것을 의미한다.

적성국교역법과 테러지원국 지정 해제에 따른 경제적 효과는 대외무역에서 가장 먼저 나타날 것으로 예상된다. 그러나 현재 북한의 낮은 산업가동률, 광물자원 중심의 수출 구조, 열악한 수출 경쟁력, 적성국교역법과 테러지원국 지정 이외의 대북 경제제재 유지 등을 감안할 때 단기적으로 북한의 대외무역이 급증하지는 않을 것이다. 전반적인 북한 대외경제 여건의 개선과 대외무역 상대국의 확대 등에 힘입어 조금씩 활성화되지 않을까 한다.[20] 그리고 미국의 대북 경제제재 해제에 따른 양국 간 교역증대는 관계개선이 본격화되고 추가적인 경제제재 해제 등의 조치가 이루어져야 한다는 점에서 상당한 시간이 필요할 것으로 보인다.

테러지원국 지정 해제에 따른 전략물자 거래의 완화 및 수출관리규정EAR에 의거한 수출통제가 해제되는 것은 북한의 무역확대에 긍정적인 영향을 미칠 것이다. 현재 미국은 핵, 미사일 등 군수물자뿐 아니라 군사적 용도로 전용될 우려가 있는 민수용 품목(이중 용도 품목)에 대해 수출관리규정에 의거해 통제하고 있다. 수출관리규정에 따르면 상품통제리스트에 등재된 품목은 대북 수출시 반드시 상무부 산업안보국의 승인을 얻어야 하며, 이중 일부 반테러 통제품목ATC, Anti-terrorism Control은 대북 수출 승인 자체가 거부된다. 현재 반테러 관련 대북 수출 통제품목은 '승인거부'와 '사안별 승인' 등을 포함해 45종에 달한다. 그러나 앞으로 반테러 통제품목에 대한 수출 승인은 사안별로 심의, 승인될 가능성이 있으며 승인 과정에서도 과거에 비해 상당한 유연성이 나타날 것으로 보인다. 또 북한이 테러지원국 지위에서 해제되면 통제대상이 되는 미국산 부품 및 기술의 비율이 10퍼센트에서 25퍼센트로 상향 조정됨으로써 미국기업 및 제3국 기업의 북한에 대한 수출 및 투자 제한이 상당히 완화될 것이다.[21]

이번 적성국교역법과 테러지원국 지정 해제는 북한의 외자유치에 가장 큰 걸림돌 중의 하나로 지적되어온 핵문제의 진전, 북미관계의 개선, 경제제재 해제 등에서 가시적 성과를 거둔 것이라는 점에서, 즉 외자유치에 상당히 유리한 환경과 여건을 조성하게 되었다는 점에서 의미가 있다. 특히 북한과 미국 금융기관과의 거래가 가능해지고 투자 설비 및 원부자재 등을 북한으로 보내는 데 있어 제한이 상당부분 완화되기 때문에 대북 투자가 다소 활성화될 것으로 보인다.

미국의 대북 경제제재는 지금까지 미국 기업은 물론 제3국 기업의 대북 투자에도 제약요인으로 작용해왔다. 따라서 이번 경제제

재 해제는 대북 투자에 관심을 갖고 있던 중국, 한국을 비롯해 러
시아, EU, 중동 국가들의 투자 확대를 불러올 가능성이 높다. 반면
미국 기업들은 이번의 경제제재 해제에도 불구하고 북미관계의 근
본적인 변화와 추가적인 경제제재 해제 조치 등이 이루어지기 전
에는 대북 투자에 대해 다소 유보적인 입장을 취할 가능성이 높다.
또 미국 정부가 '잭슨-배닛' 수정조항에 근거해 북한과 같은 비시
장경제 국가에 대해 수출입은행의 신용 공여와 해외투자민간공사
Overseas Private Investment Coporation, OPIC의 투자보증 등을 금지하
고 있는 점도 미국 기업들의 대북 투자를 제약하는 요인으로 작용
할 것이다.

결국 북한의 외자유치 확대는 이번 경제제재의 해제로 단기적
으로 늘어나지 않을 것이다. 그러나 비핵화의 진전과 경제제재 해
제를 계기로 미국, 일본과의 관계개선 노력과 함께 북한 당국이 투
자환경을 적극 개선해나간다면 중장기적으로 그 효과가 나타날 것
으로 전망된다.

남북관계와 한미관계는 병행 발전해야 한다

올해 1월에 새롭게 출범한 오바마 행정부의 대북정책을 현 시점
에서 평가하기란 쉽지 않다. 오바마 행정부의 대북정책은 여전히
모호하며, 과거에도 그랬던 것처럼 북한문제는 미국의 대외정책에
서 우선순위가 높지 않기 때문이다. 그러나 북한 핵문제가 더 이상

미룰 수 없는 중대 사안이라는 점은 미국 신정부도 잘 알고 있다. 따라서 정권 초기라고 해서 과거 정부처럼 북미관계나 북핵문제를 무시하거나 마냥 늦추지는 않을 것으로 보인다. 그렇다고 오바마 행정부가 출범 초기에 북한을 향해 새롭고 대담한 제안을 할 가능성도 그리 높지 않다. 일단 부시 행정부 후반기에 추진되었던 대북정책기조를 유지하는 가운데 대화국면을 지속하기 위해 노력할 것으로 전망된다.

최근 북미관계는 북한의 인공위성 발사와 한미 간의 키리졸브 훈련 등을 둘러싸고 힘겨루기 양상을 보이고 있다. 미국은 북한의 인공위성 발사가 장거리 미사일과 동일하게 지난 2006년 11월 채택한 유엔 안보리 대북 제재 결의안(유엔 안보리 1718)을 위반하는 것이라며, 한국·일본 등과 추가제재 가능성을 언급하고 있다.[22] 이에 대해 북한은 한미 군사훈련이 미국 정부가 여전히 대북 적대시 정책을 포기하지 않고 있다는 증거라며 한국과 미국을 강하게 비난하는 한편, 각종 교류협력에 대한 제한조치를 취하고 있다.

이러한 북미 간의 대립으로 인해 양자 간의 대화 재개는 당초 예상보다 상당히 늦어질 것으로 보인다. 이는 오바마 행정부가 대북정책 방향을 명확히 제시하지 못한 가운데 북한과의 '통 큰' 협상에 나서지 못하고 있기 때문이다. 게다가 과거 김대중, 노무현 행정부 당시에는 우리 정부가 북미 간의 긴장과 대립이 격해질 경우 남북대화와 한미공조를 바탕으로 북미 간 대화가 재개될 수 있도록 효율적인 중재역할을 수행했다. 그러나 이명박 정부 출범 이후에는 남북 간의 대화단절과 관계악화로 인해 도리어 남북관계가 북미대화에 부담을 주고 있는 상황이다.

그러나 이러한 북미 간의 대립과 긴장이 장기화되거나 북미관계를 극단적 상황으로 몰고 가지는 않을 것으로 보인다. 이미 지적한 것처럼 오바마 행정부가 '적극적이고 직접적인 외교', 즉 북미 양자대화에 무게중심을 두고 있기 때문이다. 북한도 부시 행정부를 대신해 새롭게 등장한 오바마 행정부에 기대감을 가지고 있다.

따라서 북미 양국은 하반기 이후 직접대화를 바탕으로 한반도 핵문제 해결과 북미관계 개선이라는 두 가지 과제를 병행해서 추진할 가능성이 높다. 이 경우 북미관계의 출발점으로 2000년 10월의 '조미 공동선언'이 재조명될 것이며, 또 북핵문제의 해결은 북미관계 정상화와 북한의 국제사회 참여 보장 차원에서 다루어질 것이다.

이러한 북미관계 개선이 남북관계 발전과 한반도 평화에 선순환 관계를 형성하기 위해서는 한국 정부의 대북정책 전환이 불가피하다. 한국 정부는 한미동맹과 한미일 공조를 통해 북한을 압박하는 정책을 지속하기보다 남북관계와 한미관계를 병행 발전시키려는 노력을 기울여야 한다. 현재 이명박 정부는 대외정책의 우선순위를 한미동맹의 강화로 설정하고 있는데, 이는 북미관계의 진전에도 불구하고 남북 간의 긴장을 해소하지 못한 김영삼 정부의 대북정책을 연상시킨다. 김영삼 정부의 대북정책은 '통미봉남' 효과를 초래했고, 한반도 문제에서 한국의 입지 약화시켰다. 또 북핵문제에서 중재자 역할도 할 수 없게 만들어버렸다.

한국과 미국의 대북정책에 차이가 있는 것은 당연하다. 따라서 남북관계를 한미동맹의 하부구조로 설정하고 운용하는 것은 심각한 국익 손상을 초래할 것이다. 특히 미국은 세계전략 차원에서 대북정책을 다루기 때문에 북한 문제가 외교정책에서 본질이 아니다. 반면 우리에게는 대북문제가 '사활이 걸린 과제'다. 우리는 이 점을 분명히 인식해야 한다.

따라서 남북관계와 한미관계는 병행 발전되어야 하며, 균형적인 접근이 필요하다. 또 집권 2년차를 맞이하는 이명박 정부는 통일한국에 대한 미래 비전을 갖고, 민족문제와 통일에 대한 진정성을 바탕으로 대북정책을 제시하고 북측과 대화해야 한다. 만약 이명박 정부가 현재와 같은 남북관계 경색을 계속 방치한다면, 북미관계의 개선과 한반도 평화체제라는 큰 변화과정에서 한국 정부는 소외되거나 방관자로 머물게 될 가능성이 높다.

1 대통령 후보 토론과정에서 오바마 후보는 북한, 이란과의 전제조건 없는 대화를 강조했다. 그는 대화에 전제조건을 달아서 실패한 대표적 사례로 북핵문제를 지적하였다. 부시 행정부가 북한과의 직접대화를 거부하고 북한을 고립시키려다가 오히려 북한의 핵 능력을 증가시키고 급기야 북한의 핵실험까지 초래하게 했다는 것이다.

2 오바마 행정부의 외교·안보정책은 부통령 바이든Joseph Biden, 국무장관 힐러리Hillary Clinton, 국방장관 게이츠Robert M. Gates, 백악관 국가안보 보좌관 제임스 존스James Jones를 중심으로 추진될 것으로 보인다.

3 예를 들면, 아프가니스탄과 이란 등지에의 관여정책을 위해 교육·의료·무역·투자 등의 기회 제공을 강조하여 미국의 리더십 구축에 힘쓸 것으로 예상된다. 이는 향후 오바마 행정부의 외교정책이 기존의 군사력과 같은 경성권력hard power과 연성권력의 혼용을 의미하는 '스마트 파워smart power'의 활용을 통해 추구될 것을 의미하며, 보다 다양한 차원에서 우방국들의 부담이 가중될 것을 의미한다. 외교안보연구원,《국제정세 2009 전망》, 2008, pp.15~16.

4 이는 오바마 대통령의 취임연설에서도 잘 나타나고 있다. 오바마는 "안보문제에 있어서 국가의 안전과 이상 사이에서 양자택일을 강요하는 그릇된 관점을 거부합니다. …… 우리의 앞선 세대들은 힘만으로는 국민을 보호할 수 없으며 멋대로 힘을 사용할 수 있는 권리가 주어지는 것도 아니라는 점을 이해하고 있었습니다. 그들은 신중하게 사용될 때에 한하여 국가의 힘이 신장된다는 점을 알고 있었으며, 정당한 명분과 대외적 모범, 겸양과 자제

를 통해 안보가 확산된다는 점을 이해하고 있었습니다. 우리는 이 같은 유산을 계승해야 합니다. 다시 한번 이러한 원칙들을 따른다면 국가 간의 협력과 이해의 확대를 필요로 하는 새로운 위협에 대응할 수 있을 것입니다"라고 말했다.

5　이상현, 〈미국정세 전망〉, 《정세와 정책》, 세종연구소, 2009. 1, p.19를 참조.

6　Managing Global Insecurity, "A Plan for Action: A New Era of International Cooperation for a Changing World: 2009, 2010, and Beyond."

7　Center for New American Security, "Strategic Leadership: Framework for a 21st Century National Security Strategy", Phoenix Initiative Report.

8　Gayle E. Smith, "Sustainable Security", *Center for American Progress*, June 2008.

9　Kurt M. Campbell, Nirav Patel, and Vikram J. Singh, "The Power of Balance: America in Asia", *Center for New American Security*.

10　서보혁, "남북대화는 한국만 가진 중대한 전략적 자산이다: 오바마 행정부 등장과 북미관계, 그리고 이명박 정부", 코리아연구원 현안진단 134호, pp.1~2.

11　황준호, 〈특사파견과 외교대표부 설치〉, 《민족 21》, 2009년 1월호, pp. 67-68.

12　위의 글, p.68.

13　정창현, 〈정창현의 시대일기: 북의 신년 공동사설로 본 2009년 한반도 정세〉, 《민족 21》, 2009. 2, p.34.

14　북미 양국은 냉전시기의 '적대적 대치'라는 단선적 모습을 벗어나, 탈냉전 이후 미국의 세계적인 패권 아래에서도 '공세와 대응' '협력과 대결'이라는 복잡한 '전략적 상호작용'을 보였다. 이러한 과정에서 특히 주목받은 것은 체제생존과 대미접근을 위한 북한 지도부의 적극적인 전략적 선택과 공세

적인 행동패턴이었다(백학순, 〈북미관계〉, 새종연구소 북한연구센터,《북한의 대외관계》, 한울 아카데미, 2007, pp.137~140; 서훈,《북한의 선군외교》, 명인문화사, 2008, p.20).

15　《로동신문》, 2009. 1. 1.

16　한편, 북미 양자대화가 활성화될 경우 6자회담은 그 지위와 역할이 다소 위축될 것으로 보인다. 이미 지난 2007년 이후부터 사실상 6자회담은 '2+4'(북미+한중러일)의 구도로 전개되어왔다. 즉 미국과 북한이 6자회담을 앞두고 양자접촉을 통해 일정한 합의에 도달할 경우 6자회담의 나머지 참가국들은 이를 추인하고 공동의 의무사항을 확인하는 모습을 보였다. 만약 오바마 행정부 출범 이후 북미 양자대화가 더욱 본격화될 경우 이러한 양상은 더욱 심화될 것으로 보인다. 이 경우 의장국으로서 위상이 추락하고 자존심이 상하는 중국을 설득하는 것과 납치문제와 남북대화 중단 등으로 불편한 일본·한국 등의 참여를 유도하는 것은 고스란히 미국의 외교적 부담으로 남을 가능성이 높다.

17　2008년 3월 26일 통일부 업무보고에서 이명박 대통령은 "남북기본합의서가 1991년 체결돼 1992년부터 효력이 발생했고, 북한도 공식적으로 인정하고 있다"면서 "그 이후 남북정상이 새로 합의한 합의문이 있지만 가장 중요한 것은 1991년 체결된 남북기본합의서의 정신을 지키는 것"이라고 강조했다. 현정부 출범 후 침묵을 지키던 북한은 이 대통령의 이 발언을 계기로 〈6.15공동선언〉과 〈10.4정상선언〉을 부정하는 것이라며 대남 비방 기조를 공식화했다. 이후 이명박 정부는 남북 정상 간 합의정신은 존중하지만, 이의 이행 여부는 남북 당국 간 대화를 통해 협의해야 한다는 입장을 견지하였다.

18　"대외경제관계를 발전시키는 것은 사회주의 경제건설에서 나서는 합법칙적 요구다. …… 사회주의 나라의 경제관계는 나라의 경제적 자립에 복무하는 대외경제관계이고. …… 사회주의 경제건설이 심화될수록 대외경제관계를 발전시키는 것은 더욱 중요한 문제로 나선다.", (《우리 당의 선군시대 경제사상해설》, 조선로동당출판사, 2005, p.246.)

19　1950년 이후 미국의 대북 경제제재의 전개과정은 크게 3단계로 구분

할 수 있다. 1단계는 1950년 이후부터 1980년대 후반까지의 대북 제재 강화기, 2단계는 1990년대 중반부터 2000년까지의 대북 제재 완화기, 3단계는 2002년 2차 북핵 위기부터 2006년까지의 대북 제재 재강화기이다.

20   2007년도 북한의 무역총액은 전년대비 1.8퍼센트 감소한 29억 4100만 달러를 기록하여, 2년 연속 감소하였다(2006년은 0.2퍼센트 감소). 이중 수출은 9억 1900만 달러로 3.0퍼센트 감소하였으며, 수입은 20억 2200만 달러로 1.3퍼센트 감소하였다. 지난 해 〈2.13합의〉 및 〈10.3합의〉 등에 따른 북핵문제의 진전과 북·미 양자대화의 복원, 남북관계의 진전 및 정상회담 개최 등에도 불구하고, 핵실험 이후 취해진 국제사회의 대북 제재조치가 사실상 해제되지 않았다. 그뿐 아니라 〈2.13합의〉의 이행이 BDA 문제로 상당 기간 지연됨으로써 중국을 제외한 대부분 국가들과의 무역이 정체 내지는 감소했고, 이로 인해 북한의 대외무역도 소폭 감소하였다.

21   참고로 베트남의 사례에서도 미국의 경제제재 해제에 따른 무역증가효과가 잘 나타나고 있다. 물론 당시 베트남의 상황과 현재 북한 상황을 단순 비교하는 것은 무리가 있을 수 있지만 베트남의 경험은 주목할 만하다. 베트남은 미국의 경제봉쇄가 해제된 1994년과 1995년의 연평균 대외무역 규모가 119억 달러를 기록하였는데, 이는 1993년 이전 5년간의 연평균 수준인 56억 달러에 비해 2배 이상 늘어난 것이다.

22   그러나 유엔 안보리의 추가제재 가능성은 그리 높지 않다. 우주항공 분야의 평화적 이용에 대한 권리는 모든 국가들의 자주적 권리라는 점에서 북한이 인공위성을 시험 발사한 것이 분명하다면 안보리 차원에서 제재를 이끌어내기는 쉽지 않을 것이다. 특히 안보리 상임이사국인 중국, 러시아가 대북 제재에 대해 유보적 내지는 부정적 입장을 견지하고 있는 것도 미국이 안보리 차원의 대북 제재 추진을 가로막는 요인으로 작용하고 있다.

미국 민주당 대선강령

미국의 약속을 회복하기 위하여

서문

    20세기를 주도하고, 번영하는 중산층을 일구어 내고, 파시즘과 공산주의를 패퇴시켰으며, 많은 이들에게 다양한 기회를 제공한 미국의 역사에 있어서 결정적 순간을 우리가 함께 하고 있다. 우리 민주당원들은 미국의 약속을 실현하고자 하는 굳건한 의지를 가지고 있다. 배경 또는 신분을 불문한 모든 미국인이 양질의 교육을 받고, 적정한 임금을 제공하는 좋은 직장에서 근무하며, 가족을 양육 및 부양하고, 안전한 환경에서 거주하며, 안정적으로 품위 있게 퇴직할 수 있는 기회를 누려야 한다. 양질의 저렴한 의료보호는 기본권에 해당한다. 또 근면·성실한 노력, 봉사와 희생을 통하여 다음 세대 모두가 직전 세대보다 밝은 미래를 향유할 수 있는 기회를 부여받아야 한다.

    그러나 오늘날 우리는 성공과 실패의 기로에 서 있다. 현재 미국은 6년째 2개 전선에서 전쟁을 수행하고 있다. 미국 경제는 어려움에 직면해 있다. 또 지구가 위험에 처해 있다.

    현재 미국이라는 위대한 국가는 지도자들이 당파적 분열 정치를 중단하고, 공익을 증진하는 창의적 해결책을 모색할 것을 요구하고 있다. 정직성, 책임성 및 공정성을 높이 평가하는 미국 국민은 국민의 정부가 자신들과 눈높이를 맞추며 전체 미국 가정의 이익을 보호하는 데 힘써야 한다고 주장하고 있다. 역사적으로 뛰어난 문제해결능력을 지닌 미국이 관리들의 지도력 부재로 인하여 인내의 한계에 도달하게 되었다. 이제 변화를 위한 시간이 왔다. 우리는 개선을 이룩할 역량을 갖추고 있다.

그러므로 민주당원들은 역사상 가장 개방적인 정강수립절차를 통하여 새로운 방향성의 정립과 희망의 이유를 갈구하는 공화당원, 무소속 및 기타 모든 미국 국민에게 다가서고 있다. 오늘, 우리 역사의 결정적 순간에 있어서 민주당은 미국의 약속을 회복하기로 결의한다.

지난 8년간, 미국의 지도자들은 국민의 기대를 저버렸다. 그들은 미국이 이라크에서 부적절한 전쟁에 휘말리게 하는 등 재앙을 불러일으키곤 하였다. 반면 허리케인이나 금융위기 등의 불행이 닥쳤을 때에는 부적절한 방식으로 때늦게 미미한 조치를 취하는 등 안일한 태도를 보여주었다. 현 정부의 수많은 실정은 역사에 기록될 만한 수준이다.

아메리칸 드림이 위험에 처해 있다. 소득이 감소하는 한편, 담보권 실행이 증가하고 있다. 수백만 명의 미국인이 의료보험 혜택을 받지 못하고 있고, 가정은 노동시간 연장으로 자녀와 노부모를 돌볼 수 있는 시간이 부족하여 곤란을 겪고 있다. 가스와 주택난방 비용은 노인과 근로가정working family 모두를 압박하고 있다. 예전에 비하여 미국은 안전하지 않으며, 세계적으로 존경을 받지 못하고 있다. 9.11사태 이후에 미국의 신세기 건설을 위한 토대를 구축할 수 있었음에도 불구하고, 미국은 아프가니스탄에서 불가피한 전쟁을 종료하기도 전에 이라크에서 불필요한 전쟁의 불을 지폈다. 현 정부의 경솔한 정책, 무능한 관리 및 파탄 정치는 우리의 경제, 안보와 명예에 손상을 입혔다.

그러나 현재 우리가 처한 상황보다 더욱 심각한 것은 문제를 이렇게까지 악화시킨 무분별한 약속들이다. 공화당 지도부는 우리의 안전을 보호하겠다고 호언장담하였으나, 군대에 과도한 임무를 부여하였을 뿐 아니라 새로운 당면과제에 대처하지 못했다. 공화당 지도부는 온정적 보수주의자compassionate conservative가 되겠다고 밝혔지만 뉴올리언스의 지붕 위에서 시민들을 구출하지 못했고, 퇴역군인들을 등한시하였으며, 아동에게 의료보험을 제공하지 않았다. 이들은 재정적 책임을 공약하였으나, 오히려 소수의 부자에게 세금감면혜택을 제공하였고 1조 달러에 육박하는 금액을 이라크에서 탕진하였다. 이들은 개혁을 약속하였으나, 석유 회사들에게 에너지 어젠다를 작성하도록 하고 신용카드 회사들에게 파산규정을 수립하도록 했다.

이는 단순한 정책의 실패가 아니다. 이는 파탄 난 정치(즉 공익보다는 사리사욕을, 장기적 이익보다는 단기적 이익을 우선시하고, 정부가 권력자들의 손에 좌지우지 되도록 하는 정치)의 실패이다. 이러한 정치는 부당한 영향력 행사를 위한 첨단장치를 마련하며, 미국 국민이 자신의 목소리를 내지 못하도록 차단한다.

그러므로 우리가 함께한 목적은 비단 대통령과 여당을 교체하고 이들이 야기한 피해를 회복시킬 정책을 제시하는 것만이 아니다. 오늘 우리는 책무성, 타인에 대한 봉사, 개인적 책임, 희생의 공유와 전 국민의 공정한 도전기회 등의 도덕적 핵심원칙(즉 미국 건국의 아버지들 및 이후 세대들의 청렴성과 낙관주의에서 유래한 가치관)으로의 회귀를 약속한다. 오늘 우리 민주당원들은 백악관으로부터 의회 의사당에 이르기까지 미국의 신뢰에 합당한 지도자들을 제안하고자 한다.

새로운 시대를 맞아들이기 위하여 우선 프랭클린 델라노 루즈벨트의 뉴딜 정책과 존 F. 케네디의 뉴 프론티어 정신의 원동력이 되었던 새 희망과 아이디어로 아메리칸 드림을 회복할 것이다. 우리는 실직한 근로자, 집을 잃을 위험에 처한 가족, 아무리 열심히 일해도 소득증가가 물가인상을 따라잡지 못하는 이들에게 즉각적인 구제를 제공할 것이다. 우리는 미국에 대한 투자(즉 세계 정상급 공교육, 인프라 및 녹색기술에 대한 투자)를 재개함으로써, 우리 경제가 높은 수준의 보수를 제공하는 양질의 미래형 일자리를 창출할 수 있도록 할 것이다. 또 과도한 비용이 소요되며 이용하기 힘든 의료보호로 인하여 야기되는 어려움을 종식시키고, 사회보장을 공고히 하며, 미국 국민이 퇴직에 대비하여 저축을 할 수 있도록 지원할 것이다. 그리고 미국 국민의 창의성을 활용하여 미국이 석유권력의 압제로부터 해방되도록 할 것이다.

민주당은 세계무대에서 미국의 지도력을 회복하는 것보다 더 높은 우선순위를 점하는 과제는 없다고 생각한다. 미국의 지도력을 회복하는 데에는 군사력만큼이나 효과적인 외교기술이 필요할 것이다. 우리는 가장 긴급한 위협에 대응하기를 거부하기 보다는 미국이 가진 역량을 총동원하여 미국의 안전, 번영 및 자유를 유지할 것이다. 또 미국을 세계 여타 국가들로부터 소외시키기보다는 미국이 다시 한 번 지도적 역할을 수행할 수 있도록 할 것이다.

미국 국민은 지난 수십 년간 줄곧 스스로, 혼자 힘으로, 독립적으로 활동할 것을 권고받았다. 그러나 민주당은 이와 같은 분열과 실패의 방안을 거부한다. 오늘 우리는 최대의 당면과제에 대한 해결방안은 오로지 공동의 기반과 강력한 시민생활의 힘 위에서만 뿌리내릴 수 있음을 인정함으로써, 미국이라는 공동체를 회복하기 위하여 헌신하고자 한다. 미국 국민은 정부가 모든 문제를 해결해 주기를 바라는 것이 아니다. 우리는 개인의 업적이 궁극적으로 각자의 책임, 인격, 상상력, 근면성, 성실성과 신념에 따라 결정됨을 잘 알고 있다. 그러나 한편으로 미국 국민이 미국 역사의 모든 전환점에서 노예제도 철폐, 자유수호를 위한 세계 1·2차대전 참전, 또는 인류의 달 착륙 등의 과제를 해결하기 위하여 단결함으로써 애국심을 증명하였다는 사실도 알고 있다. 오늘날 미국은 소외계층의 자립을 지원하고 도심지역과 가족농장에 활력을 되찾아주기 위하여 다시 한 번 단결해야 한다. 모두의 성공이 상호 의존적 성격을 지니기 때문이다. 또 가정, 지방정부, 민간기구 또는 예배장소 등을 불문하고, 미국은 나라에 봉사하고 책임을 다할 수 있도록 우리에게 또 다른 도전을 제시해야 한다.

미국 국민은 과거에도 변화를 약속 받았었다. 그리고 너무도 자주 실망하곤 했다. 정책뿐 아니라 정치 자체를 바꾸어야 한다. 동일한 실수를 반복할 수는 없으며, 지금과 다른 결과를 도출할 수 있을 것으로 기대된다. 바로 그러한 이유로 공화당 행정부의 3기 연임을 저지하기 위하여 오늘 우리가 이 자리에 함께 한 것이다. 오늘 우리는 미국 국민이 보다 손쉽게 정부에 참여할 수 있도록 신기술 활용 증진을 통한 미국 민주주의의 회복을 약속한다. 우리는 정부지출 및 워싱턴 내의 로비활동을 공개함으로써 모든 미국인이 감시자와 고발자의 역할을 수행할 수 있도록 할 것이다. 우리는 포용의 정당으로서 서로 다른 견해와 신념을 존중한다. 그러므로 서로의 의견이 다르다 할지라도, 미국이 진일보할 수 있도록 협력해 나아갈 것이다. 여기에서 공화당 또는 민주당으로 구분된 아이디어란 존재할 수 없으며, 오로지 미국에 유리하고, 적절하고, 공정하며, 건전한 정책과 그렇지 못한 정책만이 있을 뿐이다. 우리는 미국 국민만큼 분별 있고, 정직하며, 목적의식을 갖춘 온정적 정부를 구성할 것이다.

애국심을 천명하는 것뿐 아니라 행동과 우선순위 설정 그리고 헌신을 통하여 애국심을 입증하는 것이 바로 애국자의 본질일 것이다.

변화하기로 결정을 내렸다면, 우리가 어떠한 일을 할 수 있는지를 상상만 하면 된다. 미국이 위대한 나라가 된 것은 결코 미국이 완벽했기 때문이 아니라, 미국을 보다 훌륭한 나라로 만들 수 있다는 믿음이 있었기 때문이다. 이 나라를 변화시킬 수 있는 것은 바로 이 나라를 사랑하는 사람들이다. 미국은 아브라함 링컨, 수잔 B. 앤서니, 마틴 루터 킹 주니어, 케사르 차베즈와 로자 팍스의 나라이다. 이들은 자신의 모국을 보다 살기 좋은 곳으로 만들 수 있다는 신념을 고수할 수 있는 호방함과 이러한 신념을 현실화하기 위한 작업에 착수할 수 있는 용기를 지닌 사람들이었다. 민주당은 공동의 목적 달성을 위하여 전국민을 결집시킴으로써 언제나 미국 국민의 삶에 가장 큰 영향을 미쳤던 정당이다.

우리에게는 선택권이 있다. 현재와 같이 실패한 노정에 머무르

기로 결정할 수도 있고, 우리가 가진 최선의 모습을 토대로 우리가
지닌 최고의 가치를 반영하는 길을 선택할 수도 있다. 지난 8년간
의 세월을 되풀이할 수도 있고, 힘을 합쳐 새로운 유형의 정부를
건설할 수도 있다. 변화의 시간이 도래하였고, 미국은 그 기회를
포착해야 한다.

01
아메리칸 드림의 회복

지난 수개월간 미국의 경제상황에 관한 뉴스가 헤드라인을 장식하였는데, 불행하게도 그 내용은 좋지 못한 것이었다. 서브프라임 대출 위기는 주택시장을 공황 상태로 몰아넣었고 많은 미국 국민이 집을 잃게 되었다. 미국 경제가 7개월 연속 일자리 감소를 기록하면서 8월 초까지 46만 3000개의 일자리가 사라졌다. 또 의료, 가스 및 식품 가격이 급등하고 있다.

그러나 문제는 현재 드러난 위기상황보다 더욱 심각하다. 근로시간 증가와 생산성 향상에도 불구하고 가계소득이 감소하였다. 이와 동시에 회사들이 의료보험과 연금 부담을 중단하면서 의료비용이 증가하였다. 설상가상으로 너무나 많은 미국인들이 우리의 자녀는 우리보다 나은 삶을 영위하게 될 것이라는 미국의 기본적 약속을 더 이상 신뢰하지 못하게 되었다.

우리는 근본적 경제 변혁의 시대에 살고 있다. 기술은 우리의 생활방식과 세계의 사업방식을 변화시켰다. 소련의 붕괴와 자본주의의 진보로 미국의 국제적 지도력에 대한 과거의 도전들은 없어졌지만 새로운 도전들이 부상하였다. 오늘날 일자리와 산업은 인터넷이 연결되고 의욕적인 근로자를 갖춘 국가라면 어디든지 이동할 수 있다.

지난 8년간 이러한 사안과 관련한 미국의 지도력은 심각하게 결여되었다. 빌 클린턴 대통령의 재임 시절인 1990년대에는 고용과 소득이 증가하였고 예산흑자를 달성하였다. 그러나 현임 대통령은 부적절한 정책을 추진하고 기회를 놓쳐버렸을 뿐 아니라, 신뢰받지 못하는 아이디어들을 사상적으로 완고하게 고수하였다. 이제 흑자는 적자로 돌아섰고, 21세기가 시작된 지 거의 10년이 다 돼가도록 미국은 여전히 세계 경제에서 경쟁력을 갖추기 위한 일관된 국가전략을 구축하지 못하고 있다. 이러한 실패의 대가가 고스란히 각 가정으로 전가되고 있다.

각종 요금을 납부하기 위하여 두 개의 일을 하는 어머니 그리고 어린 자녀와 노부모를 돌보기 위하여 애쓰는 부부로부터 의료보험 수급권이 없는 수천만의 미국인과 일자리의 해외이탈로 인하여 실직한 노동자에 이르기까지 너무도 많은 미국인들이 너무도 오랜 기간 동안 현임 대통령과 여당의 관심 밖에 있었던 것이 사실이다. 민주당은 단 한 순간도 이 나라에서 열심히 일하고 있는 국민들에게 관심을 기울이지 않은 적이 없다. 이제 그들을 위하여 다시 한 번 아메리칸 드림을 현실화시켜야 할 때가 왔다.

우리는 근로계층의 희망, 가치관 및 이익을 옹호하며 근면 성실하게 일하고자 하는 모든 이들에게 신이 주신 잠재력을 최대한 활용할 수 있는 기회를 제공하는 정부를 필요로 한다.

미국 전역에서 개최된 정강 공청회에서 미국 국민은 새로운 접근방식을 채택할 경우에 한하여 21세기에 미국이라는 위대한 국가

가 경쟁(그리고 승리)할 수 있다는 우리의 믿음을 재확인시켜주었
다. 이러한 접근방식은 혁신적일 뿐 아니라 이 나라를 위대한 국가
로 만든 기본적 경제원칙에 충실한 것이어야 한다. 우리 민주당원
들은 버락 오바마의 지휘 아래 신경제 체제에서 특히 경제상황이
어려울 때에 의료보호, 퇴직 후 소득보장 및 지원을 통하여 가계를
보살피는 정부를 구현하고자 하며, 이러한 정부의 건설을 약속한
다. 우리나라에 대한 투자, 즉 에너지, 교육, 인프라, 과학에 대한
투자 그리고 모든 이에 대한 기회의 제공 등 민주당원들은 위와 같
은 요소들이 미국 국민으로 하여금 새 시대의 기회를 이용할 수 있
도록 하는, 보다 강력한 경쟁력과 공정성을 갖춘 경제의 주춧돌이
될 것이라 생각한다.

1. 경제회생 및 미국 중산층에 대한 즉각적 구제

우리는 사상 최고의 휘발유 가격과 급등하는 기타 생필품 비용으
로 고통받고 있는 미국 가정들에게 즉각적 에너지 리베이트를 제공
할 것이다. 이는 기초 생필품과 에너지 효율적 조치의 비용을 부담
하기 위한 것이다. 우리는 경제 활성화, 경제성장 지원 및 일자리
100만 개의 추가 감소 방지를 위하여 500억 달러를 투입할 것이다.
여기에는 각 주와 지방이 교육, 의료보호 및 인프라 등의 필수 서비
스를 축소하지 않도록 하기 위한 지원이 포함될 것이다. 우리는 최
근에 의회를 통과한 주택법안을 조속히 시행하고, 주택위기로 인하
여 큰 타격을 입은 주와 지방이 반드시 필수 서비스 축소를 피할 수

있도록 할 것이다. 우리는 고속도로신탁기금의 보충, 도로 및 교량의 유지보수에 대한 투자와 학교보수를 위한 신규 간이 프로젝트 재원 확보를 위하여 인프라에 대한 투자를 지원할 것이다. 우리는 제조업 분야의 일자리 감소를 억제하기 위하여 즉각 조치를 취해야 할 것으로 생각한다. 이와 같은 즉각적 조치를 취함으로써 양질의 일자리가 제공될 것이며, 현재의 경제 상황을 개선하는 데 도움이 될 것이다. 그러나 진정으로 번영을 공유하기 위해서는 반드시 의료보호, 에너지 및 교육비용 인상과 같은 최대의 장기적 과제 역시 해결해야 한다.

2. 신시대를 위하여 가족에 대한 권한 부여

과거 많은 미국인들은 가족부양, 의료보험 및 연금 부담을 지원하기 위하여 40년간 주당 40시간씩 근무하였다. 현재, 미국인들의 이직률은 그 어느 때보다도 높은 상황으로, 임금과 복리후생을 놓고 세계 전역의 근로자들과 경쟁하고 있다.

미국 가정의 모습이 변화하고 있고, 이들이 직면하는 과제 역시 변화하고 있다. 현재 대다수의 가정에서 부모 모두가 일을 하고 있다. 수백만의 미국 근로자들이 일하는 부모이자 자녀로서 자신의 자녀와 노부모를 책임지는 두 가지 역할을 수행하는 새로운 '샌드위치 세대'의 일원이기도 하다. 이들은 어느 때보다도 오랜 시간 동안 근로를 하는 동시에 새롭게 늘어난 가족 부양의 책임을 이행하여야 한다.

다수가 뉴딜 시대에 수립된 정부 정책은 신 경제 및 국민생활의 변화와 보조를 맞추지 못하였다. 민주당원들은 이제 우리의 정책과 기대를 통하여 이러한 격차를 해소할 때가 되었다고 믿는다. 의료보호로부터 연금, 실업보험으로부터 유급휴가에 이르기까지, 미국 근로자들에게 새로운 현실과 과제에 대응하는 데 필요한 도구를 제공하기 위하여 정책을 현대화하여야 한다.

모든 미국인을 위한 저렴하고 질 높은 의료보호 제공

정강 청문회에서 얻은 것이 있었다면, 그것은 바로 민주당원들이 남녀노소를 불문한 모든 미국 국민에게 저렴하고 포괄적인 의료보호를 보장하여야 한다는 책임을 바탕으로 단결하였다는 것이다. 회합이 진행될 때마다 사람들은 의료보호 위기에 대하여 정신적 분노를 표명하였다. 이러한 위기로 인하여 900만 아동을 포함한 수백만의 미국인들이 의료보험 혜택을 받지 못하고 있고, 그외 수백만 명이 질 낮은 의료보호의 비용 인상을 부담하느라 고생하고 있다. 미국의 전체 개인파산 중 절반이 의료비로 인한 것이다.

미국은 세계 어느 나라보다도 의료보호에 많은 비용을 지출하고 있지만, 평균예상수명 47위, 소아사망률 43위를 기록하고 있다. 미국은 유행병과도 같은 비만과 만성질병 및 유행성 감기와 생물학적 테러 등의 새로운 위협에 직면하고 있다. 이 모든 상황에도 불구하고, 의료보호 비용 10달러당 4센트 미만의 금액만이 예방과 공중보건에 지출되고 있다.

미국인들은 건강이야말로 개인적 성취와 경제적 번영의 토대임을 잘 알고 있다. 아동 교육, 노동자 생산성 및 사업 경쟁력을 확보하는 데에는 모든 미국인을 위한 저렴한 양질의 의료보호가 필수적이다. 모든 미국인에 대한 의료보험의 적용은 도의적 필수요건에 그치는 것이 아니라, 미국의 보건제도를 효과적이며 비용효율적인 제도로 구축하는 데 필요하다. 이러한 노력을 바탕으로 무보험자에 대한 비용전가를 중지하고, 예방을 통한 건강관리를 증진하고, 보험 차별을 중단하며, 의료보호의 불균형 배제를 지원하고, 경쟁·선택·혁신·고품질 의료보호를 통하여 비용절감을 달성할 수 있을 것이다. 어느 누구도 소외되지 않는 전체 국민에 대한 보험 적용 약속을 달성하기 위한 최선의 방안과 관련하여, 민주당 내에 다양한 접근방식이 존재하지만 우리는 입법과정을 통하여 이러한 기본 목표를 달성하기 위하여 합심·노력할 것이다.

그러므로 우리는 저렴하고 포괄적인 대안에 대한 접근권을 제공하지 않은 채 수백만의 미국인을 현재와 같은 민간 고용주 중심의 보험으로부터 배제함으로써 과도한 보험료 지급 또는 노령의 병약자에 대한 보험적용 거부를 야기하는 보험차별의 피해자가 되도록 하는 정책을 지지하는 자들에 반대한다. 우리는 보험회사에 대한 과다지급을 보호하고 의사들에 대한 과소지급을 허용하면서 수백만의 미국 아동에 대한 보험적용 확대에 끈질기게 반대해온 자들을 거부한다. 모든 미국인에게 강화 및 개선된 의료보호제도를 제공하는 민주당의 비전은 공화당의 비전과 뚜렷한 대비를 이루며, 아래의 내용을 포함한다.

모든 미국인에 대한 의료보험 적용과 저렴한 의료보험 방안을 선택할 수 있는 진정한 권한의 제공 · 가정과 개인은 자신이 보유하고 있는 보험을 유지하거나 다수의 민간 및 공공 의료보험상품을 망라하는 다양한 의료보험제도 중 하나를 선택할 수 있어야 한다. 세액공제 및 기타 수단을 통한 보조금 지급으로, 모든 미국인들이 부담할 수 있는 저렴한 보험을 제공하여야 한다.

공동의 책임 · 의료보호는 고용주, 노동자, 보험회사, 의료서비스 제공자 및 정부 간의 공동 책임이 되어야 한다. 모든 미국인들은 자신이 부담할 수 있는 보험에 가입되어야 한다. 고용주에게는 근로자들에게 보험혜택을 제공할 인센티브가 주어져야 한다. 보험회사와 의료서비스 제공자는 양질의 저렴한 의료보호를 보장하여야 한다. 그리고 정부는 저렴한 의료보험을 확보하고, 유의미한 보험혜택을 제공하여야 한다. 저렴한 의료보험의 가용성이 확보되면, 각 개인은 의료보험을 구매하고 건강한 삶을 영위하기 위한 조치를 취해야 한다.

보험차별의 폐지 · 모든 신청인들이 의료보험제도로 편입되어야 하며, 기존의 상태를 근거로 상이한 보험료를 부과하는 것을 금지해야 한다. 각종 의료보험제도는 이미 질병이 있거나 질병에 걸릴 확률이 높은 이들을 회피하거나 이들에게 과도한 보험료를 부과하는 능력이 아닌, 의료보호제공의 비용 및 품질에 기반하여 경쟁하여야 한다. 보험회사들이 징수한 보험료의 주된 목적은 이익 창출이 아니라 의료보호의 제공이어야 한다.

이동성 보험 · 어느 누구도 이직 또는 실업 시에 건강보험 상실을 우려하도록 방치되어서는 안 된다.

유의미한 급부금 · 각 가정은 의원들이 향유하는 것과 유사한 수준의 의료보험에 가입되어 있어야 한다. 각 가정에 치솟는 보험료, 감당하기 힘든 기본부담금 또는 질병에 걸렸을 때 재정적 위험에 봉착하도록 만드는 급부금 제한의 부담을 떠안도록 강요해서는 안된다. 우리는 오랫동안 해결되지 못한 정신건강 및 중독치료의 균형을 마침내 달성하게 될 것이다.

예방을 통한 건강관리의 강조 · 만성질병은 미국의 총 의료보호 지출 중 70퍼센트를 차지한다. 우리는 특히 직장 건강증진프로그램 및 학교 체육교육을 통하여 건강한 생활방식과 질병예방 및 관리를 촉진할 필요가 있다. 모든 미국인이 건강관리를 증진하고, 높은 비용 부담을 야기하는 비만, 당뇨, 심장병 및 고혈압 등의 만성질병을 막기 위한 예방적 의료 서비스에 접근할 수 있어야 한다. 건강관리의 조정을 필요로 하는 모든 미국인에게 만성질병관리 및 행동건강관리가 보장되어야 한다. 여기에는 삶에 변화를 야기하는 외상성 부상과 질병으로부터 회복 중인 이들과 정신건강 및 약물 사용 관련 장애를 지닌 이들에 대한 지원이 포함된다. 우리는 담배 및 약물남용예방 노력을 배가하여야 한다.

의료보호의 비용을 인하하고 품질을 개선하는 현대화된 제도 · 미국 국민이 점증하는 의료보호비용으로 인하여 어려움을 겪고 있는 가운데, 우리는 보다 강화된 미국 고유 제도의 확립을 통하여 최고의 품질과 비용 효율성을 지닌 의료보호를 제공할 수 있을 것이라 믿는다. 이는 비용을 절감하고 현재의 보건제도로부터 낭비 요소를 없애기 위한 적극적 노력을 통하여 진행되어야 한다. 이와 같은 노력을 바탕으로 각 일반가정에 연간 2500달러 상당의 비용절감효과가 발생할 것이다. 이러한 노력에는 첨단 보건정보기술시스템, 사생활보호 전자의료기록, 보상reimbursement 인센티브, 그리고 사람들이 반드시 적절한 시기에 적절한 보호를 받을 수 있도록 관련 의약품, 장치 및 절차를 검토하는 독립기관의 도입 추진이 망라된다.

이와 같은 개혁은 품질개선을 위한 의료계와의 협력을 바탕으로 만연한 의료과실 관련 소송을 축소하는 부가적 효과를 낳을 것이다. 우리는 보험 및 의약품 시장에서 경쟁을 강화하고, 고용주와 피고용인들로부터 재앙적 질병으로 인한 비용부담의 일부를 덜어주고, 메디케어의 가격인하 협상 허용, 여타 선진국으로부터의 안전한 의약품 수입 허가, 생물학적 제제의 복제경로generic pathway 수립 및 공공프로그램에서의 복제약 이용 증대를 통하여 의약품 비용을 인하하여야 한다.

강력한 의료보호 인력 · 훈련과 보상 인센티브를 통해 적절한 자격을 갖춘 1차진료 의사 및 간호사와 직접보호인력을 충분히 확보하기 위한 노력을 경주하여야 한다.

의료보호의 불균형 제거를 위한 헌신 · 우리는 연구강화 및 지역사회기반 보건소의 자금조달개선을 통하여 소수자, 아메리카 인디

언, 여성 및 저소득층의 의료보호 불균형을 종식시켜야 한다. 우리
는 의료보호 제도를 문화적 민감성과 함께, 각종 언어 구사자에 대
한 접근성을 갖춘 제도로 변모시킬 것이다. 우리는 문화적 관점에
서 효과적인 의료보호를 보장하기 위하여 의료보호 인력을 다양화
하는 프로그램을 지원할 것이다. 또 건강의 불균형을 심화하는 사
회적 결정요소를 해소하고 가장 큰 타격을 입는 지역사회에 자원
과 기술지원을 제공함으로써 스스로 건강관리의 주체가 될 수 있
는 권한을 부여할 것이다. 우리는 인디언보건청Indian Health Service
의 비용변제를 가속화하고 이를 개선할 것이다.

공중보건 및 연구 · 보건과 건강관리는 개인과 가정, 학교제도, 고
용주, 의료 및 공중보건 인력과 각급 정부 기관의 공동 책임이다.
우리는 미국 국민이 건강한 선택을 추구할 수 있는 건강한 환경으
로부터 많은 혜택을 누리도록 할 것이다. 또 지난 30년 동안 아동
비만률이 두 배 이상 증가한 상황에서 학교 내의 건강한 환경 확보
를 위하여 노력할 것이다.

우리는 미국과 전 세계에서 HIV/AIDS를 퇴치하여야 한다. 우리
는 HIV/AIDS의 연구, 치료 및 예방 자금 확대를 지원한다. 또
HIV/AIDS의 퇴치를 위한 종합적 국가전략계획을 지지하고, 현대
의 전염병에 대응하기 위하여 설계되고 자금이 지원된 라이언화이
트보호법Ryan White Care Act을 지원한다. 이 법에 의하여 에이즈치
료지원프로그램ADAP 대기자를 처리하고, 확대·회복된 소수민족
HIV/AIDS 이니셔티브를 통하여 엄청난 타격을 입은 아프리카 및
중남미계 미국인 등의 지역사회에 관심을 집중하며, 미국 남부 등

의 새로운 핵심 문제지역에 초점을 맞춘다. 우리는 저소득 HIV 양성 반응자들에 대한 메디케이드Medicade 적용 확대를 지원한다.

또 미국 국민이 근거 중심적이며 비용 효율적인 의료보호에 접근할 수 있도록 의료보호개혁을 통하여 적절한 혁신 인센티브를 제공해야 한다. 연구는 이데올로기가 아닌 과학에 근거하여야 한다. 육체적·정신적 질병으로 인한 소모적 영향으로 고통 받고 있는 수백만의 미국인과 그 가족에게 시간은 소중한 것이며 이제 남아 있는 시간이 많지 않다. 그러나 지난 8년간 현 정부는 생의학biomedical 및 줄기세포 연구를 촉진하지 않았을 뿐 아니라 오히려 그러한 연구를 적극적으로 방해하였다. 우리는 더 이상의 부작위 또는 방해를 용납할 수 없다. 미국이 예방과 치료의 선봉에 설 수 있도록 우리는 생의학 연구 및 줄기세포 연구에 투자할 것이다. 여기에는 심장병, 알츠하이머병, 파킨슨병, 다발성 경화, 유방암, 당뇨병, 자폐증 등의 질병 및 기타 빈발하거나 희귀한 질병과 장애의 연구를 위한 적절한 자금지원이 포함된다. 우리는 국립보건원National Institutes of Health, 국립과학재단National Science Foundation 및 국립암센터National Cancer Institute에 대한 자금지원을 확대할 것이다.

주, 지방정부, 부족 및 준주Territories와의 강력한 협력체제 구축· 의료보호서비스 제공에 상당한 발전을 이룩하는 데 있어서 주 및 지방정부가 선구자적 역할을 수행하였음을 인정하여, 국가차원의 필수적 개혁은 성공적인 주 의료보호 모델을 기초로 하여야 한다.

강력한 안전망 · 보건 관련 목표의 달성을 위해서는 공백을 해소하고 질병 또는 재난 발생 시에 공공안전을 확보하는 안전망 프로그램, 안전망 제공자 및 공중보건 인프라의 강화가 필요하다.

노인과 장애인에 대한 권한 부여와 지원 · 노인과 장애인들은 저렴한 양질의 장기 의료보호 서비스에 대한 접근권을 보유하여야 하며, 가정과 지역사회에서 그러한 서비스를 쉽게 이용할 수 있어야 한다. 미국 국민에게 의료보호 혜택을 받는 것과 독립적이고 생산적인 삶을 영위하는 것 가운데 하나를 선택하도록 강요해서는 안 된다.

출산 의료보호 · 여성이 스스로 자신의 삶을 결정하고 산아제한을 포함한 출산 관련 의료보호를 획득할 수 있는 능력을 저해하는 현 정부의 끈질긴 시도에 반대한다. 우리는 피임에 대한 의료보험 차별을 중단하고, 강간 피해자들에게 온정적 보호를 제공할 것이다. 우리는 결코 이데올로기를 여성의 건강보다 우선시하지 않을 것이다.

재정책임 · 의료보호 제도를 개선하고 강화하는 과정에서, 우리는 투자금액의 회수를 보장하는 재정적으로 책임 있는 방식으로 활동해야 한다.

퇴직 및 사회보장

우리는 근면 · 성실하게 일하는 가족이

안정되고 건강한 은퇴 후 생활을 포함하는 아메리칸 드림을 이룰 수 있도록 하는 데 우선순위를 부여할 것이다. 개인, 고용주, 정부 모두가 각자 맡은 바 역할을 수행하여야 한다. 우리는 기존의 공공 및 민간 연금제도를 유지하고 보호하기 위한 조치를 취할 것이다. 21세기에 미국 국민에게는 퇴직에 대비하기 위한 개선된 저축 방안이 요구된다. 우리는 모든 노동자가 이직 시 이전 가능한 직장연금제도에 자동 가입되도록 할 것이며, 원조를 필요로 하는 근로가정의 저축과 조화를 이루도록 할 것이다. 우리는 CEO가 한 손으로 근로자들의 연금을 내팽개치면서 다른 한 손으로 자신의 주머니를 채울 수 없도록 할 것이다. 정강 청문회에서 미국인들은 이것이 도리에 어긋나는 행동이며, 이러한 행동을 불법으로 취급할 지도자를 선출할 때가 되었음을 분명히 밝혔다.

우리는 회사연금에 가입된 모든 피고용인들이 투자 대상 프로젝트의 세부 내용, 투자 실적, 향후 예상투자전략의 적절한 내역 등 연금기금의 투자현황에 관한 연례공시내역을 수령할 수 있도록 할 것이다. 또 회사파산법을 개혁함으로써 근로자 퇴직금에 자금지출 우선순위가 부여되도록 하며, 수년간 회사를 위하여 열심히 일한 근로자들이 쓸모없는 차용중만을 받고 회사를 나오는 일이 발생하지 않도록 할 것이다. 마지막으로 우리는 연간 소득이 5만 달러 미만인 노인에 대한 연방 소득세 일체를 폐지할 것이다. 중·저소득 노인층은 이미 높은 의료보호와 에너지 비용에 대하여 걱정해야 하는 실정이다. 이들이 세금부담까지 걱정하도록 해서는 안 된다.

우리는 사회보장 혜택을 받는 것이 불명예스러운 일이라는 공화당 대통령 후보 지명 예정자의 의견을 단호히 거부한다. 우리는 사회보장이 필요 불가결한 것이라고 생각한다. 우리는 사회보장을 강화하고, 사회보장을 통하여 현재 및 장래에 미국 국민이 의지할 수 있는 보장 혜택을 제공하는 의무를 이행할 것이다. 우리는 사회보장을 민영화하지 않을 것이다.

적정한 임금을 제공하는 좋은 직장

정강 청문회에서 미국인들은 현재의 경제 아래에서 학업과 근로 의욕을 갖춘 이들이 생계를 유지하는 데 충분한 급여를 지불하는 일자리를 구할 수 없다는 데 대하여 실망감을 표시했다. 민주당은 적정한 임금과 복리후생을 제공하는 좋은 직장을 창출하는 경제정책을 집행하고자 한다. 우리는 바로 그러한 이유로 단결권right to organize을 지지한다. 노조가 근로자들로 하여금 정당한 몫을 확보하도록 하는 임무를 수행할 수 있을 때, 사람들이 빈곤에서 탈출할 수 있으며 보다 강력한 중산층이 구축될 수 있음을 우리는 잘 알고 있다. 우리는 근로자들의 노조 조직 능력을 강화하고, 근로자자유선택법안Employee Free Choice Act의 가결을 위하여 투쟁할 것이다. 우리는 전국노동관계위원회National Labor Relations Board에서 친 근로자적 목소리를 회복시키고, 수백만 근로자의 단체교섭권을 저해하는 전국노동관계위원회 및 전국조정위원회의 유해 결정 다수의 철회를 지지한다. 우리는 매일 자신의 목숨을 걸고 현장근무를 수행하는 경찰 등의 연방정부 직원들이 단체교섭권을 행사할 수 있도록 하고, 연방항공청Federal Aviation Administration의 결렬된 교섭과정을 복구할 것이다. 우리는 파업 근로자의 영구해직을 금지하기 위하여 투쟁함으로써, 근로자가 생계수단 상실에 대한 두려움 없이 자신의 이익을 주장할 수 있도록 할 것이다. 우리는 '일할 권리Right-to-Work' 법안과 '임금보호paycheck protection' 계획이 제안될 때마다, 이에 대하여 지속적으로 격렬한 반대를 펼칠 것이다. 국가적 비상사태 기간 동안 노동자 보호를 중단하는 경우, 비상사태로 인한 피해가 더욱 극심해진다. 우리는 허리케인 카트리나 발생 이후 데이비스–베이컨Davis-Bacon법의 적용을 중지하는 데 반대하고, 데이비스–베이컨법에 의한 근로자 보호를 모든 연방 프로젝트에 포괄적으로 적용하는 것을 지지한다. 우리는 정부 일자리의 민영화 남용을 저지할 것이다. 또 근로자를 부당하게 독립계약자로 분류하는 고용주의 착취적 관행에 종지부를 찍을 것이다.

부시 행정부의 노동부는 직접 나서서 미국의 근로자들을 보호해야 할 의무를 이행하지 못했다. 민주당이 지휘하는 노동부는 수백만의 미국인을 위하여 시간외 근무권overtime right을 회복하고 확대하며, 임금 및 근로시간 관련 법률을 적극적으로 시행할 것이다. 부시 행정부는 직장안전에 관한 주요최종기준을 자발적으로 공포하지 않은 유일한 행정부다. 민주당이 이끄는 산업안전보건청Occupational Safety and Health Administration은 포괄적 안전기준을 채택하고 시행할 것이다. 현재 너무나 많은 근로자들(특히 건설업 및 광업 종사자들)이 매일 자신의 목숨을 담보로 일하고 있다.

근로 의욕이 있는 미국인이라면 누구든지 수입과 지출의 균형을 맞출 수 있어야 하며, 성공의 기회를 누릴 수 있어야 한다. 이를 위하여 우리는 최저임금을 인상하고, 인플레이션에 연동시킬 것이며, 근로소득 세액공제Earned Income Tax Credit 금액을 증액할 것이다. 그럼으로써 근로자들이 자신과 가족의 생계를 유지할 수 있도록 할 것이다. 우리는 실업보험의 공백을 해소하고 현재 실업보험 미적용 근로자들에게로 보험 혜택을 확대하기 위하여 실업보험 프로그램을 현대화할 것이다.

일과 가족

지난 수십 년간 근로방식과 생활방식의 근본적 변화로 인하여 수많은 미국 가정이 세계화된 경제와 직무유기 수준의 정부 사이에서 곤경에 빠지게 되었다. 이제는 단순히 가족의 가치에 관하여 논하는 행위를 중단하고 가족에 진정으로 가치를 부여하는 정책 추진에 착수할 때가 왔다. 우리는 가족및의료휴가법Family and Medical Leave Act을 확대하여 현재의 적용 대상자들과 더불어 수백만의 근로자들이 추가적으로 본 법의 적용을 받도록 할 것이며, 근로자들이 노부모를 돌보거나 가정폭력 및 성폭력 문제를 해결하거나 사친회 모임parent-teacher conference에 참석하기 위하여 휴가를 갈 수 있도록 할 것이다.

현재 휴가 유자격 근로자의 78퍼센트가 무급휴가로 인하여 휴가를 갈 수 없는 실정이다. 그러므로 우리는 각 주와 협력하여 유급휴가를 제공할 것이다. 또 모든 미국인 근로자가 자기 자신 또는 병중의 가족을 돌보기 위하여 최대 7일의 유급병가를 얻을 수 있도록 할 것이다. 그리고 연방정부가 주도적으로 모범사례를 수립하는 가운데 각 고용주가 탄력근무제를 시행할 수 있도록 장려할 것이다.

우리는 아동보호 세액공제를 확대하고, 모든 아동에 대하여 고품질의 저렴한 유아교육에 대한 접근권을 제공하며, 아동에게 방과후 학습 및 서머스쿨summer school 학습 기회를 제공하기 위하여 재원을 두 배로 증액할 것이다. 우리는 장기보호를 필요로 하는 이들과 노령의 친척을 돌보는 고결한 임무를 수행하는 이 나라의 모든 근로자들을 지원할 것이다. 근면 성실하게 일하며 책임을 다하는 모든 미국인은 사랑하는 가족으로부터 정당하게 평가 받을 기회를 누릴 자격이 있다. 이것이 바로 우리가 꿈꾸는 미국의 모습이다.

빈곤

바비 케네디가 미시시피 삼각주 지역의 빈민가들과 이들의 모습을 접하였을 때 그는 다음과 같은 질문을 던졌다. "미국과 같은 국가가 어떻게 이러한 상황을 용인할 수 있는가?" 그로부터 40년이 흐른 지금, 우리는 여전히 그와 동일한 질문을 하고 있다.

이에 대하여 우리가 제시할 수 있는 가장 미국적인 답변은 아래와 같다. "우리는 이를 용인하지 않을 것이다." 현재 미국 전역에서 국민 여덟 명 중 한 명이 도시, 교회 및 농촌 지역에서 빈곤한 생활을 하고 있다. 이들 대부분이 근로를 하고 있음에도 불구하고 각종 공과금을 지불할 수 없는 상황이다. 1300만 명에 육박하는 빈민 인구가 아동이다. 우리는 이 나라에서 이러한 고통과 절망이 이어지는 것을 두고보고만 있을 수 없다. 미국인이라면 당연히 그럴 수 없을 것이다.

우리는 협력을 통하여 10년 이내에 빈곤을 현재의 절반 수준으로 줄일 수 있다. 우리는 모든 아동에게 유아기부터 대학교까지 세계 정상급의 교육을 제공할 것이다. 그리고 실업자들을 임시직에 취업시키고 영구직 취업을 위한 훈련을 제공하는 혁신적 임시취업 프로그램을 개발할 것이다. 근로자들이 미국의 국가생산성을 공유할 수 있도록 지원하기 위하여 우리는 근로소득 세액공제를 확대하고, 최저임금을 인상하며, 이를 인플레이션에 연동시킬 것이다. 빈곤층 성인 대다수가 여성이다. 그러므로 우리는 빈곤을 퇴치하기 위하여 공정한 급여 및 어머니들에 대한 지원을 제공하고, 책임 있는 아버지의 역할을 증진하는 정책을 도입하기 위하여 노력해야 한다. 우리는 노조가 최선의 활동(즉 근로자를 조직화하고 사기를 진작하는 활동)을 재개하도록 하는 조치에 착수할 것이다. 우리는 모든 미국인이 어떠한 경우에도 지속적으로 적용되는 저렴한 의료보호를 이용할 수 있도록 할 것이다. 그리고 아메리카 인디언 지역사회를 지원할 것이다. 미국의 20대 빈곤 카운티 중 10개가 인디언 지역에 소재하기 때문이다. 우리는 도심 지역의 사업을 활성화하고, 저렴한 주택 공급을 증대하며, 집중적 빈곤지역에서 총체적 서비스를 제공하는 '약속의 근린지구promise neighborhood'를 설립할 것이다.

이러한 노력은 부모교실 등교, 유의미한 고용의 유지, 개방대학, 아동의 신체·정신 건강 강화 등의 목표 아래 모든 주민의 참여를 추진하는 뉴욕시 할렘아동지대Harlem Children's Zone 등 검증된 모델에 기초하게 될 것이다. 민주당은 빈곤과의 전쟁이 국가적 우선 과제가 되어야 한다고 생각한다. 빈곤을 뿌리 뽑기 위해서는 미국 대통령의 지속적 의지가 필요하며, 이러한 어젠다의 개발을 위하여 백악관이 지도력과 자원을 제공해야 한다.

여성들을 위한 기회 확대

우리 민주당은 어떠한 정당보다도 많은 여성 주지사, 상원의원 및 하원의원을 배출한 정당이다. 민주당은 최초의 여성 국무장관과 최초의 여성 하원의장을 배출하였고, 2008년도에는 미국 역사상 대통령 예비선거에서 승리한 최초의 여성인 힐러리 로드햄 클린턴을 배출한 바 있다. 우리는 우리의 딸들이 아들과 동일한 기회를 누릴 수 있어야 한다고 믿는다. 민주당은 가장 높은 유리천장glass ceiling에 1800만 개의 균열을 만들었다는 데 대하여 자부심을 느끼고 있다. 우리는 미국이 여성에게로 그 약속을 확대할 때 전국의 가정, 지역사회 및 뜻있는 이들을 위한 기회가 증가하게 됨을 알고 있다.

여성의 소득이 남성소득 1달러 당 76센트에 불과한 현재의 상황은 여성에게만 피해를 야기하는 것이 아니다. 이는 각 가정과 아동에게도 피해를 유발한다. 우리는 임금차별의 퇴치를 용이하게 할 '릴리 레드베터Lilly Ledbetter' 법안과 공정임금법Fair Pay Act을 통과시킬 것이며, 평등임금법Equal Pay Act을 현대화할 것이다. 우리는 여성 소유의 영세업체에 투자하고, 소규모 창업사업에 대한 양도소득세 부과를 폐지할 것이다. 우리는 수학과 과학 분야에서 여성을 지원하며, 성별을 불문하고 이 분야 최고의 근로자들을 지속 보유함으로써 미국의 경쟁력을 높일 것이다. 우리는 여성이 여전히 대부분의 육아 책임을 맡고 있다는 데 주목하여 포괄적인 일과 가족work and family 어젠다를 수립하였다. 우리는 최저임금을 수령하고 경기침체와 빈곤으로부터 특히 큰 타격을 받는 성인의 대다수가 여성임을 인정한다. 우리는 사회보장제도를 보호하고, 최저임금을 인상하며, 빈곤퇴치 프로그램을 확대하고, 부모와 자녀 모두가 스스로 빈곤으로부터 벗어날 수 있도록 교육을 개선할 것이다. 또 여성에 대한 폭력을 근절하기 위하여 노력할 것이다.

성차별과 일체의 불관용에 맞서는 것이 나라를 위한 길이라고 믿는다. 여성의 비하는 토론의 격을 떨어뜨리고, 우리의 딸들이 가진 꿈을 위축시키며, 너무나 많은 이들의 기여를 막는 결과를 초래한다. 우리 모두에게 책임이 있음을 명심해야 한다.

3. 미국의 경쟁력 제고를 위한 투자

현재와 같은 중대한 과도기에 미국 국민은 성공의 열쇠는 무엇보다도 국민의 역동성, 결의 및 혁신에 있다는 사실을 잘 알고 있다. 그러나 성공을 결정하는 또다른 요소는 자신감과 공동의 목표를 통하여 이 나라가 진일보하도록 할 수 있는 국가적 지도력이다. 미국인들은 정강 청문회에서 정부에 미국민과 미국에 대한 "재투자"를 촉구하였다. 바로 이러한 조치를 바탕으로 링컨 대통령은 대륙횡단 철도 건설을 추진하고, 미국 과학한림원National Academy of Sciences을 설립하고, 홈스테드법Homestead Act을 통과시켰으며, 무상토지불하대학land grant college을 창설하였다. 또 이러한 조치를 바탕으로 프랭클린 델라노 루즈벨트 대통령은 테네시계곡개발청Tennessee Valley Authority을 창립하고, 미국 농촌 지역에 전력을 공급하였으며, 민주주의병기창Arsenal of Democracy에 투자하였다. 이것이 바로 우리가 제공하고자 하는 지도력이다.

미국의 신에너지

미국인들은 지방 정강 청문회에서 경제, 국가안보 및 지구 환경에 있어서 에너지가 차지하는 중요성을 언급하였다. 이들은 당면한 문제를 극복하기 위해서는 미국에 대담하고 지속 가능한 신에너지 정책이 필요함을 큰 목소리로 명확하게 밝혔다. 과거 미국은 국가안보에 대한 새로운 위협 또는 미국의 경제적 주도권을 약화시키는 새로운 경쟁상황에 직면하였을 때 비로소 조치를 취하곤 하였다. 오늘날 우리가 직면하고 있는 에너지 위협은 과거 독재자들로 인한 위협에 비하여 즉각적인 위협으로 느껴지지 않을 수 있지만, 그에 못지않게 현실적이고 위험한 것이다. 그러한 위험은 오로지 변화에 수반되는 기회를 통해서만 극복할 수 있다.

우리는 새로운 에너지 해결책을 개발함에 있어서 21세기의 일자리가 창출될 것임을 알고 있다. 문제는 이러한 일자리가 미국에서 창출되느냐, 아니면 해외에서 창출되느냐에 있다. 우리는 정부 조달정책을 활용하여 청정 재생 에너지의 국내생산에 인센티브를 부여해야 한다. 이미 독일, 스페인, 브라질 등의 국가가 청정에너지를 통한 경제성장 효과를 누리고 있다. 이러한 과제의 해결 노력에 있어서 우리는 수십 년이나 낙후되어 있다.

국가 안보를 위하여, 그리고 주유 대금을 지불하고 있는 모든 미국 가정을 위하여 우리는 외국산 석유에 대한 중독의 덫을 끊어버릴 것이다. 전국의 정강 청문회에서 미국 국민은 에너지 독립을 이룩하기 위하여 맨해튼 또는 아폴로 프로젝트 수준의 노력을 경주할 것을 촉구하였다. 우리는 이러한 목소리에 경청하고 있으며 우리 민주당원들은 최대 500만 개의 일자리, 즉 펜실베이니아 주 풍력터빈 제작소의 일자리, 네바다 주의 태양열발전소 부품 생산 공장의 일자리, 또는 미시간 주의 조립라인에서 플러그인 하이브리드plug-in hybrid가 통과하기 시작할 때 창출되는 일자리와 같이 좋은 일자리들을 창출할 친환경 에너지 부문의 확립을 위하여 향후 10년간 수십억 달러 상당의 긴급fast-track 투자를 실시하고자 한다. 이와 같은 청정에너지 산업으로의 이행은 저소득 지역사회에도 혜택을 안겨줄 것이다. 우리는 에너지 중심의 청소년 고용 프로그램을 설립하여, 부상하고 있는 에너지 산업과 관련된 직업기술을 불우 청소년들에게 전수할 것이다.

이는 쉬운 일이 아닐 것이다. 그러나 달에 착륙하는 것도 쉬운 일은 아니었다. 우리는 국내석유개발로 에너지 독립을 달성할 수 없음을 잘 알고 있다. 그러므로 우리는 독창성과 전설적인 근면성을 총동원하고, 연구개발과 태양열, 풍력, 지열 등의 재생에너지 기술 그리고 첨단 배터리를 통한 에너지 저장 및 석탄 발전소 오염 제거 기술 활용에 투자하여야 한다. 우리는 또 2030년까지 미국의 에너지 효율성을 50퍼센트 향상할 것을 기업, 정부 및 미국 국민에게 촉구할 것이다. 왜냐하면 에너지 효율성이 가장 높은 국가가 새로운 제조업 및 미국 내 일자리와 관련하여 경쟁우위를 점할 것을 알기 때문이다. 우리는 경제전반에 걸친 배출총량거래제cap and trade program 적용을 통하여 창출되는 수익의 일부를 할애함으로써 관련비용 전액의 지급을 지원할 것이다.

배출총량거래제는 온실가스 방출을 급격히 감소시키고, 신에너지 경제에 수십억 달러의 민간자본투자를 투입하는 조치가 될 것이다.

우리는 자동차 연비를 대폭 향상시키고, 자동차 제조업체와 부품 공급업체들이 미국 내에서 미래형 승용차 및 트럭과 주요 부품을 생산할 수 있도록 지원할 것이다. 또 근로자들이 녹색경제에서 경쟁하는 데 필요한 기술을 습득할 수 있도록 지원할 것이다.

우리는 2025년까지 전력의 최소 25퍼센트를 재생에너지원으로부터 생산하고자 노력할 것이다. 전국의 민간부문, 각 주, 도시 및 부족의 혁신적 노력을 바탕으로 신에너지 해결방안의 성공과 활용도를 평가하기 위한 새로운 연방–지방 간 협력 체제를 수립하고, 에너지 절약형 전력시스템을 설치하고, 효율성이 향상된 건물을 건설하며, 연방 및 군사 구매프로그램의 신규 유망 시장 및 기술 활성화 능력을 이용할 것이다. 우리는 미국산 연료를 공급할 뿐 아니라 석유권력의 압제로부터 해방되는 데 기여할 바이오 에탄올 등의 첨단 생물연료에 투자할 것이다. 또 건물 에너지 효율을 급격하게 제고하기 위한 혁신적 조치를 취할 것이다.

휘발유 가격의 인하를 위하여 우리는 자연적인 시장가격 이상으로 가격을 인상하는 투기세력을 단속할 것이다. 그리고 연방거래위원회Federal Trade Commission와 법무부에 석유선물 시장조작을 철저히 조사하고 처벌하도록 지시할 것이다. 또 저소득층 난방비 지원 및 내후화weatherization 프로그램의 자금 증액과 현재와 같은 에너지 가격 인플레이션 시대에 중산층 가정이 수입과 지출의 균형을 맞추는 데 기여하기 위한 에너지 원조의 제공을 통하여, 높은 에너지 가격으로 인하여 가장 큰 타격을 받은 이들을 지원할 것이다.

이와 같은 계획은 우리 경제, 우리나라 그리고 지구의 미래를 보호할 것이다. 또 이러한 계획을 바탕으로 적정임금이 지급되며 아웃소싱이 불가능한 좋은 일자리들이 창출될 것이다. 우리는 이와 같은 정책을 통하여 수입석유에 대한 의존도로 인한 국가적 안보 위협과 기후변화로 인한 국제적 불안으로부터 국가를 보호할 것이다. 이러한 방식으로 우리는 포괄적 계획 및 청정에너지에 대한 투자를 통하여 1갤런 당 4달러에 달하는 휘발유 가격 문제를 해결할 것이다.

모든 아동에 대한 세계 정상급 교육 제공

지식이 가장 소중한 기술인 21세기에 현재 미국보다 교육의 질이 높은 국가들은 미래의 경쟁에서 미국을 능가할 것이다. 미국 국민들은 정강 청문회에서 미국 고등학생들이 세계 여타 국가의 고등학생들에 비하여 수학과 과학 시험에서 계속해서 낮은 점수를 기록하고 여타 선진국 고등학생들에 비하여 높은 중퇴율을 지속하는 것을 방치하는 것은 도덕적 · 경제적으로 용납할 수 없음을 분명히 하였다. 우리는 소수민족과 백인 학생들 간의 지속적 성취도 격차가 존재하거나, 각 주나 행정구 내의 다양한 학교들 간에 위험한 불균형이 유지되는 것을 용인할 수 없다. 미국 국민은 우리가 개선을 이룩할 수 있으며 반드시 개선을 이룩하여야함을 알고 있다.

민주당은 양질의 공립학교 졸업과 대학교에서의 성공 기회가 소수의 특권이 아닌 모든 아동의 천부적 권리가 되어야 한다는 확고한 믿음을 가지고 있다. 우리는 상호교육책임의 신시대로 약진해 나아감으로써 학생 모두가 성공에 필요한 21세기의 기술을 갖출 수 있도록 준비시켜야 한다. 우리는 아동에 대하여 높은 기준을 수립하는 동시에 우리 자신, 즉 학교, 교사, 부모, 기업의 지도자, 지역사회 및 선출직 지도자에게 책임을 부과하여야 한다. 또 서로 단결하고, 협력 체제를 구축하며, 모든 아동이 자신의 잠재력을 최대한 발휘할 수 있도록 지원하는 데 필요한 자원과 개혁을 제공하고자 노력해야 한다.

유아 · 우리는 모든 미국 아동에게 태어난 날로부터 양질의 저렴한 유아교육을 제공할 것이다. 헤드스타트Head Start 및 얼리헤드스타트Early Head Start 프로그램의 확대를 포함한 유아교육강화정책Children's First Agenda과 고품질 예비유치원Pre-K에 대한 투자를 통하여 교육의 품질을 개선하고, 0세에서 5세의 자녀를 둔 가정에 학습과 지원을 제공할 것이다. 대통령직속조기학습위원회Presidential Early Learning Council가 이러한 노력을 조율할 것이다.

초중등 교육K-12 · 우리는 모든 아동에게 훌륭한 자질을 갖춘 교사와 유능한 교장을 보장해야 한다. 이는 '일평생 교직에 투신하기로 약속한다면 미국 정부가 당신의 대학교육 학비지급을 약속한다'고 보증함으로써 신세대 교사와 교장을 확보하는 것으로부터 시작된다. 우리는 준비, 멘토링 및 경력관리를 개선할 것이다. 아직까지도 성과 부진으로 고생하고 있는 교사가 있다면, 우리는 이들에게 개별적 지원을 제공해야 한다. 그럼에도 불구하고 여전히 성과가 부진한 경우, 적법절차에 의하여 해당 교사를 교체하기 위한 신속하고 공정한 방안을 모색해야 한다.

교사에게 정당한 보상을 제공하기 위하여 우리는 혁신적 교사 임금 인상방안을 개발한 학교구school district 및 교육자들의 주도에 따를 것이다. 이러한 방안은 교사에게 일방적으로 부과되는 것이 아니라 교사와 공동으로 개발되는 것이다. 우리는 교사에 대하여 임금을 인상하고 기술 및 학생학습 향상을 위한 지원을 제공하기 위하여 전례가 없는 국가적 투자를 실시할 것이다. 그리고 소외된 지역에서 학생을 지도하거나, 신임교사의 멘토링 등 추가적 책임을 부담하거나, 지속적으로 뛰어난 성과를 보이는 유능한 교사들에게 보상을 제공할 것이다.

우리는 낙오아동방지법No Child Left Behind의 실패와 지켜지지 못한 약속들을 정비하는 한편, 모든 아동에게 세계정상급 교육에 대한 접근권 제공 목표를 고수하고, 보다 높은 기준을 수립하고, 성취도 격차의 해소에 대한 책임성을 확보할 것이다. 우리는 특정 학교와 그 학생들을 실패자로 낙인찍은 후, 이들 학생에게 필요한 자원과 지원을 제공하지 않고 이들을 포기하고 방치하는 관행을 철폐할 것이다. 우리의 교육정책은 이러한 노력에 그치지 않는다. 이는 출발점에 불과한 것이다. 우리는 아동에게 필요한 비판적 사고, 커뮤니케이션 및 문제해결 기술을 반영함으로써 미국 전역의 학교구에서 학생의 학습과 성공을 개선할 평가 제도를 수립·활용하기 위하여 전국의 주지사 및 교육자들과 협력할 것이다. 우리는 중고등학교 개입전략에 투자함으로써 중퇴 위기를 해결하고, 방과 후 프로그램, 서머스쿨, 대안교육프로그램 및 청소년 직업체험에 투자할 것이다.

우리는 공립학교의 내부 혁신을 증진할 것이다. 연구결과에 의하면, 자원만으로는 아동의 성공을 지원하는 데 필요한 학교를 만들어낼 수 없기 때문이다. 우리는 21세기의 요구에 따라 교과과정과 학사일정을 조정하고, 교사 대부분을 양성하는 교육대학을 개혁하고, 책임 있는 협약학교public charter school의 발전을 증진하며, 가치 있는 기술을 보유한 교직 이직 희망자에 대한 인증과정을 합리화해야 한다.

또 우리는 특수교육 및 영어학습자English Language Learner 해당 학생에 대한 의무를 다할 것이다. 그리고 장애인교육법Individuals with Disabilities Education Act에 대한 전액자금조달을 지원할 것이다. 우리는 또 과도적 이중언어 교육을 지원하며, 영어학습자 학급에 대한 지원 및 자금 제공을 통하여 영어구사력 부족Limited English Proficient 학생들이 상위권에 진입할 수 있도록 조력을 제공할 것이다. 우리는 학생에 대한 제2언어 교육 및 교육을 통한 아메리카 인디언 언어 활성화 기여를 지원한다.

출산 때부터 자녀 교육에 참여함으로써 자녀가 반드시 정시에 등교하도록 하고, 자녀의 숙제를 도와주고, 사친회 모임에 참석할 뿐 아니라 가끔은 텔레비전을 끄고, 비디오 게임을 치우며, 자녀에게 책을 읽어줄 용의가 있는 부모를 대신할 수 있는 프로그램과 정책은 없을 것이다. 아동교육에 대한 책임은 가정에서 출발해야 한다. 우리는 자녀에 대하여 높은 기준을 수립하고, 시간을 함께 보내며, 사랑을 베풀어야 한다. 우리 자신이 책임을 져야 하는 것이다.

고등교육

우리는 종합대학, 전문대학community college 및 기타 고등교육기관이 졸업생 간에 경제적 경쟁력을 강화하는 데 필요한 기술을 양성해야 한다고 믿는다. 우리는 고등교육기관과 협력하여 21세기 경제에 대한 준비를 갖춘 혁신적 근로자가 육성될 과학, 기술, 공학 및 수학 분야에서 높은 숙련도를 갖춘 졸업생을 배출할 것이다.

우리는 전국의 전문대학과 훈련 프로그램을 통하여 실업자와 불완전 취업자에 의한 고수요 직업군 및 신흥 산업으로의 전직을 가속화하기 위하여 이들의 단기 속성교육 및 기술인증에 투자할 것이다. 또 성공적인 전문대학이 계속해서 훌륭한 성과를 거둘 수 있도록 교부금 부여를 통한 보상을 제공할 것이다. 우리는 비전통적 학생들이 인터넷, 원격교육 및 야간과 주말 프로그램을 포함한 대학교육을 위한 지원과 격려를 받을 수 있도록 하는 교육전달체계를 지지한다.

또 우리는 취업자가 새로운 경제 환경의 혹독한 요구를 충족하는 데 필요한 기술을 갖추고 견습, 직업연수 및 고등교육을 통하여 제공되는 다양한 지식과 구체적 도구에 접근할 수 있도록 하는 훈련 및 교육에 투자해야 한다. 그리고 노사공동견습프로그램의 자금을 전액 지원하고, 미국의 차세대 숙련공을 양성하기 위한 산업공예프로그램을 활성화해야 한다.

우리는 다양성이 증대되고 있는 우리 사회의 요구를 충족함에 있어서 전통적 흑인대학Historically Black Colleges and Universities 및 기타 소수민족 교육기관의 특별한 가치와 중요성을 인정하며, 이들의 생존력과 성장성을 확보하기 위하여 노력할 것이다.

우리는 대부분의 미국인에 대하여 초기 대학 학자금 4000달러를 완전히 무료화 하는 미국의기회세액공제American Opportunity Tax Credit를 신설함으로써 모든 미국 국민이 대학교육을 위한 학비를 감당할 수 있도록 할 것이다. 학생은 세액공제에 대한 대가로 지역사회 봉사활동을 수행해야 할 것이다. 우리는 미국 저소득층에 대학교육의 문호를 개방하는 각종 프로그램, 특히 펠 그랜트Pell Grant 무상 학자금 프로그램에 대한 지원을 지속할 것이다. 그리고 각 가정이 간단히 세금신고서 상의 네모상자에 표시함으로써 재정지원을 신청할 수 있도록 할 것이다.

미국의 고등교육기관은 현재와 미래의 경제적 원동력이기도 하다. 우리는 새로운 아이디어들을 혁신적 제품, 프로세스 및 서비스로 발전시키기 위하여 고등교육기관과 협력할 것이다.

과학, 기술 및 혁신

미국은 오랜 기간 동안 세계의 혁신을 주도해왔다. 그러나 과학에 대한 현 정부의 적대적 태도는 결국 피해를 야기하였다. 기술이 우리의 미래 구축에 기여하는 시대임에도 불구하고 연구개발에 대한 국가자원 배정비율은 점차 줄어들고 있다.

이제 다시 한 번 주도적 역할을 수행할 때가 왔다. 우리는 미국경제력강화법안America Competes Act의 입법을 통하여 중대한 조치를 취하였으며, 동 법안을 시행함으로써 새로운 출발을 할 것이다. 그리고 차후 기타 후속조치를 취할 것이다. 우리는 과학, 기술, 공학 및 수학 교육을 국가적 우선과제로 만들 것이다. 또 기초연구를 위한 연방자금지원을 2배로 증액하고, 우주탐험을 위한 강력하고 고무적인 비전에 투자하며, 연구개발세액공제Research and Development Tax Credit를 영구화할 것이다. 그리고 차세대 변환 에너지 기술 및 보건 IT에 투자하고, 국방 연구개발 시스템을 재건할 것이다. 우리는 (버려지고 영원히 사라질 수도 있지만) 생명을 살릴 수도 있는 배아줄기세포 연구에 대한 현 정부의 연방자금사용 금지를 해제할 것이다. 우리는 특허법을 통하여 혁신과 창의성을 말살시키지 않으면서 정당한 권리를 보호하도록 할 것이다. 부시 행정부의 과학과의 전쟁을 중단하고, 과학적 신실성integrity을 회복하며 근거 중심적 의사결정으로 회귀할 것이다.

요컨대 우리는 제도를 강화하고, 과학과 기술을 핵심투자대상으로 취급하고, 이러한 요소를 활용하여 미래의 경제적 지도력, 보건복지 및 국가안보를 확보할 것이다.

제조 및 제조업계에 대한 투자

우리는 미국의 일자리에 투자하고, 일자리의 외국이탈을 야기하는 세금감면혜택을 최종적으로 중단할 것이다. 차세대 혁신자 및 일자리 창출자를 위하여 진보적제조기금Advanced Manufacturing Fund을 설립하고, 제조확대협력사업Manufacturing Extension Partnership을 확장하며, 청정기술과 관련한 새로운 직업훈련 프로그램을 설치할 것이다. 정부, 민간산업, 근로자와 학계의 연계협력을 통하여 미국 경제 제조부문의 회복을 모색하고, 첨단기술차량 및 주요부품 생산을 위한 미국 내 시설 재정비를 장려할 목적으로 자동차 제조업체 및 부품회사들에게 지원을 제공할 것이다. 또 연비개선차량 생산을 위하여 공장개조를 지원할 목적으로 제조업체들에게 저금리 대출을 제공하는 최근에 제안된 상원세출조치 등의 노력을 지지할 것이다. 그리고 최대 500만 개의 그린칼라green-color 일자리를 창출하기 위하여 청정에너지 경제에 투자할 것이다.

미국 제조업계는 즉각적인 구제를 필요로 한다. 우리는 경제적으로 어려운 시기에 예산긴축압박에 시달리는 각 주와 지방에 지원을 제공할 것이다. 그리고 무역조정지원Trade Adjustment Assistance을 현대화하고 확장할 것이다. 의료보호, 퇴직 후 생활안정 및 과도한 부채부담 탈피 방안을 통하여 근로자들이 안전망safety net을 구축할 수 있도록 지원할 것이다. 또 전문대학 및 기타 고등교육기관과 협력하여 친환경 기술을 포함한 지역 산업의 수요를 충족하는 근로자들을 양성하도록 할 것이다.

미국의 인프라 재건을 통한 새로운 일자리 창출

100년 전 테디 루즈벨트는 재계와 정부 지도자들을 결집하여 다음 세기의 인프라 계획을 수립하였다. 우리도 이와 동일한 작업에 착수해야 한다. 현재 이와 같은 국가경쟁력의 핵심요소에 대한 미국의 지출은 근래 들어 그 어느 때보다도 적으며, 경쟁 국가들에 비하면 더더욱 적은 규모이다. 우리는 인프라 개선에 민간투자를 투입할 수 있는 국가인프라재투자은행National Infrastructure Reinvestment Bank을 출범시키고, 200만 개에 육박하는 새로운 양질의 일자리를 창출할 것이다. 또 책임 있는 방식에 의한 이라크 전쟁의 종결을 통하여 자금을 확보할 수 있게 됨에 따라, 미국의 안전과 안보 및 경쟁력을 극대화하는 프로젝트에 착수할 것이다. 우리는 전력공급망을 현대화함으로써 에너지 보존에 기여하고 청정에너지의 개발 및 확산을 촉진할 것이다. 우리는 고속철도 및 경전철을 포괄하는 국가교통정책을 필요로 한다. 그리고 국민이 출근방법을 선택할 수 있도록 교량, 도로 및 대중교통에 투자할 수 있다. 우리는 모든 미국인이 고속광대역 망에 접속할 수 있도록 하며, 무선 스펙트럼의 힘을 최대한 활용하기 위하여 특별한 관심을 기울일 것이다.

미국의 연계성 강화

21세기 들어 세계는 인류 역사상 그 어느 때보다도 상호 연계성이 강화되었다. 이와 같은 새로운 연계성은 우리에게 무한한 혁신의 기회뿐 아니라 새로운 도전을 제기하고 있다. 우리는 인터넷의 전통적 개방성을 보호하고, 앞으로도 인터넷이 언론자유, 혁신 및 창의성을 위한 역동적 기반으로 기능하도록 할 것이다. 우리는 미국의 모든 가정, 학교, 도서관과 병원이 세계 정상급 통신 인프라에 연결되도록 하는 국가광대역전략을 특히, 농촌 및 인디언 보호거주지와 준주에서 집행할 것이다. 그리고 모든 미국인이 광대역 인터넷에 접속하고 이를 효과적으로 사용하는 기술을 갖출 수 있도록 다시 한 번 국가적 차원의 노력을 경주할 것이다. 갈수록 기술이 풍부해지는 지식기반경제에서 연계성은 다수의 주요 당면과제(일자리 창출, 경제성장, 에너지, 의료보호 및 교육)

해결방안의 주된 구성요소임을 우리는 잘 알고 있다. 우리는 국가 최고기술책임자Chief Technology Officer를 신설하여 위기 발생 시에 지방, 주 및 국가 차원의 최초 대응자 간 상호 커뮤니케이션을 지원하기 위하여 호환 가능한 전국 공공안전 커뮤니케이션 네트워크를 설치하는 등 정부의 기능, 투명성 및 전문성을 강화하기 위한 기술을 이용하도록 할 것이다.

아동에 해악을 끼칠 목적으로 인터넷을 악용하는 자들의 신원 파악과 기소를 위하여 처벌을 강화하고, 법률집행자원을 확대하고, 민간부문과 법률집행기관 간의 협력을 강화할 것이다. 그리고 인터넷 및 매체를 통한 교육 콘텐츠 제공 확대를 장려할 것이다. 부모들에게 자신의 자녀가 텔레비전과 인터넷에서 시청하는 내용을 수정헌법 제1조에 전적으로 부합되는 방식으로 관리하는 데 필요한 도구와 정보를 제공할 것이다. 또 디지털 시대의 사생활 보호를 강화하고, 정부와 기업에 대하여 개인사생활 침해에 대한 책임을 물을 수 있도록 기술력으로 무장할 것이다. 방송매체의 소유에 있어서 다양성을 장려하고, 다양한 의견의 표출을 위하여 신생 매체의 발전을 증진하며, 국가의 방송전파를 점유하는 방송사들의 공익보호의무를 명료화할 것이다.

영세사업자 지원

신산업 육성과 일자리 창출은 미국 기업가들에 대한 지원 확대를 의미한다. 우리는 모든 창업기업에 대하여 양도소득세를 면제하고, 의료보험 세액공제를 제공할 것이다. 그리고 피고용인에게 양질의 의료보험을 제공하는 소기업에 새로운 세액공제를 허용할 것이다. 높은 에너지 비용으로 인하여 어려움을 겪고 있는 소기업을 지원할 것이다. 소기업 및 창업기업에 대한 관료주의적 장벽을 제거(예를 들어, 특허 과정의 효율성과 신뢰성 향상)하기 위하여 노력할 것이다. 소기업청Small Business Administration은 여성, 유색인종, 부족 및 농촌 주민에게 소기업이 중요하다는 것을 인식하고 있고, 기업육성을 지원할 것이다. 우리는 또 전국적인 민관 창업보육센터 및 기술지원 네트워크를 건설할 것이다.

미국 농촌을 위한 진정한 지도력

6000만 명의 미국인이 미국 농촌에 거주하고 있다. 농업은 농촌경제는 물론, 모든 미국인에게 있어 중대한 사안이다. 우리는 사회를 지탱하는 식량, 사료, 섬유 및 연료의 생산에 있어서 농업 종사자들에게 의존하고 있다. 다행히 미국 농민들은 풍부한 고품질농산물을 생산하는 탁월한 역량을 보유하고 있다.

이에 대한 대가로 우리는 가족농장을 위한 강력한 안전망과 영구적 재난구호 프로그램을 구축하고, 농업연구를 확대하며, 농업무역을 강조할 것이다. 재생에너지에 투자함으로써 농촌 및 부족 공동체의 경제개발을 증진할 것이다. 이는 기술 및 물리적 인프라의 개량, 산촌학교forest county school를 포함한 농촌지역 공립학교의 당면과제 해결, 고등교육 기회의 지원, 채무면제프로그램과 기타 인센티브프로그램에 기반을 둔 역량 있는 교사, 의사 및 간호사의 유치를 통하여 농촌경제의 개혁과 수백만 개의 새로운 일자리 창출로 이어질 것이다. 도시와 농촌의 모든 미국인은 가족농장의 경제적 활력 유지 및 증진에 공통의 이해관계를 보유하고 있다. 우리는 토양 및 수질보존프로그램에 대한 자금지원 등 지속 가능한 지역농업 증진 정책을 지속적으로 개발하고 추진할 것이다.

4. 경제관리

미국은 건국의 아버지들의 시대 이래로 알렉산더 해밀턴과 토마스 제퍼슨이 직면하였던 것과 동일한 세력(사익과 공동체, 시장과 민주주의, 부와 권력의 집중, 미국 국민 개개인을 위한 투명성과 기회 제공의 필요성) 간에 균형을 맞추고자 애써왔다. 미국의 전 역사에 있어서 미국인들은 국가 발전의 원동력을 제공한 자유시장 내에서 자신의 꿈을 추구해왔다. 바로 이 시장에서 전 세계가 부러워하는 번영과 세대를 아우르는 국민적 기회가 창출되었다. 또 이 시장은 미국을 과학기술과 발견을 밝히는 등대로 발전시킨 혁신자와 모험가들에게 막대한 보상을 안겨주었다.

그러나 미국의 실험이 대체로 성공을 거둘 수 있었던 것은 미국인들이 기본원칙에 따라 시장의 보이지 않는 손을 적절하게 관리했기 때문이다. 미국의 자유 시장은 대상과 방법을 불문하고 원하는 것을 무엇이든 손에 넣을 수 있는 자유면허로 설계된 것이 결코 아니다. 그렇기 때문에 공정하고 개방적이며 정직한 경쟁을 도모하기 위한 법규들을 제정한 것이다. 이러한 조치는 번영과 자유를 발전시키기 위함이지 말살하고자 하는 것이 아니다.

오늘날과 같은 경제변혁과 위기의 시기에 우리는 과거의 그 어느 때보다도 철저하게 경제를 관리해야 한다. 우리는 재정책임을 유지함으로써 아이들의 미래를 담보로 빚더미에 올라 앉는 일이 없도록 할 것이다. 이는 미래에 대한 투자와 동시에 해낼 수 있는 일이다. 우리는 세법의 공정성과 책임성을 회복할 것이다. 그리고 주택시장의 균형을 되찾음으로써 국민이 집을 잃는 결과가 없도록 할 것이다. 또 개인저축을 장려함으로써 강력한 경제를 유지하고 미국인들이 퇴직 후에도 문제 없이 살아갈 수 있도록 할 것이다.

세법의 공정성 회복

우리는 세법을 개혁해야 한다. 현행 세법은 수천 페이지에 달하며, 높은 몸값을 받는 로비스트들이 도처에 특수이익을 보호하기 위한 허점loophole과 세금은신처tax shelter를 만들어놓은 기형적 제도이다. 우리는 기업과 관련한 허점과 조세피난처tax haven를 봉쇄하고, 근로자와 그 가족을 구제하는 즉각적 중산층 감세 조치를 취하기 위하여 자금을 활용할 것이다. 또 수백만 은퇴자들에 대한 연방소득세를 폐지할 것이다. 모든 노인들에게는 존엄성과 존경을 지키며 여생을 살아갈 권리가 있기 때문이다.

우리는 소득이 25만 달러 미만인 가정에 대하여 세금을 인상하지 않을 것이며, 중산층 가정에 추가적 세금 감면 혜택을 제공할 것이다. 소득이 25만 달러 이상인 가정에 대해서는 부시 행정부 시절에 감면되었던 세금의 일부를 납부하도록 요청함으로써 의료보호 및 기타 주요 우선과제에 투자할 것이다.

일부 주에 존재하는 공공 서비스와 관련한 현행 사회보장 시스템 내의 처벌제도를 폐지할 것이다. 근로소득 세액공제를 확대하고 세금신고를 간소화함으로써 수백만의 미국 국민이 5분 안에 세무신고를 할 수 있도록 할 것이다.

주택 | 주택위기는 많은 미국 국민에게 엄청난 피해를 안겨주었는데, 특히 소수민족이 큰 타격을 입었다. 2006년의 경우, 히스패닉계 채무자에게 제공된 주택담보대출의 40퍼센트 이상이 서브프라임 대출이었고, 아프리카계 미국인에게 제공된 주택담보대출의 절반 이상이 서브프라임 대출이었다. 우리는 의회가 제정한 담보권 실행 예방 프로그램이 조속히 효과적으로 실행되도록 함으로써 위험에 처한 주택보유자들이 지원을 받아 되도록이면 자신의 집을 지속적으로 보유할 수 있도록 할 것이다. 대주의 권리와 주택보유자의 권리 간에 균형을 회복할 수 있도록 파산법을 개혁하기 위하여 노력할 것이다. 우리에게는 향후 이러한 위기의 재발을 방지해야 할 의무가 있으므로, 사해 행위를 하는 중개업자와 대주를 단속하고 금융지식교육financial literacy에 투자할 것이다. 또 대출의 부담가능성과 공정성을 보장하고, 상기 기준의 충족을 위하여 적절한 구제방안을 제공하고, 주택보유자들이 자신이 선택할 수 있는 주택저당방안에 관하여 정확하고 완전한 정보를 입수할 수 있도록 새로운 대출기준 확립을 포함하는 주택구매자권리장전Homebuyers Bill of Rights을 가결할 것이다.

그리고 과거의 그 어느 때보다도 많은 중요성을 지니는 저렴한 임대주택을 지원할 것이다. 미국 전역에 있는 다양한 소득계층으로 구성된 지역에서 저렴한 주택 개발 및 보존에 대한 지원 개시, 삭감된 공공 주택운영보조금의 회복, 지역사회개발보조금Community Development Block Grant 프로그램에 대한 완전한 자금 지원을 목적으로 신설된 서민주거안정신탁기금Affordable Housing Trust Fund을 운영할 것이다.

우리는 지역사회에서 버려진 빈 집들과 관련된 문제를 해결하기 위하여 지방관할당국과 협력할 것이다. 또 주택과 관련한 차별을 없애고 평등한 기회를 보장하기 위하여 노력할 것이다. 노숙자 문제의 해결을 위하여 노력하고, 특히 검증된 프로그램을 확대하고 혁신적 예방 서비스를 개시함으로써 퇴직군인의 노숙 문제에 초점을 맞출 것이다.

금융규제개혁 및 기업지배구조

우리는 생산성과 건전한 사업관행 대신 재무정보조작에 이득을 안겨주는 관행을 막아내지 못했다. 우리는 특수이익집단이 경제규모를 좌지우지하도록 했다. 정부는 혁신을 방해하거나 과거와 같은 규제시대로 시간을 되돌리려고 해서는 안 된다. 정부는 공동의 번영을 증진하는 데 있어서 수행해야 할 역할이 있다. 그것은 바로 지속적 성장을 위하여 거시경제 및 금융 여건을 안정화하고, 투명성을 요구하며, 시장에서 공정한 경쟁을 확보하는 것이다. 우리는 규제구조를 개혁하고 현대화하며, 금융기관 및 규제당국의 기존 문화에 변화를 증진하기 위하여 노력할 것이다. 또 임금체계의 투명성과 이에 대한 대중적 토론을 촉진하기 위하여 주주가 임원의 보수에 관하여 권고투표권advisory vote을 행사할 수 있도록 할 것이다. 지역사회의 강화 및 생활환경 개선과 국제 경쟁력 강화를 달성하기 위하여 미국은 기업의 일자리 창출 책임에 대한 혁신을 주도하고, 보다 나은 세상을 만드는 데 기여하기 위하여 민간부문 기업인들의 지도력을 제고할 것이다.

소비자 보호

우리는 소비자 보호를 위한 신용카드 권리장전과 공시의 개선을 위한 신용카드평가시스템을 도입할 것이다. 미국 국민은 자신의 채무를 지불해야 하지만, 그 지불액은 반드시 공정한 금액이어야 한다. 우리는 채무부담을 안고 있는 미국인에게 두 번째 기회를 제공하기 위하여 파산법을 개혁할 것이다. 파산자가 의료비 지출로 인한 파산 사실을 입증하는 경우, 채무를 면제받고 다시 한 번 경제적 자립을 이룩할 수 있게 될 것이다. 우리는 도산기업에 대하여 임원상여금 지급을 금지할 것이다. 약탈적 대주를 단속하고, 저소득 가정의 주택 구입을 보다 용이하게 할 것이다. 모든 비 주거지 기반 아동보호시설에 대하여 5년 이내에 납lead 안전성을 확보할 것을 요구할 것이다. 그리고 외국으로부터 수입되는 소비재의 진정한 안전성을 보장해야 하며, 연방거래위원회에 노인 같은 취약 소비자 계층의 문제 해결을 촉구할 것이다.

저축

개인저축률은 대공황 이후 최저 수준에 머무르고 있다. 현재 7500만의 미국 근로자들(전체 근로자의 2분의 1가량)이 고용주

중심 퇴직연금제도에서 배제되어 있다. 그렇기 때문에 우리는 자동직장연금제도를 설립할 것이다. 자유롭게 연금에 가입하거나 탈퇴할 수 있고, 전직 시에 저축계좌가 쉽게 이전될 것이다. 자영업자가 되는 경우에는 스스로 연금을 관리할 수 있다. 경제적 지원이 필요한 가정을 위하여 최초 저축 1000달러의 절반을 지원함으로써 모든 근로자들에게 공정한 저축 인센티브가 제공되도록 할 것이다. 또 고용주들이 피고용인의 저축에 대한 지원을 실시하는 것이 보다 용이해질 것이다. 이러한 프로그램을 통하여 저소득·중간소득 근로자의 저축참여율을 현재의 15퍼센트에서 80퍼센트로 끌어올릴 수 있을 것으로 사료된다.

우리는 양질의 연금을 지지하며, 기존의 공적 및 민간 연금 제도를 유지·보호할 수 있는 조치를 실시할 것이다. 회사연금에 가입된 피고용인들이 해당 연금기금의 투자 현황에 관한 연례공시내역을 제공받을 수 있도록 할 것이다. 이를 통하여 수백만 근로가정이 안정된 퇴직생활을 누릴 수 있게 될 것이다.

효율적이고 강력하며 공정한 무역정책

우리는 무역이 미국 경제를 강화하고 미국에 보다 많은 일자리를 창출하는 동시에 세계적으로 민주적이고 평등하며 지속 가능한 성장의 토대를 수립해야 한다고 믿는다. 무역은 미국의 성장과 세계 발전의 초석으로 작용해왔다. 그러나 무역이 다수보다는 소수의 이익에 초점을 맞춘다면 현재와 같은 성장을 더 이상 지속할 수 없을 것이다. 우리는 개방시장이 창출한 부의 토대에서 혜택을 보다 평등하게 공유해야 한다.

무역정책은 국내에서의 좋은 일자리 창출과 해외에서의 공동 번영이라는 약속 위에서 성공적 결과를 도출하는 총체적 국가경제 전략에 있어서 없어서는 안 될 요소로 자리잡아야 한다. 우리는 무역법을 시행하고, 통화조작, 허술한 소비자 관련 기준, 불법 보조금, 근로자 권리 침해 및 환경기준 위반 등의 불공정무역관행으로부터 국내 근로자, 기업 및 농민을 보호할 것이다. 또 세계무역기구World Trade Organization에서 지도력을 발휘함으로써 투명성과 책임성을 제고하고 세계무역기구가 외국수출업자에 대한 각국의 불공정한 정부 보조금 제공 중단과 미국산 수출품에 대한 비관세 장벽 폐지를 위하여 효과적으로 기능을 수행하도록 해야 한다.

금융시장뿐 아니라 실물경제에서도 유리한 협정을 체결하기 위해서는 우리 측에 보다 강력한 협상자가 필요하다. 우리는 협상을 통하여 미국 수출품에 대하여 시장을 개방하며 집행 가능한 노동 및 환경 기준을 정립하는 양자 간 무역협정을 체결할 것이다. 우리는 이와 같은 기준을 일관되고 공정하게 이행하기로 공약한다. 또 우리는 정부의 환경·식품안전 또는 시민건강 보호를 방해하거나, 미국 투자자에 비하여 외국 투자자에게 많은 권리를 부여하거나, 주요 공공 서비스의 민영화를 요구하거나, 개도국 정부가 생명유지 의약품에 대한 접근권 개선을 위하여 인도주의적 라이선스 발급 정책을 채택하는 것을 금지하는 양자 간 무역협정을 체결하지 않을 것이다. 우리는 이와 같은 주요 벤치마크에 부응하지 못하는 양자 간 협약에 단호히 반대하며, 다자 간 체제 내에서 상기 벤치마크를 달성하기 위하여 노력할 것이다.

우리는 캐나다 및 멕시코와 협력하여 북미자유무역협정North American Free Trade Agreement을 개정함으로써, 이 협정이 3개 북미 국가 모두에게 더욱 유리하게 작용하도록 할 것이다. 우리는 여타 국가와 협력하여 도하라운드협정Doha Round Agreement을 성공적으로 종결할 것이다. 이는 미국의 수출을 증대하고, 미국 내의 좋은 일자리 창출을 지원하고, 근로자 권리와 환경을 보호하고, 미국 기업과 농업을 이롭게 하고, 법규 기반의 다자 간 시스템을 강화하며, 세계 최빈국들의 발전을 증진할 것이다.

이와 마찬가지로 우리는 세계 정상급의 인프라, 숙련된 노동력 및 첨단 기술의 구축에 투자할 것이다. 그럼으로써 열악한 임금과 근로조건이 아닌 고부가가치 제품을 기반으로 성공적인 경쟁을 수행해낼 수 있을 것이다. 우리는 미국의 일자리를 외국으로 이전하는 기업에 대하여 세제혜택을 중단하고, 미국 내에서 좋은 일자리를 유지하는 기업에 대하여 인센티브를 제공할 것이다. 우리는 또 의료보험에 대한 접근권을 제공하고 퇴직안정을 제고하며, 국제경쟁에 취약한 산업의 근로자들과 무역의 영향을 받는 서비스 부문 및 공공 부문 근로자들을 지원하기 위하여 무역조정지원Trade Adjustment Assistance을 갱신하고 확대할 것이다. 그리고 무역조정지원에 의한 의료보호 혜택을 개선할 것이다. 미국은 근로자들의 기본인권을 존중한다는 의지를 회복하는 동시에 기술적 지원 및 역량 구축을 통하여 국제노동기구ILO의 해외 근로자 권리 증진 능력을 향상시켜야 한다.

재정책임

우리의 어젠다는 야심찬 것이다(특히 미국의 국가부채를 4조 달러 이상으로 확대시킨 현 정부의 정책을 고려하면 더욱 그러하다). 미국이 계속해서 막대한 적자를 감당할 수 있는 여력이 없는 것처럼, 우리 역시 비효율적 투자를 실시할 여력이 없다. 문제 해결의 비결은 어려운 선택을 하는 것, 특히 세입 한도 내 세출pay-as-you-go 예산규칙을 집행하는 데 있다. 우리는 이라크전의 책임 있는 종전, 기존 정부 프로그램의 낭비 요소 제거, 오염자에 대한 배출 온실가스 비용의 청구를 통한 수익 창출, 분별없는 특수이익에 의하여 주도되는 기업 관련 허점 제거와 부시 행정부 경제정책의 핵심인 부유층을 위한 감세 폐지 계획에 의하여 위의 규칙을 준수할 것이다.

우리는 수입이 25만 달러 미만인 이들에 대하여 세금을 인상하지 않고, 수입이 5만 달러 미만인 노인에 대하여 연방 소득세를 폐지할 것이다. 우리는 사회보장이 위기에 처하지 않았음을 인정하며, 수입이 25만 달러 이상인 자에게 다소간의 사회보장 지출금 인상을 요구하는 등 중대한 사회보장 프로그램을 강화하기 위하여 가능한 모든 조치를 취해야 한다. 재정과 관련한 진정한 장기적 과제는 의료보호지출의 증가를 해결하는 것이지만, 가장 소외된 가정들을 위험에 빠뜨리는 접근방식을 택할 수는 없다. 대신 의료보호 비용을 인하하고 낭비요소를 줄이는 한편, 품질, 효율성 및 예방을 강조하는 전략적 투자를 실시함으로써 공적 프로그램을 강화해야 한다. 우리는 재앙과도 같은 조지 부시의 경제정책을 유지하고자 하는 자들의 제안을 우리 아이들의 이름으로 거부한다.

02
미국의 지도력 회복

프랭클린 루즈벨트, 해리 트루먼, 존 F. 케네디 등의 미국 지도자들은 20세기의 가장 위태로운 순간에 미국 국민을 보호하는 동시에 다음 세대를 위한 기회를 확대하는 데 성공하였다. 이들 지도자들은 미국이 행동으로 직접 모범을 보임으로써 세계를 주도하고 고양할 수 있도록 했다. 즉 미국은 전 세계의 수십억 인구가 갈망한 자유를 지지하고 이를 위해 투쟁했다. 이들은 미국인들의 힘을 결집함으로써 미국이 세계만방에서 전성기를 구가할 수 있도록 하였다. 케네디가 후버의 후임으로 프랭클린 루즈벨트가 필요하다고 말했듯이 지난 8년간의 경험 이후 이제 우리에게는 오바마가 필요하다.

오늘날 우리는 비전을 제시하는 지도력을 발휘할 것을 다시금 요구 받고 있다. 금세기의 위협은 적어도 과거의 위협만큼 위험하며, 어떤 면에서는 그보다도 더욱 복잡하다. 오늘날의 위협은 대량살상무기와 테러확산을 목적으로 소외감과 불평등 인식을 악용하는 폭력적 과격주의자로부터 비롯되었다. 그리고 테러리스트와 연계된 불량국가 및 미국과 국제적 자유민주주의의 기반에 도전을 제기할 수 있는 신흥강국들로부터 비롯되었다. 또 자국의 영토를 통제하거나 국민을 부양할 능력이 없는 약소국으로부터 비롯되었다. 그리고 우리의 투쟁 대상인 극단주의자들에게 자금을 지원하고 억압적 정권에 힘을 더하는 석유권력에 대한 중독에서 비롯되었다. 또 새로운 질병을 야기하고, 보다 엄청난 피해를 불러일으키는 자연재해를 유발하며, 치명적 분쟁을 촉발하는 지구 온난화로부터 비롯되었다.

우리는 이러한 위협에 정면으로 맞서는 한편, 동맹국과 협력하고 세계무대에서 미국의 위상을 회복할 것이다. 우리는 강력하고, 효과적이며, 원칙에 입각한 국가안보전략을 추진할 것이다. 그러한 전략은 미국이 바그다드뿐 아니라 칸다하르와 카라치, 베이징, 베를린, 브라질리아와 바마코에도 이해관계가 있음을 인정하는 전략이다. 이것은 근본주의자들의 자유에 대한 도전, 중국, 인도, 러시아 및 연합유럽 등 새로운 강국의 출현, 치명적 무기의 확산, 에너지, 식량 및 물의 공급 불안정, 해소되지 않는 빈곤과 확대되는 빈부격차, 전 세계적으로 인력, 아이디어 및 기술을 보다 급속하게 이동시키는 놀라운 신기술 등 금세기의 운명을 결정짓는 많은 이질적 세력과 경쟁하는 전략이다.

버락 오바마는 이러한 전략의 초점을 ①이라크전의 책임 있는 종결 ②알 카에다의 패퇴 및 폭력적 극단주의의 퇴치 ③테러리스트로부터 핵무기 및 핵물질 보호 ④군대의 활성화 및 지원 ⑤공동 안보 증진을 위한 협력의 회복 ⑥민주주의와 발전의 증진 ⑦에너지 안보 달성 및 기후 변화 저지에 의한 지구의 보호라는 7개 목표에 맞출 것이다.

1. 이라크전 종결

　미국의 국제적 지도력을 회복하기 위해서는 우선적으로 책임 있는 방식에 의하여 이라크전을 종결하여야 한다. 미군은 남녀를 불문하고 무한한 자기희생을 통하여 훌륭히 임무를 수행해왔다. 그러나 민간 지도자들은 그들의 기대를 저버리고 말았다. 이라크전은 우리에게 9.11 공격을 감행한 테러리스트에 대한 투쟁과는 거리가 있는 것이며, 더욱이 민간 지도자들이 이라크전을 무능하게 처리함에 따라 애초에 전쟁 개시라는 전략적 우를 범한 결과가 더욱 악화되고 말았다.

　우리는 이라크에 주둔 중인 미군 전투부대를 책임 있는 방식으로 재배치하여 이들이 긴급임무에 주력하도록 함으로써 미국 대외정책의 초점을 재조정할 것이다. 그리고 미군에 새로운 임무를 부여할 것이다. 그것은 바로 이라크전을 종결하고 이라크를 이라크 국민에게 되돌려 주는 것이다. 우리는 개전의 경솔함을 만회할 수 있는 신중함으로 철군을 실시할 것이다. 전투여단을 매월 1개 내지 2개씩 안전하게 철수하여 16개월 이내에 재배치를 완료할 수 있을 것으로 예상된다. 이와 같은 재배치 이후 테러리스트의 지목하고 미국 대사관 직원 및 민간인 보호하고 이라크 방위군Security Forces에 대한 자문 제공 및 정치적 진보를 위한 특정 임무를 수행할 잔류 병력을 이라크 내에 유지할 것이다.

　동시에 이라크 난민 및 자국 내 실향민에게 충분한 지원을 제공할 것이다. 이라크 내에서 지속 가능한 평화체제 구축을 위한 유일한 방안인 영속적 정치합의의 중재를 지원하기 위하여 지역 및 국제 차원의 포괄적 외교 노력에 착수할 것이다. 우리는 미국이 이라크 내에서 영구기지 건설을 모색하지 않음을 분명하게 밝힐 것이다. 또 이라크 정부에 석유수출수입과 예산흑자를 국가 재건 및 개발에 투입하도록 권고할 것이다. 이것이 바로 미국 국민이 원하는 미래이다. 그리고 이것이 바로 이라크 국민이 원하는 미래이다. 이는 공동의 이익을 증진하기 위해서도 반드시 필요한 것이다.

2. 알 카에다의 패퇴 및 테러와의 전쟁

테러와의 전쟁에 있어서 이라크는 예나 지금이나 결코 핵심전선에 해당하지 않는다. 우리는 9.11테러 당시에 우리를 실제로 공격한 자들이 거주하면서 활동을 재개하고 있는 아프가니스탄과 파키스탄에서 알 카에다를 패퇴시킬 것이다.

아프가니스탄에서의 승전 | 미군은 아프가니스탄에서 영웅적으로 임무를 수행하고 있으나, 수많은 군사령관과 합참의장이 인정하듯이 이라크에 대한 군사력 배치로 인하여 아프가니스탄에서의 임무 완수를 위한 자원이 부족한 실정이다. 결국 우리는 알 카에다 및 탈리반에 대한 투쟁에 마땅히 최우선순위를 부여할 것이다.

우리는 최소 2개의 전투여단을 아프가니스탄에 추가 파병하고, 이러한 헌신적 노력을 바탕으로 NATO(북대서양조약기구) 동맹국들로부터 보다 적은 제약 아래 보다 많은 방위비 분담을 얻어낼 것이다. 그리고 특수군 및 정보역량의 구축, 아프가니스탄 보안군에 대한 훈련, 장비 공급 및 자문 제공, 아프가니스탄 정부의 역량 강화와 법치주의의 증진에 주력할 것이다. 우리는 아프가니스탄 국민을 지원하는 국무부 지방재건팀Provincial Reconstruction Teams 및 기타 정부기관을 강화할 것이다. 또 아프가니스탄의 소녀들을 포함한 아동 교육을 지원하고, 아프가니스탄 국민에게 기본적인 인적 서비스를 제공하며, 밀거래 및 부패의 단속과 함께 양귀비 재배 대체하는 아프가니스탄 농민의 대안적 생계유지방안에 대한 투자 등 비군사적 지원에 매년 10억 달러를 추가 투입함으로써 상향식 경제 발전을 이룩할 것이다. 아프가니스탄이 향후 마약 테러리즘에 함락되거나, 또다시 테러리스트들의 피난처로 전락해서는 안 된다.

파키스탄과의 새로운 협력관계 도모

아프가니스탄 국민(그리고 미국 국민)의 안보에 대한 최대 위협은 파키스탄의 일부 부족 지역에 존재하고 있는데, 테러리스트들은 이곳에서 훈련을 실시하고, 공격을 계획하고, 아프가니스탄에 공격을 감행한 뒤 국경을 넘어 다시 파키스탄으로 복귀하고 있다. 우리는 알카에다의 은신처를 용인할 수 없다. 국경보안을 개선하고, 테러리스트 캠프를 폐쇄하고, 국제적 반란자들을 단속하기 위해서는(위성 및 프레데터 드론predator drone 등의 필수 자산 등) 아프가니스탄, 파키스탄 및 NATO 간의 보다 강력한 지속적 협력관계가 필요하다. 우리는 파키스탄의 자체적 대테러 및 대게릴라전 역량 구축을 지원해야 한다. 또 파쉬툰 국경지역의 장기적 개발에 투자함으로써 극단주의자들의 증오 프로그램을 희망의 어젠다로 대응할 수 있도록 할 것이다.

우리는 비민주적 대통령의 자유 재량권을 인정하기보다는 파키스탄 정부에 보다 많은 것을 요구할 것이다. 파키스탄 국민에 대한 비군사적 지원을 대폭 확대하고 10년간 이를 유지하는 한편, 우리가 제공하는 군사적 지원이 실질적으로 극단주의자들을 격퇴하는 데 이용될 수 있도록 할 것이다. 우리는 개별 지도자들을 기반으로 구축된 동맹의 수준을 넘어서야 한다. 그렇지 못할 경우 독재정치로 인한 테러, 극단주의 및 불안정의 중심에 있는 핵무장 국가에서 증대되는 압력에 직면하게 될 것이다.

테러와의 전쟁

우리는 아프가니스탄과 파키스탄을 넘어서서 테러활동에 대한 보다 효과적인 국제적 대응책을 마련해야 한다. 미국인의 살상을 계획하는 자들에게 안전한 피난처란 있을 수 없다. 세계 전역의 테러리스트들을 패퇴시키기 위한 포괄적 전략(군사력을 포함한 미국의 각종 권한을 활용하는 전략)이 필요하다. 정보공유와 훈련, 운영, 국경보안, 부패방지 프로그램 및 기술에 대한 자금지원과 테러리스트 자금원 파악 등을 통하여 전 세계 국가들과의 대테러 협력을 강화하기 위하여 적절한 자원을 갖춘 공동안보체제를 구축할 것이다. 우리는 테러와의 전쟁이 미래와 관련하여 경쟁관계에 있는 두 개의 아이디어와 비전 간의 싸움이기도 하다는 사실을 인정하며, 극단주의를 약화시키는 정책을 추진할 것이다. 이슬람 세계 내부에서도 중대한 토론이 진행 중이다. 절대 다수의 회교도들이 평화, 관용, 개발 및 민주화로 특징지워지는 미래를 지지한다. 소수만이 개인적 자유 및 전 세계에 대한 엄격하고 폭력적인 불관용을 지지하고 있다.

미국은 온건세력에게 힘을 부여하기 위하여 미국적 가치관에 부합되는 활동을 이행하고, 시민의 자유를 존중하고, 고문을 거부하며, 솔선수범하여 주도적 역할을 수행해야 한다. 우리는 희망과 기회(즉 극단주의가 아니라 관용에 마음의 문을 여는 교육, 안정적 식량 및 수자원 공급, 의료보호, 무역, 자본 및 투자에 대한 접근권)를 세계적으로 확산시키기 위하여 최선의 노력을 경주할 것이다. 우리는 정치개혁가, 민주제도, 인권 보호와 법치주의 존중 구축에 필요한 시민사회에 대하여 꾸준한 지원을 제공할 것이다.

국토안보

우리는 국내 안보를 강화하고 전 세계가 의존하고 있는 핵심 인프라를 보호할 것이다. 또 초당적 9.11 위원회에 충분한 자금을 제공하고 그 권고를 이행할 것이다. 우리는 리스크에 기초하여 국토안보자금을 지출할 것이다. 이는 대중교통수단의 보호를 위한 자원투자확대, 여객기에 탑재되는 모든 화물의 검색을 통한 항공보안 공백 해소, 신뢰성 있는 포괄적 감시사항일람표 watchlist를 통한 모든 승객의 검사, 화물의 방사능 물질 검색을 통한 공장 및 항만 보안 개선을 의미한다. 자원의 적절한 배정을 위하여 우리는 국토안보부에 당면한 위협 및 대응능력에 관한 하향식top-to-bottom 평가를 4년마다 실시하는 제도를 확립할 것이다. 그리고 지역별 노하우 및 국가적 우선순위에 기초하는 포괄적 국가 인프라보호계획National Infrastructure Protection Plan을 수립할 것이다. 우리는 주, 지방 및 부족 관할지와의 직접적 업무조정을 모색함으로써 최초 대응자들이 항상 적절한 자원과 준비를 갖추도록 할 것이다.

정보개혁 추진

미국의 성공을 위해서는 국토안보 및 대테러 활동을 우리가 당면한 위협을 효과적으로 처리하는 정보기관들과 연계해야 한다. 우리는 아직까지 9.11테러 이전부터 존재하였던 제도와 관행에 크게 의존하고 있다. 버락 오바마는 고정 임기의 국가정보국장Director of National Intelligence을 임명함으로써 정보활동에서 정치적 색채를 배제하고, 의회지도자들로 구성된 초당적 국가안보 협의단체를 신설하며, 개방성의 확보를 위하여 국가비밀해제센터National Declassification Center를 설립할 것이다. 적응력이 뛰어난 적들에 뒤쳐지지 않기 위해서는 정보기관 내부는 물론 정보기관 간에 효율적으로 정보를 수집하고 공유할 수 있도록 하는 기술과 관행이 필요하다. 우리는 인간정보human intelligence에 대한 투자를 대폭 확대하고, 지역 문화 및 언어에 대한 전문적 지식을 갖춘 훈련된 공작원을 추가 배치해야 한다. 우리는 중대 위협에 대한 경쟁력 있는 평가수립관행을 제도화하고, 분석 방법을 강화할 것이다.

3. 대량살상무기의 확산 및 이용 방지

우리는 재앙을 불러일으킬 수 있는 세 가지 위협, 즉 핵무기, 생물학적 공격 및 사이버 전쟁에 기인하는 리스크를 대폭 축소하기 위하여 긴급한 노력을 펼칠 것이다. 테러리즘의 시대에 이러한 위협은 새로운 차원으로 확대된다. 핵 공격, 생물학적 공격 및 사이버 공격은 모두 미국 국민, 경제 및 생활방식에 대규모의 피해와 파괴를 야기할 수 있는 잠재력을 지닌다. 이러한 피해를 야기할 수 있는 능력이 여타 국가들뿐 아니라 테러리스트 단체들로까지 확대되고 있는 실정이다.

핵무기 없는 세상

미국은 핵무기 없는 세상을 구현하기 위하여 노력할 것이며, 그러한 노력에 진전을 이루기 위하여 구체적 조치를 취할 것이다. 점점 더 많은 국가들이 핵무기 취득을 모색하고 있고 너무도 많은 곳에서 핵물질의 안전이 확보되지 못하고 있는 상황에서, 테러리스트들이 핵무기 또는 핵무기 제조물질을 취득할 수 있는 위협이 중대되고 있다. 조지 슐츠, 빌 페리, 헨리 키신저 및 샘 넌이 경고한 바 있듯이, 기존의 조치는 이러한 위험에 대응하기에 적절치 못하다. 핵무기가 존재하는 한 우리는 강력하고 신뢰성 있는 억제 조치를 유지할 것이다. 세계의 핵무기 의존도가 낮아지고 궁극적으로 핵무기가 모두 제거된다면 미국은 더욱 안전해질 것이다. 우리는 전 세계적인 핵무기 제거 목표를 미국 핵무기 정책의 핵심요소로 만들 것이다.

핵무기 및 재료물질의 안전 확보

우리는 미국 및 세계의 위험을 대폭 완화하기 위하여 핵무기 및 핵물질의 안전성 확보, 제거 및 확산 중단을 목적으로 여타 국가와 협력할 것이다. 세계 40개국에 핵무기 물질이 존재하는데 우리는 4년 이내에 취약지역의 모든 핵무기 물질에 대한 안전성을 확보하기 위하여 전 세계적인 국가 간 협력 노력을 주도할 것이다. 또 핵무기 관련 보안의 강화를 위하여 여타 국가들과 협력할 것이다. 그리고 이러한 조치 다수를 세계적 차원에서 이행하는 데 합의하기 위하여 2009년도에 그리고 그 이후 정기적으로 국제연합 안전보장이사회 상임이사국 및 기타 주요국가 지도자의 정상회담을 개최할 것이다.

핵분열성 물질의 생산 중단

우리는 핵무기 제조를 위한 핵분열성 물질의 생산에 관하여 검증 가능한 국제적 금지 방안을 협상할 것이다. 그리고 핵무기 기술의 확산을 방지하기 위하여 노력함으로써 일부 국가가 평화적 목적의 원자력 개발이라는 미명 아래 핵무기 개발 프로그램을 구축할 수 없도록 또는 구축을 기도할 수 없도록 할 것이다. 우리는 국제원자력기구International Atomic Energy Agency의 예산을 2배로 증액하고, 핵 농축시설을 건설하지 않는 국가에 대한 연료공급보장을 위하여 국제원자력기구가 통제하는 핵연료은행의 창설을 지원하고, 핵확산금지조약Nuclear Non-Proliferation Treaty의 강화에 힘쓸 것이다.

냉전 핵태세의 종료

미국의 안보를 강화하고 핵확산금지조약에 의한 결의 이행을 지원하기 위하여 우리는 심도 있고 검증 가능한 미국 및 러시아 핵무기 축소를 모색할 것이며, 여타 핵 강대국과 협력하여 세계의 핵 무기고를 급격히 감축할 것이다. 또 가능한 많은 무기의 냉전체제 신속발사상태를 해제하고, 전략무기감축조약START Treaty의 기본적 모니터링 및 검증 요건 등 전략무기감축조약의 주요 규정을 연장하기 위하여 러시아와 협력할 것이다. 우리는 새로운 핵무기를 개발하지 않을 것이며, 핵확산금지조약을 강화하고 핵활동에 관한 국제적 감시를 지원할 포괄적핵실험금지조약Comprehensive Nuclear Test Ban Treaty의 비준을 지원하기 위한 초당적 합의 도출을 목표로 노력할 것이다.

이란의 핵무기 취득 방지

세계는 이란의 핵무기 취득을 막아야 한다. 이는 전제조건이 부과되지 않는 보다 강력한 제제와 적극적이며 원칙에 기반한 직접적 상위 외교로부터 출발한다. 우리는 유럽 동맹국들과 공동으로 이와 같이 강화된 외교활동을 추진할 것이다. 이란 정권에 대한 어떠한 환상도 갖지 않고 이란에 분명한 선택방안을 제시할 것이다. 즉 핵무기 프로그램, 테러지원과 이스라엘에 대한 위협을 포기하는 경우, 이란은 의미 있는 인센티브를 부여받게 될 것이다. 그러나 이를 거부할 경우, 미국과 국제사회는 강력한 일방적 제제조치, 국제연합 안전보장이사회 내·외부의 강화된 다자 간 제제조치 및 이란정권의 고립을 위한 지속적 조치를 통하여 보다 가중된 압력을 행사할 것이다.

이란 국민과 국제사회는 협력 대신에 고립을 선택하는 국가가 미국이 아닌 이란임을 알아야 한다. 협상 테이블에 모든 선택방안을 제시한 가운데 한층 강화된 외교적 노력을 펼침으로써 외교를 통한 문제 해결이 불가능할 시에는 세계 여타 국가들이 미국의 편에 서서 이란에 대한 압력을 강화할 가능성을 제고할 수 있다.

북한의 비핵화

우리는 북한의 핵무기 프로그램을 검증 가능한 방식으로 종식시키고 북한이 현재까지 생산한 핵분열성 물질 또는 핵무기에 대하여 완전한 설명을 확보하고 안전성을 보장하기 위한 뒤늦은 외교적 노력을 지원한다. 검증 가능한 한반도 비핵화를 달성하기 위한 노력에 있어서 모든 관련 합의들이 완전하게 이행될 수 있도록 직접외교를 지속할 것이며 6자회담을 통하여 협력국들과 공동의 노력을 경주할 것이다.

생화학적 무기

잠재적인 생물학적 테러리스트들이 공격을 감행하기 이전에 이들의 신원을 파악하고 공격을 저지하기 위하여 해외에서 미국의 정보수집활동을 강화할 것이다. 또 연방정부로 하여금 시민이 자신과 가족을 보호하는 데 필요한 정보와 자원을 제공하기 위하여 가능한 모든 조치를 취하도록 하면서, 생물학적 테러공격의 영향을 완화하기 위한 역량강화에 힘쓸 것이다. 우리는 새로운 의약품, 백신 및 생산능력의 개발을 가속화하고 주요 전

염성 질병의 영향을 파악하고 억제하기 위한 국제적 노력을 주도
할 것이다.

화학무기금지기구Organization for the Prohibition of Chemical
Weapons에 대한 분담금을 전액 지급하고, 잔존 화학무기들의 조속
하고, 안전하며, 안정적인 폐기를 위하여 노력할 것이다.

사이버 보안 강화

우리는 민간산업, 연구계 및 시민들과 협
력하여 유연성이 있고 미국의 경쟁우위를 보호하며 국가 및 국토
안보를 증진하는 신뢰성과 책임성을 갖춘 사이버 인프라를 구축할
것이다.

4. 군대 활성화 및 지원, 퇴직군인과의 신뢰 유지

세계에서 미국의 지도력을 회복하기 위하여 우리는 군대에 새로
운 활력을 부여해야 한다. 평화를 유지하기 위해서는 무엇보다도
강력한 군사력이 요구된다.

이라크전 종결은 국방 문제 해결의 종료점이 아닌 시작점이 될
것이다. 우리는 이 순간을 활용하여 미군을 재건하는 동시에 미군
의 미래임무 완수를 위한 준비태세를 확립할 것이다. 우리는 미국
및 미국의 중대한 이해관계에 대한 전통적 위협을 조속히 극복할
수 있는 역량을 유지해야 한다. 한편 세계적으로 비대칭적이며 적
응력이 강한 작전을 펼치는 적들에 맞서기 위하여 준비태세를 개

선해야 한다.

우리는 공격을 받거나 급박한 위협에 직면할 때마다 미국 국민 또는 미국의 중대한 이해관계를 보호하기 위하여 주저하지 않고 군사력을 사용할 것이다. 그러나 불가피한 경우에는 일방적으로 가능한 경우에는 여타 국가와의 협력을 통하여 미군을 현명하게 이용할 것이다. 남녀군인을 위험지역으로 파견할 때는 해당 임무를 명확하게 규정하고, 군사령관들의 자문에 귀를 기울이며, 정보를 객관적으로 평가하고, 미군이 승리하는 데 필요한 전략, 자원 및 지원을 반드시 갖추도록 할 것이다.

또 우방국을 지원하거나, 안정 및 재건 작전에 참여하거나, 대규모 살상행위에 대응하는 등 국제적 안정을 유지하는 공동안보의 확립을 위해서는 자위를 넘어서는 군사력 사용을 검토할 용의도 있어야 한다. 그러나 자위 이외의 목적으로 군사력을 행사하는 경우, 외국의 명백한 지원 및 참여를 확보하기 위하여 각종 노력을 경주해야 한다. 이라크전에 비추어 볼 때, 이러한 교훈을 잊어버리면 매우 심각한 결과가 초래되었다.

미군 확대

우리는 육군을 6만 5000명, 그리고 해병을 2만 7000명 증원한다는 계획을 지지한다. 병력 증강은 군부대들이 병력 배치 휴지기에 병력에 대한 적절한 재훈련을 실시하고 장비를 재구축하는데 기여하며, 군인가족의 부담을 완화할 것이다.

신병 보강 및 유지

3억 인구의 국가가 자질을 갖춘 병력을 충원하는 것이 어려운 일이 되어서는 안 된다. 그동안 정부는 복무기간의 종료 이후에도 남녀 군인들의 복무를 유지하기 위한 비일관적 기준 적용과 "전역중단Stop Loss" 프로그램 활용 등을 통하여 신병 보강 및 유지와 관련된 문제점을 은폐해왔다. 우리는 청년과 이들에게 영향을 미치는 부모, 교사, 코치, 지역사회 및 종교 지도자를 지원할 것이다.

그리고 교사 또는 최초 대응자first responder로서의 지역사회 봉사 또는 미국의 자유와 안전을 수호하는 현역군, 예비군, 외교단의 일원으로서의 봉사를 불문하고 반드시 사회봉사 윤리를 회복하도록 할 것이다.

21세기의 과제 완수를 위한 군대 재건

우리는 미군이 21세기의 다양한 요구를 모두 충족할 수 있도록 미군을 재건할 것이다. 우리는 다음과 같은 노력을 강력하게 지지할 것이다. 특수작전부대, 민사처리, 정보운영, 엔지니어, 해외근무장교와 기타 고질적 공급부족상태의 부대 및 역량 증강, 외국어 교육, 문화의식, 인간정보 및 기타 필요한 대게릴라전 및 안정화 기술에 대한 투자, 지역 동맹국들의 공동위협 대처 역량 구축을 향상할 전문 군사자문부대 창설.

우리는 또 군인들이 전투에 투입되기 이전에 충분한 훈련기간을 거치도록 할 것이다. 현재 미군이 이라크 및 아프가니스탄으로 긴급 파견될 때는 이러한 원칙이 지켜지지 않고 있으며, 종종 필수적 수준에도 미치지 못하는 개인 및 부대 훈련이 실시되곤 한다.

국제안보 증진 및 비상대응 개선을 위한 민간인 역량 개발

우리는 미국 민간기구들이 필요한 장소에 인력 및 지역 전문가를 배치할 수 있는 역량을 구축함으로써 더 이상 남녀군인들에게 비군사적 업무 수행을 요구하지 않아도 될 것이다. 사전 교육을 받고 비상사태시에 지원을 제공할 의향이 있는 의사, 변호사, 엔지니어, 도시 계획가, 농업 전문가, 경찰 등의 전문가로 구성된 자원봉사 차원의 민간인지원단Civilian Assistance Corps 창설을 통하여 보다 많은 미국인들이 공공 서비스에 참여할 수 있도록 할 것이다. 이는 어려운 시기에 국·내외에서 미국을 지원할 수 있는 많은 인재를 국가에 제공할 수 있을 것이다.

퇴직군인 및 그 가족의 정당한 평가

우리는 모든 군인이 재향군인의 날이나 현충일뿐 아니라 항상 존경과 감사를 받을 자격이 있는 영웅이라고 생각한다. 군인들이 군복을 입을 때 이들은 모두 우리의 아들과 딸이 된다. 이제부터 우리는 군인들에게 정당한 대접을 해주어야 한다. 월터리드Walter Reed 병원에서 발생한 부끄러운 사건들과 퇴직군인 출신 노숙자 및 실업자의 증가에 관한 최근 보고는 이들에게 너무나 많은 희생을 요구했던 현 정부가 그러한 희생의 대가를 지불하지 않았음을 여실히 보여주고 있다.

우리는 미국의 모든 지원군인의 현실을 반영하며, 매년 똑같은 싸움을 되풀이하지 않고도 퇴직군인에 대한 미국의 숭고한 신뢰를 유지하는 데 충분한 자원을 보유하는 21세기형 보훈처Department of Veterans' Affairs를 구축할 것이다. 그리고 새로운 제대군인원호법 GI Bill을 시행함으로써 아메리칸 드림을 달성할 수 있는 공정한 기회가 모든 군인에게 부여되도록 할 것이다.

우리는 모든 퇴직군인이 신체적·정신적 부상과 관련하여 양질의 의료보호를 이용할 수 있도록 보장하고, 모든 군인이 전투를 마치고 복귀할 때에 반드시 의료전문가들의 검사를 받도록 요구할 것이다. 우리는 외상 후 스트레스 장애 및 외상성 뇌손상에 적극 대처할 것이다. 그리고 장애수당지급과정의 공정성, 효율성 및 형평성을 제고함으로써 모든 퇴직군인이 해당 수당 및 필요 지원을 받을 수 있도록 노력할 것이다. 또 적체된 장애자 신청을 대폭 감소시킬 것이다. 우리는 퇴직군인의 노숙, 실업 및 불완전 고용 문제를 해소하기 위하여 노력하고, 국방부와 보훈처 간의 소관 이전 과정을 개선할 것이다. 특히 시민권 및 가족상봉과 관련하여, 필리핀 퇴직군인 등 모든 퇴직군인에 대한 약속을 지속적으로 지켜나갈 것이다.

군인 및 그 가족에 대한 부담 완화

그토록 많은 희생을 요구당하고 있는 군인의 가족에 대한 지원을 개선해야 한다. 우리는 군인가족자문위원회Military Families Advisory Board를 설치함으로써 군인의 배우자 및 기타 가족의 부담을 완화하기 위한 실질적 정책을 파악하고 수립하는 데 기여하도록 할 것이다.

우리는 군인가족들이 담보권 실행으로 인하여 집을 잃게 되는 일이 없도록 보호할 것이다. 우리는 임금균형을 유지하기 위하여 노력함으로써 군인의 보수가 민간부문 근로자의 보수와 균형을 맞출 수 있도록 할 것이다. 우리는 복무기간 종료 이후에도 개별 군인에게 복무를 강제할 수 있도록 하는 전역중단 및 예비군 소집 정책을 중단하고, 현역 및 예비군이 향후 일정을 파악하고 가족이 이에 대비한 계획을 수립할 수 있도록 배치의 규칙성을 정립할 것이다.

주 방위군 및 예비군의 준비태세 지원

민주당은 국내외 비상사태에 대비하는 데 필요한 장비를 주 방위군National Guard에 공급하고, 배치 공백기에 회복 및 장비수리를 위한 시간과 지원을 제공할 것이다. 또 고용, 보건, 교육혜택, 배치 및 사회복귀에 있어서 예비군과 주 방위군에게 공정한 대우를 보장할 것이다. 이와 같은 목적으로 제대군인에게 지원을 제공하기 위한 사회복귀 프로그램에 적절한 자금을 지원하고, 현재 매우 흔히 위반되고 있는 법률인 군인민사구제법Service Members Civil Relief Act 및 군인취업권및재조정법Uniformed Service Employment Rights and Readjustment Act을 시행할 것이다. 시민군의 업무가 위임수준에 도달할 수 있도록 민주당은 주 방위군을 격상시켜 합동참모본부의 구성원이 되도록 할 것이다.

모든 미국 국민에 대한
봉사의 허용

또 우리는 분열적 정치보다 국가안보를 우선시할 것이다. "묻지도 말고, 말하지도 말라Don't Ask, Don't Tell" 정책의 시행 이후, 1만 2500명의 남녀군인이 성적취향을 이유로 강제전역 당했는데, 이 과정에 3억 6000만 달러 이상이 소요되었다. 강제전역자 중 다수가 번역사, 엔지니어, 조종사 등 고수요 특수기술 보유자들이었다. 군대가 신병 모집 및 유지에 어려움을 겪고 있는 시점에서 용기와 자질을 갖춘 이들이 국가에 봉사하는 행위를 거부하는 것은 옳지 못하다. 우리는 "묻지도 말고, 말하지도 말라" 정책의 폐지와 성적취향을 불문한 유자격자의 공개적 군복무 허용 정책 실시를 지지한다.

계약관행의 개혁 및
계약자에 대한 책임부과

우리는 납세자들의 세금이 사기업의 배를 불리는 대신 남녀군인에 대한 투자에 이용되어야 한다고 믿는다. 우리는 외부용역계약 체결이 적절한 때와 특정 업무가 "정부 고유의 기능"이므로 발주가 불가능하다고 판단되는 때를 결정하기 위한 전략의 수립을 국방부와 국무부에 지시할 것이다. 그리고 계약인력의 법적 지위를 확립하여 민간군사기업private military contractor이 저지른 권력남용을 처벌할 수 있도록 하고, 개선된 관리감독제도를 확립할 것이다. 그럼으로써 발주 및 조달과 관련하여 정부가 정직성, 개방성 및 효율성을 회복할 수 있도록 할 것이다.

5. 공동의 안보를 위한 노력

우리는 세계적으로 미국의 지도력을 회복하기 위하여 공동의 위협에 대응하고 공동의 안보를 강화하는 데 필요한 동맹, 협력관계 및 제도를 재구축할 것이다. 외국에 미국의 요구를 수용하도록 일방적으로 강요하는 것으로는 동맹관계 및 제도 개혁을 달성할 수 없다. 이러한 개혁은 미국뿐 아니라 외국 정부 및 국민들에게 효과적 협력에 이해관계가 걸려있음을 납득시킬 때 비로소 가능하다. 외국이 공동안보 증진을 위한 노력에 있어서 미국과 힘을 합친다면 그것은 바로 미국이 보유한 지도력의 발로일 것이다.

최근 미국은 국제무대의 협력국들에 대하여 너무도 자주 이와 상반되는 메시지를 보내곤 했다. 유럽의 경우, 미국은 이라크전의 분별성 및 필요성과 관련한 유럽의 유보적 태도와 기후변화에 관한 우려를 무시하였다. 아시아에서는 한국이 펼친 북한과의 관계 개선 노력을 평가절하하였다. 또 멕시코로부터 아르헨티나에 이르는 중남미 국가에서 이민, 형평성 및 경제성장에 관한 우려를 해소하지 못했다. 아프리카에서는 다르푸르에서 5년여간 대량학살사태를 방치하였고, 살상 행위의 방지를 위한 국제연합의 지원 강화 요청에 제대로 응하지 못했다. 우리는 버락 오바마의 지휘 아래 유럽 및 아시아 동맹국과의 관계를 재건하고, 미주 및 아프리카 전역에서 협력관계를 강화할 것이다.

아프리카의 민주발전 지원

미국의 아프리카 개입 정책은 미국에 있어서 아프리카의 중요성 및 세계 경제에서 아프리카의 역할 증대를 반영하는 것이다. 우리는 무역 및 투자 파트너로서의 아프리카의 약속과 지속 가능한 경제성장, 일자리 창출 및 빈곤 완화에 공헌할 수 있는 정책의 중요성을 인정한다. 우리는 아프리카 시장 전역을 휩쓸고 있는 기업가 정신과 경제적 독립 정신을 펼쳐 나감에 있어서 미국의 지도력을 십분 발휘하고자 한다.

우리는 지속 가능한 경제 성장과 발전을 통하여 빈곤, 기아, 분쟁 및 HIV/AIDS 등 고질적이고 소모적인 문제를 완화할 수 있을 뿐 아니라 상황을 역전시킬 수도 있을 것으로 믿는다. 우리는 아프리카와 협력하여 이러한 위기상황에 맞서기 위하여 미국의 지도력을 발휘할 것이다. 우리는 분쟁을 방지·해결하고, 아프리카 약소국들의 역량을 강화하기 위하여 국제연합 및 아프리카 지역조직들과 협력할 것이다. 무엇보다도 수단의 다르푸르에서 대량학살이 진행 중이고, 포괄적평화협정Comprehensive Peace Agreement이 위협받고 있는 이 순간에 인도주의적 위기상황에 효과적으로 대처해야 한다.

다수의 아프리카 국가가 민주화 및 경제 자유화를 채택하였다. 우리는 아프리카의 민주주의 발전과 인권 존중 강화를 지원하는 한편, 투명성과 책임성의 개선으로 이어질 정치·경제 개혁을 장려할 것이다. 우리는 민주주의를 옹호하고, 짐바브웨의 경우처럼 법치주의가 공격을 받을 때에 법치주의를 옹호할 것이다.

미주 동맹에 대한 재헌신

우리는 미국의 안보와 번영이 근본적으로 미주 국가들의 미래와 연계되어 있음을 인정한다. 중남미 및 카리브 해 연안 국가들이 권위주의적 독재자들의 과장된 주장을 일축해야 하듯이, 미국 역시 21세기에 이들 국가를 완전한 파트너로 취급해야 할 것이다.

또 우리의 오랜 동맹인 캐나다와의 관계를 강화하고 개선해야 한다. 미주 국가 동맹은 상호존중에 기반하여 민주주의, 기회 및 안보의 상향적 발전을 위하여 노력할 때에 비로소 성공할 수 있다. 우리는 미국의 오만함과 발전을 저해하는 지역 전반의 반미주의를 청산하여야 한다. 그리고 마약거래 중단, 빈곤 및 불평등 퇴치, 이민 등의 문제와 관련하여 멕시코, 브라질 및 콜롬비아 등의 긴밀한 파트너와 협력해야 한다. 우리는 아이티의 안정 및 법치주의 회복을 지원하고, 국민 생활여건을 개선하며, 민주주의를 강화하기 위하여 카리브 해 연안 국가들과 협력해야 한다. 또 쿠바 국민과 관계를 구축하고 쿠바에 대한 무제한적 가족 방문 및 송금 허용을 통하여 자유의 발전을 지원하는 한편, 쿠바 정권에 명확한 선택방안을 제시해야 한다. 즉 쿠바 정권이 민주주의를 채택하기 위하여 모든 정치범의 무조건적 석방을 비롯한 주요 조치를 강구하는 경우, 우리는 쿠바와의 관계 정상화에 착수하기 위한 조치를 취할 각오가 되어 있다.

아시아에서의 주도력 확보

우리는 미국의 아시아 개입 정책에 전력을 다할 것이다. 이러한 노력은 아시아의 안정과 번영을 위하여 일본, 호주, 한국, 태국 및 필리핀 등의 동맹국과 강력한 관계를 유지하고, 인도 등의 주요 민주주의 협력국가와 관계를 증진하는 것으로부터 출발한다. 우리는 또 아시아에서 쌍무협정, 간헐적 정상회담 및 특별외교합의의 수준을 넘어서는 보다 효과적인 기본체제를 수립해야 한다.

안정성, 번영 및 인권을 촉진하고, 필리핀의 테러리스트 집단으로부터 인도네시아의 조류독감에 이르는 초국가적 위협을 해결하는 데 기여할 수 있는 아시아 국가와의 개방적·포괄적 인프라 구축이 필요하다. 우리는 21세기 공동의 문제 해결을 주도함에 있어서 중국이 신흥강국으로서 책임 있는 역할을 수행하도록 권유할 것이다. 우리는 "하나의 중국"정책과 대만관계법Taiwan Relations Act을 지속적으로 시행할 것이며, 대만 국민의 소망 및 최선의 이익과 부합되는 양안 간cross-Straits 현안의 평화적 해결을 계속 지원할 것이다. 보다 개방적인 사회와 시장기반 경제로의 전환을 지속적으로 장려하고 표현·언론·집회·종교의 자유, 인터넷의 무검열 사용, 중국 노동자들의 결사의 자유, 티벳인들의 권리 등 인권 존중 강화를 촉진하는 한편, 기후변화, 무역 및 에너지 등의 공동 관심사에 중국을 개입시킬 때가 왔다.

미국과 유럽의 관계 강화

미국에게 있어서 유럽은 여전히 없어서는 안 되는 파트너이다. 우리는 미국에게 보다 굳건한 파트너로 부상할 수 있는 강력한 유럽연합European Union의 구축을 목표로 하는 역사적 프로젝트를 지지한다. NATO는 지난 15년간 냉전 안보 체제에서 평화를 위한 협력 체제로 변모하며 장족의 발전을 이룩하였다. 그러나 오늘날 NATO가 아프가니스탄에서 직면하고 있는 도전과제는 NATO의 임무와 그 역량 간의 간극을 노출하는 결과를 초래하였다. 이러한 간극을 메우기 위하여 우리는 아프가니스탄에서 NATO의 임무에 대한 투자를 확대하고 확대된 투자를 활용하여 NATO 동맹국들이 집단안보활동에 보다 많은 자원을 기여하고 재건 및 안정화 역량 구축에 대한 투자를 증액하도록 유도할 것이다.

우리는 러시아에서 민주주의와 책임성을 증진하면서 공동의 관심사, 무엇보다도 핵무기 및 재료물질의 안전성 확보에 있어서 러시아와 협력해야 한다. 우리는 러시아의 국제법 준수 의무와 인접국 주권 및 영토보존 존중 의무를 주장할 것이다. 우리는 아일랜드 성금요일 평화협정Good Friday Agreement 및 세인트앤드루스협약St. Andrews Accords의 완전한 이행에 있어서 대통령이 적극적인 지도력을 발휘하는 데 주력할 것이다. 또 터키와의 전략적 협력 강화·확대, 사이프러스의 분단 종료, 그루지야와 우크라이나 등 NATO 및 서방과의 관계를 강화하고자 하는 국가와 긴밀한 관계를 유지하기 위한 지속적 지원을 추진할 것이다.

동맹국과의 협력 및 중동 외교 추진

지난 30여 년간 이스라엘인, 팔레스타인인, 아랍 지도자 및 기타 세계인들은 미국에 의지함으로써 안전하고 영속적인 평화에 도달하는 길을 구축하였다. 이익 및 가치의 공유와 해당 지역에서 가장 강력한 미국의 동맹국이자 유일무이의 확고한 민주주의 국가인 이스라엘의 안보 유지를 위한 명확하고 강력하며 근본적인 헌신에 기반한 이스라엘과의 특별한 관계가 항상 우리의 출발점이 되어야 한다. 이러한 헌신은 우리로 하여금 국가안보 및 자위권과 관련한 이스라엘의 질적 우위 유지를 보장할 것을 요구하는데, 이는 이 지역의 중대되는 위협(이란의 강화, 이라크의 혼란, 알 카에다의 부활, 하마스와 헤즈볼라의 재기)을 극복하는 과정에서 더욱 중요한 의미를 갖는다.

우리는 이스라엘의 안보 보장·강화를 목적으로 향후 10년간 이스라엘에 300억 달러 상당의 지원 제공을 약속하는 양해각서의 이행을 지지한다. 평화와 안전 속에 유태인들의 이스라엘과 공존하기 위하여 최선을 다하는 민주적이고 활기찬 팔레스타인 국가를 바탕으로, 우리가 이스라엘과 팔레스타인 간 갈등의 영구적 해결을 지원하기 위하여 적극적 역할을 수행하는 것은 미국을 포함한 모든 당사국의 최선의 이익에 부합된다. 이를 위해서 우리는 대립과 불안을 도모하는 자들을 고립시키는 동시에 이스라엘이 진정으로 평화를 추구하는 파트너들을 파악하여 관계를 강화할 수 있도록 지원하고, 이스라엘을 파괴하고자 하는 자들에 맞서 이스라엘과 협력하여야 한다.

하마스가 테러활동을 포기하고, 이스라엘의 존속권을 인정하며, 과거의 합의들을 이행할 때까지 미국 및 중동평화4자회담 Quartet 파트너들은 하마스를 지속적으로 고립시켜야 한다. 미국이 평화와 안보를 위하여 지속적으로 지도력을 발휘하기 위해서는 미국 대통령의 꾸준한 노력과 개인적 헌신이 요구된다. 국제적 배상제도와 최종지위협상을 통한 팔레스타인국가의 설립으로 팔레스타인 난민이 이스라엘보다는 팔레스타인에 정착할 수 있도록 함으로써 팔레스타인 난민 문제를 해결해야 한다. 최종지위협상의 결과로 1949년도 휴전선으로의 완전한 복귀가 이루어질 것이라고 기대하는 것은 비현실적임을 누구나 알고 있다. 예루살렘은 현재에도 그렇듯이 앞으로도 이스라엘의 수도로 남을 것이다. 당사국들은 예루살렘 문제가 최종지위협상 회부 사안이라는 데 동의하였다. 예루살렘은 종교를 불문한 모든 이들이 접근할 수 있는 비 분단 도시로 존속되어야 한다.

신흥강대국과의 관계 심화

우리는 또 국제적 긴급사안과 관련하여 중국, 인도, 러시아, 브라질, 나이지리아 및 남아프리카공화국 등의 신흥강대국을 포함한 모든 주요강국 간의 효과적 협력을 추진할 것이다. 인도의 경우 지난 10년에 걸쳐 확립된 긴밀한 협력관계를 더욱 발전시켜나갈 것이다. 미국과 인도는 거대한 다민족 민주주의 국가로서 자연히 전략적 동맹관계를 구축하였으며, 공동의 관심사를 촉진하고 21세기 공동의 위협을 극복하기 위하여 협력해야 한다. 모든 신흥강국과 기타 국가들이 주요 국제기구에 대한 보다 건설적인 참여 등을 통하여 국제평화와 인권존중의 증

진에 더 큰 이해관계를 갖는 것이 미국에 유리하게 작용할 것으로
사료된다.

국제기구의 활성화 | 무기확산에서 기후변화에 이르는 각종
현안에 관한 국제협력을 증진하기 위해서는 국제기구의 강화가 필
요하다. 국제연합은 없어서는 안 되는 존재이지만, 광범위한 개혁
이 필요한 것으로 보인다. 현재 국제연합 사무국의 관리방식은 부
적절한 상태이다. 또 평화유지작전은 능력의 한도를 넘어섰다. 신
설된 국제연합 인권이사회Human Rights Council는 편파적이고 무능
한 모습을 보이고 있다. 미국이 국제연합과 그 임무의 수행에 다시
금 전념하지 않는 한, 이러한 문제들은 결코 해결되지 않을 것이
다. 우리는 국제연합 안전보장이사회 및 G-8 등 주요 국제기구가
21세기의 현실을 보다 잘 반영할 수 있도록 하기 위하여 이들 국제
기구의 개혁을 지지한다.

6. 민주주의, 개발 및 인권 존중의 증진

민주주의의 세계적 확대로부터 미국만큼 많은 이익을 얻은 나라
는 없다. 민주주의 국가들은 미국에게 있어 최고의 교역국이고, 가
장 소중한 동맹국이며, 가장 심오한 가치를 공유하는 국가들이다.
전 세계의 민주 협력국들이 독재적 관행, 쿠데타, 인권침해 또는 대
량학살의 위협을 받는 경우, 미국은 공동의 안보문제에 대처하고

상호 간의 공유 가치를 보호하기 위하여 이들과 힘을 합쳐야 한다.

민주적 제도의 구축

민주당은 전 세계의 민주적 제도와 관행을 지원한다는 오랜 약속을 재확인한다. 민주주의의 심화는 평화와 번영의 증진을 의미한다. 그러나 외부로부터 무력으로 민주주의를 강요할 수는 없다. 민주적 제도의 구축을 바탕으로 내부의 온건주의자들과 민주주의를 육성해 나아가야 한다.

미국은 민주주의를 부단히 지지하고, 투표의 수준을 넘어서는 민주주의의 비전을 제시해야 한다. 우리는 강력한 입법부, 독립적 사법부, 자유언론, 역동적 시민사회, 정직한 경찰, 종교의 자유, 여성과 소수자의 평등 및 법치주의에 대한 지원을 확대할 것이다. 그리고 신생 민주국가에서 기본인권을 보호하고 독립·민주 연합을 포함한 모든 시민의 삶의 질을 개선할 수 있는 시민사회와 대의정치기관의 발전을 지원할 것이다. 비 민주주의 국가의 경우, 우리는 평화적인 정치개혁을 촉진하고자 애쓰고 있는 이들의 노력을 지원하기 위하여 국제적 파트너들과 협력할 것을 약속한다. 민주주의 지원기금National Endowment for Democracy 및 기타 정부지원 민주주의 프로그램에 대한 지속적 자금제공은 미국의 가치관을 반영할 뿐 아니라 미국의 이익을 증진하는 것이다.

**보편적 인도주의
활동에 대한 투자**

우리는 미국의 국제적 지도력 회복을 위하여 보편적 인도주의 활동에 대한 투자를 통해 공동안보를 강화할 것이다. 빈곤과 분쟁으로 황폐화된 국가의 국민은 궁핍으로부터의 자유를 열망하고 있다. 극빈사회와 약소국가는 테러활동, 질병, 분쟁이 발생할 수 있는 최적의 온상이 되므로, 세계적 빈곤을 대폭 완화하고 가장 궁핍한 이들을 지원하기 위하여 부의 공유를 확대할 목적으로 동맹국들과 협력하는 활동에 미국의 국가안보와 직결되는 이해관계가 걸려 있다.

미국 역시 2015년까지 극빈상태를 절반으로 감소시키고자 하는 국제연합의 새천년개발목표Millennium Development Goals를 자체적 목표로 채택해야 할 때가 왔다. 우리는 건전하고 교양 있는 지역사회를 확립하고, 시장을 개발하며, 부를 창출할 수 있는 유능한 민주국가의 수립에 투자해야 한다. 이러한 국가들은 테러활동을 퇴치하고, 치명적 무기의 확산을 저지하며, HIV/AIDS, 말라리아 및 조류독감 등의 치명적 질병을 예방·진단·치료하기 위한 의료보호 인프라를 구축할 수 있는 강화된 제도적 역량을 갖출 것이다.

우리는 위와 같은 과제를 수행하기 위해 연간 투자를 2012년까지 500억 달러로 2배 증액하고, 새로운 자원을 반드시 가치 있는 목표에 투입하도록 할 것이다. 그리고 발전 및 빈곤 감소에 대한 투자를 위하여 자선단체 및 민간부문과 협력할 것이다. 단 미국이 여타 국가의 공정하고 안전한 사회 건설을 지원하고자 한다면 미국의 무역거래, 부채경감 및 대외원조가 무조건적인 원조 형태로 제공되어서는 안 된다.

우리는 카리브 해 연안, 미주, 아프리카 및 아시아 소국들의 취약성을 인정하고, 새로운 국제경제로의 성공적 이행을 위하여 이들과 협력할 것이다. 그리고 사회와 정부의 내부적 타락을 야기하는 부패를 퇴치하기 위하여 지원과 지속적 개혁 요구를 연계할 것이다. 이와 같은 신규 자금지원의 일환으로 우리는 세계의 모든 아동에게 양질의 무상기초교육을 지원하는 것을 목표로 세계가 힘을 모아 국제적 교육 부족을 해소하기 위해 20억 달러 규모의 세계교육기금Global Education Fund을 설립할 것이다. 교육은 수입을 증대하고, 빈곤을 감소시키고, 지역사회를 강화하고, 질병 확산을 방지하고, 모자보건을 개선하며, 여성과 소녀에게 힘을 실어준다. 세계의 모든 아동이 파괴가 아닌 창조를 배우도록 하지 않는 한 우리는 기회가 위험을 압도하는 세상을 꿈꿀 수 없다.

우리는 인권이 여성의 권리이고 여성의 권리가 인권임을 정책적으로 인정할 것이다. 여성은 세계 빈곤인구의 절대다수를 구성한다. 그러므로 우리는 여성의 경제 발전 기회를 확대하고, 여성에 대한 무보증소액대출의 증대를 모색할 것이다. 여성이 세계 식량의 절반을 생산하고 있음에도 불구하고 여성의 식량 재배지 보유 비율은 단 1퍼센트에 불과하다. 우리는 여성이 법률에 의하여 동등한 보호를 받도록 하고, 권리의 불인정으로 인하여 빈곤의 늪에서 헤어나지 못하는 일이 없도록 노력할 것이다.

우리는 향상·강화·통합 및 합리화된 미국의 개발담당기관을 통하여 대외원조 정책, 도구 및 활동을 현대화할 것이다. 개발과 외교는 미국 대외정책의 핵심 요소로서 강화될 것이며, 민간기구들은 새로운 국제적 과제를 효과적으로 해결할 수 있도록 적절한 인력, 자원 및 설비를 공급받게 될 것이다.

보다 안전하고, 공정하며, 인도적인 세상을 구현하는 데 있어서 인권과 관련한 미국의 지도력 발휘가 반드시 필요하다. 그러한 지도력의 발휘는 부시 대통령의 임기 중에 발생한 피해를 만회하기 위한 조치로부터 출발하되, 이에 그쳐서는 안 된다.

우리는 21세기에 적합한 인권 제도 및 기구를 확립하기 위하여 외부와 협력해야 한다. 또 국제연합 인권기구의 객관성, 역동성 및 효율성을 강화해야 한다. 미국은 국제적 인도주의 기준을 증진하고, 전쟁기간 중의 무차별적 폭력으로로부터 민간인을 보호하기 위한 범세계적 노력을 주도해야 한다. 우리는 심각한 인권침해를 야기하는 불순한 응징을 중단하며, 대량학살과 전쟁범죄에 대하여 정당한 책임을 묻는 활동을 옹호할 것이다. 우리는 쿠바에서 북한 그리고 미얀마에서 짐바브웨와 수단에 이르는 국가에서 핍박받는 이들을 지원할 것이다. 또 미국의 협력국들이 권리를 존중할 때 미국의 장기적인 전략적 이해관계가 증진될 가능성이 높아진다는 사실을 인정하며, 세계 여타 강대국과의 관계에 있어서 여성과 아동의 권리를 포함한 인권문제에 더욱 큰 비중을 둘 것이다.

세계보건 | 민주당은 세계보건 개선에 투자할 것이다. 세계적 빈곤 문제를 더욱 악화시키는 질병 중 다수가 치료 가능한 질병임에도 불구하고 여전히 치료되지 않고 있다는 것은 인류의 수치이다.

전 세계적으로 확산되고 있는 HIV/AIDS는 인류의 크나큰 비극이다. 또 HIV/AIDS는 세계 각국에 혼란의 야기를 위협하는 최대의 안보위험이기도 하다. 미국 내 감염인구 100만여 명을 포함하여 전 세계 HIV/AIDS 감염인구는 3300만 명으로 추산된다. 미국에서 매일 약 8000명이 AIDS로 사망하고 있다. 우리는 세계적으로 확산되고 있는 HIV/AIDS뿐 아니라 말라리아, 결핵 및 방치되고 있는 열대병을 퇴치하기 위하여 보다 강력한 조치를 취해야 한다. 우리는 미국의 기존 프로그램을 강화하고, 이러한 프로그램을 HIV/AIDS로 인한 부담이 증대되고 있는 동남아, 인도 및 유럽 일부 등 세계의 새로운 지역으로 확대하기 위하여 5년에 걸쳐 500억 달러를 지원할 것이다. 그리고 풍토병 퇴치를 위한 국제적 노력이 진전을 이룰 수 있도록 미국의 세계기금 분담금을 증액할 것이다.

또 우리는 미국 납세자의 세금으로 개발된 약품이 개발도상국에서 특허해제 아래 제공될 수 있도록 하는 인도주의적 라이선싱 정책의 채택을 지지한다. 우리는 세계낙태지원금지규정global gag rule을 무효화하고, 국제연합인구기금UNFPA에 대한 자금 지원을 재개할 것이다. 그리고 의료보호 및 영양섭취에 대한 여성의 접근권을 확대하고, 산모사망률을 낮출 것이다.

우리는 미국 및 세계 보건의 개선과 보호에 필요한 각종 인프라에 투자하기 위하여 개발도상국과 협력하는 국제적 프로젝트인 '보건인프라 2020Health Infrastructure 2020'에 착수하기 위하여 민간부문 및 민간자원단체의 참여를 유도할 것이다.

인신매매

인신매매 | 우리들은 인신매매 피해자들을 보호하고 매매자들을 법률에 따라 처벌하기 위하여 강력한 법률의 제정 및 시행을 통하여 인신매매(노동 및 성 매매) 문제를 처리할 것이다. 또 빈곤, 차별 및 성 불평등과 매춘 수요 등 인신매매의 근본원인을 해결하기 위하여 노력할 것이다.

7. 안보 보호 및 지구 살리기

우리는 현 시대에 석유권력의 압제를 종식시켜야 한다. 이와 같이 긴박한 위험을 무색하게 하는 유일한 요소는 바로 파괴적 기상 유형, 무시무시한 폭풍, 가뭄, 대립과 기아로 이어질 기후변화에서 비롯된 장기적 위협이다. 이는 아프리카, 중동 및 남아시아, 즉 지난 50년간 끔찍한 폭력을 겪어온 바로 그곳에서 향후 50년간 식량과 물을 차지하기 위한 경쟁이 벌어질 것임을 의미한다. 이는 또한 미국 해안에서의 파괴적 폭풍 발생과 해안선의 소실을 의미할 수도 있다.

우리는 기후변화가 단순한 경제문제 또는 환경현안이 아님을 잘 알고 있다. 기후변화는 국가적 안보위기를 구성한다.

에너지 안보의 확립 | 1970년대 이래로 에너지로 인하여 미국의 국가안보가 이토록 심각한 위협을 받은 적은 없다. 지난 8년

간의 쓰라린 경험을 통하여 알게 되었듯이 21세기의 에너지 안보 달성은 불안정하다. 적대적인 국가와 지역으로부터 안정적인 석유 공급을 유지하기 위하여 단순히 경제·정치적 자원을 소비하는 것 이상의 조치가 필요하다. 에너지 안보를 위해서는 미국과 동맹국에 적대적인 석유부국 정권에 대한 자금흐름 차단이 요구된다. 그러기 위해서는 기후변화의 퇴치와 그것의 국내외적 영향에 대한 대비가 필요하다. 그리고 우리에게 불리하기보다는 유리하게 작용하는 국제 에너지 시장을 창출해야 한다. 또 로비활동자금과 정치헌금으로 수억 달러를 지출하는 석유회사들에 용감히 맞서야 하고 전 세계의 핵 안전, 폐기물 및 확산 문제 등을 처리해야 한다. 민주당은 이 위험한 상황을 중단시키고, 에너지 독립을 달성하기 위한 조치를 취할 것이다. 우리는 2030년까지 석유소비를 최소 35퍼센트 또는 1일 1000만 배럴 감소시키는 데 최고의 우선순위를 부여할 것이다. 이는 미국의 2030년도 대 석유수출국기구OPEC 회원국 석유수입 예상량을 상쇄하고도 남는 것이다.

기후변화 퇴치를 위한 지도력 발휘

우리는 지구에 대한 역사적인 인공man-made의 위협을 극복하기 위하여 주도적 역할을 수행할 것이다. 그러한 위협은 바로 기후변화다. 극적인 변화가 없을지라도 해수면 상승으로 인하여 세계전역의 해안지역에 홍수가 발생할 것이다. 또 기온상승과 강수량 감소로 인하여 작물수확량이 감소하고, 분쟁, 기아, 질병 및 빈곤이 증가할 것이다. 기아로 인하여 2050년까지 세계적으로 2억 5000만 명 이상의 실향민이 발생할 것이다. 이는 세계에서 가장 취약한 지역 중 일부에서 불안정이 가중될 것임을 의미한다.

다시는 방관적 자세를 취하거나, 이러한 국제적 문제의 해결을 위한 집단적 조치를 방해하지 않을 것이다. 국내 상황의 정비는 첫 걸음에 불과하다. 우리는 국내에서 효율적 청정기술에 투자하는 한편 집중적 개발 단계에서 개발도상국의 생물 다양성 보존, 삼림 파괴 제한 및 탄소에너지 사용 억제를 지원하기 위하여 원조정책과 수출촉진책을 활용할 것이다.

우리는 세계 최대 탄소배출국가들의 지도자와 접촉하여 차세대 기후 의정서의 토대가 될 신설 세계에너지포럼Global Energy Forum에 가입하도록 요청할 것이다. 중국은 미국을 제치고 세계 최대의 온실가스 배출국이 되었다. 청정에너지 개발은 미국과 유럽 및 아시아 주요국가 간 관계의 핵심이 되어야 한다. 특히 가장 많은 오염을 야기하는 국가(미국, 중국, 인도, 유럽연합 및 러시아)와 관련하여, 구속력과 집행력을 갖춘 배출량 감소 약정 등 기후변화에 대한 국제적 대응이 필요하다.

이는 상당히 어려운 과제이지만 이를 극복한다면 미국에 새로운 이익이 발생할 것이다. 저 탄소 에너지에 대한 세계적 수요를 바탕으로 2050년까지 연간 5000억 달러 규모의 시장이 창출될 수 있을 것이다. 이러한 수요를 충족하는 과정에서 미국의 기업인과 근로자에게 새로운 개척의 장이 펼쳐질 것이다.

8. 기회의 포착

이제는 새로운 세대가 미국의 또다른 성공 스토리를 만들어갈 때이다. 우리가 대담하고 통찰력 있게 행동한다면 언젠가 손자·손녀에게 우리가 기후변화에 맞서 싸웠으며 전 인류를 파멸의 길로 이끌 수도 있는 무기들의 안전성을 확보하였다는 이야기를 들려줄 수 있을 것이다. 또 국제 테러리스트들을 패퇴시키고 세계의 소외된 지역에 기회를 부여하였으며, 중동의 평화구축을 지원하고, 전 세계의 지친 나그네들이 수 세대에 걸쳐 기회와 자유 그리고 희망을 찾을 수 있도록 한 미국을 회복하였다고 말할 수 있을 것이다.

베네수엘라와 인도네시아의 농부들이 자신의 마을로 미국 의사를 맞이하고 거실 벽면에 존 F. 케네디의 사진을 걸어 놓은 가운데, 수백만 명이 학업, 취업, 거주 또는 단순한 자유를 목적으로 미국 입국 허가서가 우편함에 도착하기를 매일같이 기다리던 시절은 그리 오래된 이야기가 아니다.

우리는 이 시절의 미국으로 되돌아갈 수 있다. 우리는 우리 시대에 당면한 악의 세력과 싸우고, 궁극의 선을 증진하며, 다시 한 번 세계를 주도할 것이라는 미국 국민과 전 세계 모든 사람들의 미국에 대한 신뢰와 신념을 회복할 것이다.

미국 지역사회의 회복

　미국 및 세계 전역에서 개최된 정강 청문회에서 미국 국민들은 온정, 공감, 미국적 가치관에 대한 헌신의 필요성과 신세기의 도전 및 기회에 맞서기 위한 국민적 단결의 중요성에 대하여 언급하였다. 네바다 주의 공회당, 필라델피아의 정책원탁회의 또는 해외 민주당원들의 온라인 회합 등 장소를 불문하고, 선거 캠페인의 개시 이후 미국인들이 한 목소리로 이야기하는 것을 들을 수 있었다. 이들은 흔히 알려진 미국적 개인주의 이외에, 우리가 서로 연결되어 있다는 믿음이 미국이 이룩한 전설적 성공에 또다른 요소로 작용하였다는 버락 오바마의 메시지를 높이 평가한다고 밝혔다.

　우리는 개인적 관심사에 집중하고, 각자의 생활을 미국이라는 보다 넓은 세상과 분리하여 생각하는 삶을 영위하기로 결정할 수도 있을 것이다. 그러나 미국인들은 결코 그렇지 않다. 그것은 미국의 상황과는 거리가 먼 이야기이다. 예컨대 시카고 남부에 글을 읽지 못하는 아이가 있다면, 그 아이가 우리 자녀가 아니라 할지라도 이는 우리에게 중요한 문제이다. 이와 마찬가지로 네바다 주 엘코에 약값과 집세 중 하나를 선택해서 지불해야 하는 노인이 살고 있다면 그 노인이 우리 할머니가 아니라 할지라도 우리의 생활이 어려워지는 결과가 야기될 것이다. 왜냐하면 우리가 자기 자신보다 더 큰 무언가를 위하여 합심할 때만 비로소 미국 역사의 위대한 다음 장을 써나갈 수 있기 때문이다.

봉사

미국의 미래는 정부 및 정책뿐 아니라 전 국민의 노력에 의하여 결정될 것이다. 바로 그러한 이유로 우리는 전 국민에게 새로운 세기의 도전을 극복하는 데 적극 참여할 것을 요구하고 있다. 21세기가 시작된 지 얼마 되지 않은 상황에서 미군은 숱한 봉사 요청에 응해왔다. 이제 우리는 모든 시민이 봉사 활동에 참여할 수 있도록 해야 한다. 우리는 아메리코어AmeriCorps를 확대하고, 평화봉사단Peace Corps의 규모를 2배로 늘리고, 보다 많은 이들이 봉사를 할 수 있도록 하고, 국제 봉사활동을 위한 새로운 기회를 창출하고, 초등교육에 봉사활동을 통합하며, 풍부한 경험을 갖춘 퇴직자들이 봉사활동을 할 수 있도록 새로운 기회를 창출할 것이다.

미국은 국가에 투자하는 자에 대하여 투자를 아끼지 않을 것이다. 우리는 봉사학습service-learning에 대한 지원을 강화하고, 봉사활동을 수행하는 대학생에 대한 세금우대제도를 확립하며, 교직을 희망하는 학생을 위한 장학금을 설립할 것이다. 또 자원 봉사자와 봉사 기회 간의 조화를 맞추기 위하여 인터넷을 이용할 것이다. 이와 같이 미국의 문제를 미국 고유의 방식으로 해결하기 위하여 봉사의 힘을 십분 활용할 것이다.

이민

미국은 항상 이민자들의 국가였다. 오랜 세월에 걸쳐 수백만의 사람들이 미국에서는 노력하면 성공할 수 있다는 희망을 가지고 이곳에 왔다. 각 세대의 이민자들은 미국의 문화, 경제 및 정신을 풍요롭게 하는 데 기여하였다. 자신보다 앞서서 이민을 선택했던 사람들과 마찬가지로 오늘날의 이민자들도 미국에서 자신의 운명을 개척하며 미국을 풍요롭게 만들 것이다.

그럼에도 불구하고 미국의 현행 이민제도는 너무도 오랜 기간 동안 파탄 상태에 있었다. 단편적인 노력이 아닌 포괄적 이민개혁이 우리에게 요구된다. 우리는 최악의 원초적 본능과 두려움을 부추겨서 분열을 야기하기보다는 국가적 단결을 도모하는 이민개혁을 통과시키기 위하여 협력해야 한다. 우리는 차기 행정부의 1차년도에 엄격하고, 실질적이며, 인도적인 이민개혁을 추진하기로 약속한다.

우리는 적법한 절차를 거치지 않은 미국 밀입국자들을 더 이상 용인할 수 없다. 미국인들은 외국인을 환영하는 관대한 국민이다. 그러나 불법으로 미국 국경에 진입하는 사람들과 이들의 고용주는 법치주의 원칙을 무시하는 자들이다. 우리는 국경 안보를 강화하고, 국경 및 입국항의 추가 인원, 인프라 및 기술 배치를 지원해야 한다. 그리고 개선된 기술과 실시간 정보를 갖춘 관세및국경보호청Customs and Border Protection 직원을 충원해야 한다. 우리는 밀입국 관련 범죄의 근절을 위하여 노력하며, 밀입국 조직을 해체해야 한다. 불법입국의 유인요소를 억제할 목적으로 이민자 송출국의 경제발전을 증진하기 위하여 보다 많은 조치를 취할 필요가 있다.

또 서류미비undocumented 이민자를 채용하는 고용주를 단속해야
한다. 효과적이지 못하고, 가족을 뿔뿔이 흩어놓으며, 변호인의 적
절한 조력 없이 관련자를 억류하는 불시단속활동을 통하여 이민자
만을 대상으로 법률을 집행하는 것은 문제가 있다. 우리는 고용주
들에게 피고용인의 미국 내 합법적 근로자격 유무를 확인할 방안
이 필요함을 인정하며, 관련 제도가 정확성 및 합법노동자에 대한
공정성을 갖추고, 사생활을 보호하며, 노동자 차별에 이용될 수 없
도록 할 것이다.

　우리는 또 합법적 이민제도를 개선하고 완전한 미국 국민이 되
고자 하는 수천 명의 영주권자를 위하여 공정하며 접근 가능한 귀
화 과정을 확립해야 한다. 우리는 수년간 미국 이민정책의 기초가
된 가족재결합을 방해하는 역기능적 이민 절차를 개량해야 한다.
우리는 가족의 결합과 미국기업 지원의 중요성을 모두 고려하여,
적절한 노동시장 보호방안 및 기준이 확립된 경우에 한하여 미국
거주자의 가족 및 고용주가 감당할 수 없는 업무수요를 충족하는
이민자에 대한 이민비자 발급수량을 증대할 것이다. 또 항상 이민
관련 규칙을 준수하였음에도 불구하고 이를 준수하지 않은 것처럼
취급받을 때가 있는 미국인에 대한 차별에 맞서 싸울 것이다.

　불법 체류자의 신분이지만 기타 규칙을 준수하고 있는 수백만
명에게는 음지에서 빠져나와 적법한 절차를 따를 것을 요구해야
한다. 우리는 모범적 서류미비 이민자들에게 벌금을 납부하고, 세
금을 지불하며, 영어를 배우고, 시민권 획득 기회를 얻기 위하여
새롭게 적절한 절차를 밟을 것을 요구하는 시스템을 지지한다. 그
들은 우리의 이웃이며, 우리는 그들이 세금을 납부하고, 법규를 준

수하며, 생산성을 발휘하는 완전한 우리 사회의 구성원이 되도록 도와줄 수 있다.

허리케인 카트리나

많은 미국인들에게 있어서 허리케인 카트리나는 미국 정부가 시민들의 기대를 저버렸던 시간들의 기억을 떠오르게 한다. 바람이 불고 홍수가 들이닥쳤을 때, 우리는 우리의 재산 및 권한 보호와 관련하여 미국 정부에 무언가 문제가 있다는 점을 깨닫게 되었다. 허리케인 카트리나에 대한 정부의 대응은 국가적 수치이며, 정부는 3년이 지난 지금까지도 재건 약속을 지키지 못하고 있다.

뉴올리언스와 멕시코 만 연안 거주자들은 다시 집으로 돌아와 재건을 시작한 영웅들이다. 이들이 홀로 어려움에 맞서도록 해서는 안 된다. 우리는 허리케인 카트리나 피해자에 대한 지원과 이 지역의 경제 회복을 위하여 멕시코 만 연안 거주자들과 협력할 것이다. 그리고 보다 강력하고, 안전하며, 공정한 지역사회 구축을 지원하기 위하여 돌아온 이재민 노동자에게는 일자리와 훈련기회를, 지방 기업에게는 계약기회를 창출할 것이다. 또 저렴한 주택마련을 위한 자금지원과 돌아온 가족, 근로자 및 주민이 안전하지 못한 트레일러에서 벗어나 주택을 보유할 기회를 증대할 것이다. 우리는 뉴올리언스의 인프라에 재투자를 실시할 것이다. 그리고 효과적인 제방을 건설하고, 지방 경찰서 및 법원의 재건을 통하여 범죄를 퇴치하고, 병원에 투자하며, 공립학교 시스템을 재건할 것이다.

이와 동시에 우리는 2008년도에 홍수로 피해를 입은 아이오와 주 지역사회의 재건 및 복구에 전념하고 있다.

미래의 재앙 예방 및 대응

우리는 또 허리케인, 지진, 홍수, 토네이도, 산불, 가뭄, 교량붕괴, 기타 자연 또는 인공 재해 등 비상사태의 원인을 불문하고, 향후 파멸적 결과를 초래하는 부적절한 대처를 방지하기 위하여 노력할 것이다. 제방과 댐의 유지보수비용은 이른바 나눠먹기식 예산지출pork barrel spending이 아니며 긴급 필요자금에 해당한다. 우리는 연방재난관리청Federal Emergency Management Agency 등 정부기관을 정비하고, 이들 기관에 전문가를 확보하고, 통합된 통신 및 대응 계획을 수립할 것이다. 우리는 소기업청의 행정절차를 개혁하고, 진정한 국가대응계획National Response Plan을 수립할 것이다.

개별 민간보험회사가 파산에 대한 우려로 인하여 단독으로 보험혜택을 제공할 수 없는 고위험 대재난에 대하여 저렴한 보험을 제공하기 위하여, 우리는 국가대재난보험기금National Catastrophic Insurance Fund을 설립할 것이다. 이를 통하여 각 주와 준 주는 자연재해로 인한 경제혼란에 총체적으로 대처할 수 있을 것이다.

지구 및 천연자원의 관리

세계적 기후변화는 지구가 직면하고 있는 가장 큰 위협이며, 우리의 대응에 따라 지구상의 생명의 미래가 결정될 것이다. 기후변화의 과학적 논리와 대응조치의 필요성을 부인하는 현 정부의 움직임에도 불구하고 미국이 지구 최고의 희망이 될 수 있다는 우리의 믿음에는 변화가 없다. 우리는 탄소배출량을 과학자들이 파멸적 변화를 회피하는 데 필요한 것으로 주장하는 양만큼 감축하기 위하여 시장기반 배출총량거래제를 실시할 것이다. 그리고 최종 목표의 달성 과정에서 임시목표를 설정할 것이다.

우리는 청정에너지 경제를 구축하고 미국에 수백만 개에 달하는 양질의 새로운 그린칼라 일자리를 창출하기 위하여 첨단 에너지 기술에 투자할 것이다. 환경이 진정한 세계적 관심사이므로 미국은 개발도상국에 대한 기후 친화적climate-friendly 기술 수출 등 전 세계의 기후변화 저지 노력을 주도해야 한다. 우리는 건물 에너지 효율을 대폭 개선하기 위하여 조기수용자early adopter에 대한 교부금 제도 설립 및 에너지 보존을 위한 인센티브 제공 등의 혁신적 조치를 활용할 것이다. 또 지방 차원의 이니셔티브, 지속 가능한 지역사회, 개인적 책임, 전국적 환경관리 및 교육을 촉진할 것이다.

우리는 미서부 지역사회가 급속히 증가하는 수요의 충족을 위하여 수자원을 보존하도록 지원할 것이다. 우리는 또 5대호, 에버글레이즈Everglades 및 체사피크만Chesapeake Bay과 같은 국가적 보물을 원상복구하기 위한 과학적 연구와 종species 및 서식지 보호 확대 등의 포괄적 해결방안을 지지한다. 우리는 환경보호청Environmental Protection Agency을 활성화함으로써 대기 및 수질오염을 줄이고 환경독소로부터 아동을 보호하기 위한 지역사회와의 협력을 도모할 것이며, 결코 과학이 정치논리에 희생되는 일이 없도록 할 것이다. 그리고 정상적 과학에 의하여 안전성이 입증되지 않은 유카산Yucca Mountain의 고준위 핵폐기물 처리장으로부터 네바다 주와 그 지역사회를 보호할 것이다. 우리는 가장 오염된 지역의 정화 자금 마련을 위하여 "오염자부담polluter pays" 원칙을 부활시킴으로써 환경에 문제를 야기한 자가 문제해결비용을 지불하도록 할 것이다.

연방정부 소유 토지·우리는 미래 세대를 위하여 미국 전역의 삼림지, 목초지 및 습지대 보존과 복구에 투자를 대폭 확대하는 한편, 기존 국유지를 보존하기 위하여 지역사회에 적합한 보존활동을 위한 새로운 비전을 수립할 것이다. 현 정부와 달리 우리는 산불의 위협을 억제하고, 농촌경제발전을 위하여 지속가능한 임산물 산업을 증진하며, 재앙적 산불에 대처하기 위한 국가자원을 확보할 수 있도록 연방기관에 자원을 제공함으로써 미국의 삼림지에 재투자할 것이다. 우리는 매해 국립공원을 방문하는 수백만 가족들이 보여주는 것과 동일한 존경심으로 국립공원을 다룰 것이다. 우리는 이들 공원이 국가적 보물임을 인정하고, 이를 미래 세대에게 물려줄 수 있도록 전체 자연계의 일부로서 보호할 것이다. 또 사냥꾼과 낚시꾼이 사용하는 땅을 보호하는 데 주력하는 한편, 수백만 에이커의 새로운 땅을 대중의 사냥과 낚시 활동에 개방할 것이다.

대도시 및 도시 정책

강력한 도시는 강력한 지역의 기본요소이며, 강력한 지역은 강력한 미국 건설의 필수요소인 것으로 사료된다. 역동적이고 다양한 도시 및 지역 건설을 위하여 우리는 전통적으로 경제발전을 위한 노력에서 소외된 자들을 위한 기회를 창출하는 공정한 개발전략을 지지한다. 지난 8년간 현 정부는 도시지역을 무시해왔다. 우리는 미국 도시지역과의 협력 확대를 기대하고 있다. 우리는 백악관도시정책실White House Office on Urban Policy을 신설하고 지역사회개발보조금에 자금을 전액 지원하는 등 연방정부의 도시개발 의지를 강화할 것이다.

우리는 무보증소액대출, 사업지원센터, 지역사회경제개발조합 및 지역사회발전금융기관 등의 지역사회기반 이니셔티브를 지지한다. 우리는 지역사업발전을 지원하기 위하여 기초연구에 대한 연방자금지원을 2배로 증액하고, 광대역 기술의 활용을 확대하고, 소외지역 사업체의 자본 접근성을 증대하고, 전국 민관 창업보육센터 네트워크를 설립하며, 지역의 혁신 클러스터cluster를 지원하기 위하여 교부금을 제공할 것이다. 근로자가 직장에 출근할 때 사업체가 비로소 제 기능을 할 수 있으므로 철도 등의 대중교통수단에 투자하고, 저소득 지역사회의 교통수단 선택권을 확대하며, 도로 및 교량 등의 핵심 인프라를 강화할 것이다. 우리는 공공안전 및 국가안보기능 수행에 필요한 지원을 도시에 제공하고, 지역사회경찰제도Community Oriented Policing Services에 재투자하고, 방과 후 학습 및 서머스쿨 참여 기회의 확대를 지원함으로써 아이들이 거리로 나서는 것을 방지할 것이다. 마지막으로 우리는 근로자들이 숙련 청정기술 업종에서 근무할 수 있도록 훈련하고, 도시 건물의 환경 효율성을 제고하고, 교통수단 설계 시에 '스마트 성장smart growth'의 원칙을 고려함으로써 도시 녹지 및 생활환경 개선을 위하여 노력할 것이다.

총기

우리는 총기소지권이 미국적 전통의 주요 일부를 구성함을 인정하고, 수정헌법 제2조에 의한 미국 국민의 총기 소유 및 사용권을 유지할 것이다. 우리는 총기 소유권에 적절한 규제가 적용되어야 한다고 생각하지만 시카고에서 효과적인 규제가 샤이엔에서는 효과적이지 못할 수 있음을 잘 알고 있다. 우리는 총기전시회gun show의 허점을 개선하고, 신원조회 시스템을 향상시키고, 살상용 무기 금지 제도를 복원하는 등 상식적 법규 및 개선방안의 제정·집행을 위하여 협력함으로써 테러리스트 또는 범죄자가 총기를 입수하는 것을 막을 수 있다. 우리는 이 사안에 대한 다양한 견해를 존중하며 책임 있게 행동함으로써 헌법에 의한 총기소지권을 보호하는 동시에 지역사회와 아동의 안전을 보호할 수 있다.

신앙

우리는 삶의 핵심적 신앙을 존중한다. 우리는 미국 건국의 아버지들과 마찬가지로 믿음과 그러한 믿음을 통한 수많은 정의와 자비의 행위가 우리의 나라와 지역사회 그리고 우리의 삶을 더욱 강화하고 풍요롭게 만든다고 믿는다. 또 변화는 하향적인 것이 아니라 상향적인 것이며 기독교 교회, 유대교회, 불교사찰 및 이슬람사원만큼 대중의 가까이에 있는 것은 없다고 생각한다. 지구 살리기로부터 빈곤 퇴치에 이르는 오늘날의 도전과제를 해결하기 위해서는 모두가 힘을 합쳐야 한다. 신앙기반단체는 정부 또는 세속적 비영리 프로그램을 대체할 수 없으며, 21세기의 도전과제를 극복하기 위하여 노력하는 한 부문에 해당한다. 우리는 풀뿌리 신앙

기반단체 및 지역사회단체에 힘을 실어줌으로써 빈곤, 전과자의 사회복귀 및 문맹 등의 문제 해결을 지원하도록 할 것이다.

한편, 이와 같은 협력으로 인하여 수정헌법 제1조에 의한 보호가 위험에 처하지 않도록 보장할 수 있다. 신앙기반단체 지원과 헌법 존중 간에는 모순이 없기 때문이다. 우리는 개종 또는 차별 행위에 공적자금이 사용되는 일이 없도록 할 것이다. 또 납세자의 세금이 실질적으로 효과가 있는 프로그램에 한하여 사용될 수 있도록 할 것이다.

예술

예술에 대한 투자는 창의성과 문화적 유산, 다양성, 지역사회 및 인간성에 대한 투자이다. 우리는 학교의 예술교육과 국립예술재단National Endowment for the Arts 및 국립인문학재단 National Endowment for the Humanities에 대한 공적자금지원 확대를 지지한다. 우리는 민주주의를 전파하고, 문화와 예술의 중심지로서의 미국의 위상을 회복하는 전 세계 예술가 간의 문화교류를 지원한다.

미국의 장애인

우리는 장애인 권리 보호에 있어서 세계적 선도국가로서의 역할을 회복할 것이다. 우리는 21세기에 국제연합에서 최초로 승인된 인권조약인 국제연합 장애인권리협약Convention on the Rights of Persons with Disabilities의 비준에 있어서 미국을 지휘해 나갈 것이다. 또 미국의 장애인들이 학교와 사회에서 성공할 수 있도록 충분한 자금을 지원할 것이다. 우리는 고용기회평등위원회Equal Employment Opportunity Commission에 자금을 전액 지원하고, 인력을 보강할 것이다. 그리고 장애인들이 요양원 또는 기타 기관에 수용되기보다는 지역사회 내에서 스스로 거주지를 선택할 수 있도록 하는 지역사회선택법안Community Choice Act을 법제화함으로써 미국 장애인들의 존엄성을 회복할 것이다.

아동 및 가정

미국을 회복하기 위해서는 다음 세대를 위한 투자를 개선해야 한다. 스스로 모범을 보이고, 텔레비전을 끄고, 숙제를 도와주는 등 자녀를 양육하는 것은 부모의 성스러운 일차적 책임이지만, 우리 역시 새로운 시대에 자녀양육을 위하여 애쓰고 있는 부모들을 지원해야 한다. 직업을 가진 부모가 필요할 때 가족과 보다 많은 시간을 보낼 수 있도록 해야 한다.

우리는 모든 아동에게 양질의 유아교육을 보장하기 위하여 예비유치원, 헤드스타트 및 얼리헤드스타트 프로그램에 대한 투자 등 유례가 없는 수준의 국가적 투자를 실시할 것이다. 또 아동보호비용의 지급을 지원할 것이다. 그리고 모든 아동이 의료보험혜택을 받도록 하고, 건강하고 활동적인 생활방식의 증진을 위하여 운동장에 투자하며, 가정에서 장난감 등으로 인한 아동의 납중독을 방지할 것이다. 모성보건의 개선을 통해 아동보건도 향상시킬 수 있으므로 첫 아이를 임신한 저소득 임산부가 의료전문가들의 가정방문을 받을 수 있도록 할 것이다.

우리는 곤경에 처한 가정위탁foster care 제도를 지원·보완하고,

보호 의무를 다하는 모든 부모에 대한 입양 프로그램을 강화하고, 폭력과 무관심으로부터 아동을 보호함으로써 가장 취약한 아동들을 보호해야 한다. 그리고 부모가 온라인과 텔레비전에서 불유쾌한 콘텐츠를 차단할 수 있는 도구를 제공할 것이다. 우리는 가족 구성원 보호와 가정 관리는 현실적이며 가치 있는 일임을 인정해야 한다.

아버지의 역할   너무나 많은 아버지들이 너무나 많은 삶과 가정에 존재하지 않는다. 아버지 없이 성장하는 아동은 빈곤한 생활을 영위할 확률이 5배나 높으며 범죄를 저지르고, 학교를 중퇴하고, 약물을 남용하고, 결국 수감자로 전락할 가능성 역시 높다. 더 많은 아버지들이 임신으로 아버지의 책임이 끝나는 것이 아님을 깨달아야 한다. 진정한 남자란 아이를 임신시킬 수 있는 능력이 있는 남자가 아니라 아이를 키울 수 있는 용기가 있는 남자임을 알아야 하는 것이다. 우리는 취업을 위한 임시적 훈련 제공, 결혼가정에 대한 조세벌금 면제 및 육아휴직 확대를 통하여 아버지들을 지원할 것이다. 또 자녀를 책임감 있게 부양하는 이들을 세액공제로 보상하고, 자녀양육비 지급을 회피하는 자를 단속하며, 자녀양육비가 관리관청이 아닌 해당 가족에게 직접 지급되도록 할 것이다.

노인   우리는 비용의 절감, 사해행위로부터 노인을 보호하고, 메디케어Medicare 처방약 프로그램의 정비를 통하여 메디케어를 보호·강화할 것이다. 우리는 처방약의 가격협상 금지를 폐지하고, 제약회사들이 복제약generic 제조업체의 약품시장 진입을 막기 위하여 금전을 지급하는 행위를 금지하고, 제약회사가 복제약 제품 경쟁에 개입하는 것을 차단할 것이다. 또 상기 조치를 통하여 절감한 금액 일체를 도넛홀donut hole을 메우는 데 사용할 것이다. 우리는 보험회사와 메디케어 어드밴티지Medicare Advantage 등의 사설보험에 대한 특혜를 중단함으로써 이들에게 공정한 경쟁을 요구할 것이다. 또 아직까지 메디케어 수혜자격을 갖추지 못한 노년층 미국인이 저렴한 양질의 의료보험을 구할 수 있도록 노력을 경주할 것이다.

우리는 가정보호 등 개별적 수요에 부합되는 의미 있는 장기적 보호 방안이 노인에게 제공되도록 조치를 취할 것이다. 장기보호의 가용성 및 품질을 개선하기 위하여 보호사에게 적절한 임금을 지급하고, 보다 많은 간호사와 의료보호복지사를 훈련시켜야 한다. 노인과 그 가족의 부담을 완화하기 위하여 장기보호 자금조달제도를 개혁해야 한다. 우리는 사회보장을 강화할 것이다.

그리고 미국 국민에게 안정적이며 이동 가능한 방식으로 퇴직 대비방안을 강구하도록 하는 새로운 퇴직연금제도와 연금보호방안을 수립할 것이다. 우리는 은퇴 이후 안전하고 품위 있는 생활을 보장할 것이다. 그리고 노인학대의 근절을 위하여 노력할 것이다. 우리는 65세 이후에도 일을 하고자 하는 이들이 차별을 당하지 않도록 보호할 것이다.

선택

민주당은 로 대 웨이드Roe v. Wade 판결과 지급능력을 불문한 여성의 안전하고 합법적인 낙태 선택권을 강력하고 분명하게 지지한다. 우리는 이러한 선택권을 약화시키거나 손상시키려는 일체의 노력에 반대한다.

민주당은 저렴한 포괄적 가족계획 서비스와 연령에 적절한 성교육에 대한 접근권을 강력하게 지지한다. 이는 사람들로 하여금 올바른 정보에 기반한 선택을 하고 건강한 삶을 영위할 수 있도록 한다. 우리는 또 의료보호와 교육이 의도하지 않은 임신을 줄이고, 결과적으로 낙태의 필요성을 감소시키는 데 기여함을 인정한다. 이와 동시에 민주당은 산전·산후 의료보호 프로그램, 양육기술, 소득지원 및 입양 프로그램의 접근권과 가용성을 보장함으로써 여성의 출산결정을 강력하게 지원한다.

형사사법

우리는 민주당원으로서 범죄에 대하여 현명한 조치를 취하고자 한다. 이는 폭력범죄에 단호히 대처하고, 전략적·효과적인 지역사회경찰에 자금을 지원하며, 범죄자들에게 책임을 묻는 것을 의미한다. 이는 또 청소년과 비폭력 범죄자들을 정상적 생활로 복귀시키는 검증된 이니셔티브 등 성공적 범죄예방에 투자함으로써 범죄를 미연에 방지함을 의미한다. 지역사회가 거리에 만연한 폭력으로부터 주민을 보호하기 위하여 노력하는 과정에서 우리는 지역사회에 지원을 제공할 것이다. 그리고 날마다 지역사회를 보호하는 용감한 남녀들과 관련한 자원의 감축정책을 취소할 것이다. 경찰관들이 전통적 법률집행업무의 수행과 국토보호지원을 동시에 요구받고 있는 상황에서 거리에 경찰을 배치하지 않는 것은 단호하지도, 현명하지도 않은 조치이다. 우리는 이와 같은 파멸적 접근방법을 거부한다. 우리는 용감한 경찰관들에 대한 자금지원을 지지하며 이러한 자금지원을 회복할 것이다. 그리고 경찰이 범죄예방과 퇴치를 위한 최상의 기술, 장비 및 혁신적 전략을 구비할 수 있도록 할 것이다.

우리는 지역사회경찰제도 등 검증된 지역사회기반 법률집행 프로그램을 통하여 폭력, 특히 청소년 폭력의 위험한 순환고리를 끊어버릴 것이다. 우리는 지방 차원의 '교도소에서 직장으로prison-to-work' 프로그램을 지원함으로써 근린지역의 상습범죄를 축소할 것이다. 또 지속적으로 형사사법제도 내의 불평등 요소에 맞서 싸울 것이다. 자의적으로 사형을 실시해서는 안 된다고 본다. 모든 적절한 상황에서 DNA 검사를 실시해야 하며, 피고인은 변호인의 효과적인 조력을 얻을 수 있어야 한다. 모든 사형언도사건의 경우, 철저한 판결 후 검토postconviction review가 실시되어야 한다.

우리는 주, 지방 및 부족 법률집행기관이 지역사회를 황폐화하는 약물범죄 및 약물·알코올남용의 퇴치와 예방을 목적으로 협력하도록 지원해야 한다. 우리는 번사법지원교부금프로그램Byrne Justice Assistance Grant Program에 대한 자금지원을 부활시키고, 비폭력적 약물범죄 초범에 대한 약물법원drug court 및 갱생 프로그램 적용을 확대할 것이다.

우리는 피해자에 대한 존중, 경청 및 보상권을 지지한다. 여성에 대한 폭력 근절에 최우선 순위를 부여해야 한다. 우리는 여성폭력

담당 대통령 특별 보좌관을 신설할 것이다. 그리고 가정폭력 및 성폭력 방지 프로그램에 대한 자금지원을 확대할 것이다. 또 성폭력과 가정폭력 금지 법률을 강화하고, 여성폭력방지법Violence Against Women Act을 지원하며, 피해자들에게 고용안정을 제공할 것이다. 우리의 대외정책은 세계 전역의 여성에 대한 폭력 문제에 민감하게 반응할 것이다.

보다 완전한 단결

우리는 태생적 조건의 제약을 받지 않으며, 의지에 따라 삶을 개척할 수 있다는 미국의 본질적 이상을 신봉한다. 그러나 불행하게도 너무나 많은 사람들에게 있어서 이러한 이상이 현실화되지 못했다. 우리는 이를 시정하기 위하여 더욱 노력해야 한다. 민주당원들은 전국 각지에서 인종, 성, 민족, 출신 국적, 언어, 종교, 성적취향, 성정체성, 연령 및 장애로 인한 차별을 종식시키기 위하여 투쟁할 것이다. 이것이 바로 우리가 꿈꾸는 미국이기 때문이다.

미국의 사기 진작을 위하여 우리 모두가 각자의 역할을 다해야 하며, 이는 생각과 사고방식을 바꾸고 모든 미국인이 법률에 의하여 동등한 대우를 받도록 보장해야 함을 의미한다. 우리는 법무부에서 당파주의에 우선하여 전문성을 회복할 것이며, 공론가ideologue가 아닌 민권변호사로 민권국을 채울 것이다. 또 고용, 주택, 보건, 계약 및 임금에 있어서 모든 미국인에게 평등한 기회를 제공하기 위하여 연방정부의 적극적 민권법 시행을 회복해나갈 것이다.

우리는 인종, 민족 및 종교에 의한 표적수사를 금지하고 연방, 주 및 지방 법률집행기관에 그러한 관행을 철폐하도록 요구할 것이다. 또 여성의 완전 평등을 보장하고자 한다. 우리는 남녀평등헌법수정안Equal Rights Amendment에 대한 지지를 재확인하고, 미국법전 제9편의 시행 의지를 다지며, 여성차별철폐협약Convention on the Elimination of All Forms of Discrimination Against Women의 가결을 촉구할 것이다. 그리고 국내외적으로 여성과 소수자의 민권 및 인권을 증진하는 통일된 대외 정책과 국내 정책을 추진할 것이다.

우리는 지방법률집행및증오범죄방지법Local Law Enforcement Hate Crimes Prevention Act을 통과시킬 것이다. 또 인구조사 데이터의 분리에 관한 집행 등 아시아계 미국인 및 태평양 군도 주민에 대한 백악관 이니셔티브를 복구하고 지원할 것이다. 증가하고 있는 중남미계 및 아시아계 미국인과 태평양 군도 주민의 수를 정확하게 파악하기 위하여 구제활동, 언어지원 및 비밀유지보호강화 등 인구조사의 문화적 민감성을 제고하고, 포괄성을 제고하기 위한 노력을 지속할 것이다. 우리는 국제연합 장애인권리협약에 서명하고, 미국장애인법Americans with Disabilities Act의 원래 의도를 복구할 것이다. 이것이 바로 우리가 꿈꾸는 미국이다.

우리가 얼마나 많은 진전을 이루었는지를 경탄하며 회고하는 것만으로는 충분하지 않다. 우리의 전 세대들은 불공정성에 맞서 싸우지 않았다. 그 결과 우리 시대에 불공정성이 심각한 상태에 이르게 되었다. 즉 여전히 미국에 존재하는 편견과 오해의 벽을 허물어야 한다는 것이다. 우리는 동성부부를 포함한 모든 가족을 국민생활에 완전히 편입시키는 것을 지지하며, 동등한 책임, 편익 및 보호를 지원한다. 우리는 포괄적인 초당적 고용차별금지법을 제정할 것이다. 또 혼인수호법Defense of Marriage Act은 물론, 관련 사안을 이용하여 우리를 분열시키려는 일체의 시도에 반대한다.

그러나 버스를 탈 수 있어도 버스 요금이 없다면 소용없는 일이다. 우리는 불이익을 겪고 있는 모든 미국인에게 진정한 기회를 제공하기 위하여 노력할 것이다. 그리고 빈곤과 폭력에 맞서 인간의 진정한 요구를 충족하는 새로운 정책과 구제방안을 개발할 것이다. 또 교육 성취도 격차를 해소하고, 모든 아동에게 세계 정상급 교육을 제공할 것이다. 기회의 문이 잠겨버린 사람들이 장래에 그 문을 걸어 나올 수 있도록 하기 위하여 우리는 연방정부의 계약발주 및 고등교육 등에 있어서 차별철폐조치affirmative action를 지원한다. 고故 앤 리챠드는 이렇게 말했다. "우리는 인종, 성별, 피부색의 구분 없이 공평하게 기회를 제공하는 비전, 사람들이 들어올 수 있도록 문을 열어주기만 하면 정부에서 어떠한 일이 진행될지를 파악할 수 있는 능력을 제공한다."

05
미국 민주주의의 회복

정치색을 불문한 모든 미국 국민이 새로운 유형의 정부를 갈망하고 있다. 우리가 원하는 정부는 이데올로기보다는 상식을, 정보 조작보다는 정직성을 선호하고, 차기 선거의 패배보다는 다음 세대를 위한 승리를 걱정하는 정부다. 1645회의 지방 정강 청문회에 참석한 3만여 명의 미국인들은 국민의, 국민에 의한, 국민을 위한 정부 건설을 향한 강력한 의지를 보여주었다. 예비선거와 당원대회에 참석한 수백만 미국인과 군 복무자를 포함한 기록적 숫자의 재외 미국인 참가자 역시 그러하였다. 민주당은 이번 선거의 모멘텀momentum을 유지하고자 한다. 이러한 노력이 뒷받침 될 때, 비로소 미국의 약속을 회복하는 데 필요한 변화를 이룩할 수 있다.

민주당 정부는 국민에게 민주주의를 전적으로 개방하고, 시민의 자유를 보호할 것이다. 우리는 미국 시민의 봉사와 참여를 유도하고 연계성, 팀워크 및 진보의 새 시대를 맞이하기 위하여 정부의 도구와 기술을 활용할 것이다. 버락 오바마 정부는 특수 이익집단이 미국 정부의 어젠다를 설정하는 시대는 끝났음을 분명히 밝힐 것이다. 21세기에 있어 미국 국민은 문제가 아니라 해결자이기 때문이다. 미국의 정치 프로세스에서는 모든 국민의 의견이 의미를 가지므로 단 한 표라도 소중히 여길 것이다.

<table>
<tr><td>

**개방성, 책임성 및
윤리성을 갖춘 정부**

</td><td>

버락 오바마 정부에서 우리는 민주주의의 문호를 활짝 개방할 것이다. 그

</td></tr>
</table>

리고 기술의 활용을 통하여 정부의 투명성, 책임성 및 포용성을 제고할 것이다. 우리는 국민의 정보자유법Freedom of Information Act 이용을 방해하기보다는 정부기관들로 하여금 주요사업을 공개적으로 진행하고, 관련정보 일체를 공개하도록 요구할 것이다. 단 정부기관이 합리적 관점에서 보호권익에 피해가 발생할 것으로 예상하는 경우는 예외로 한다. 우리는 연방 교부금, 계약, 연방예산특별지출earmark, 대출금 및 로비스트의 정부관리 접촉에 관하여 검색 가능한 온라인 정보를 공개함으로써 정부에서 이루어지는 비밀거래의 베일을 벗길 것이다. 그리고 정부 데이터를 온라인으로 제공하고, 정부기관의 주요 회의에 관한 온라인 비디오 자료실을 운영할 것이다. 또 의회에서 통과된 비 긴급법안 일체를 5일간 인터넷에 게시함으로써 법안이 법제화되기 이전에 미국 국민이 이를 검토하고 논평할 수 있도록 할 것이다. 우리는 내각의 관리들에게 정기적으로 전국 온라인 주민회의town hall meeting를 개최하여 해당 기관에 회부된 사안을 논의하도록 요구할 것이다.

민주당의 어젠다를 실행하기 위해서는 정부 각급부처에서 의도된 성과를 도출하는 데 필요한 자원을 갖춘 유능하고, 혁신적이며, 효율적인 공공기관의 운영이 요구될 것이다. 정부의 운영실패를

방지하고 정부로 하여금 미국 국민이 마땅히 받아야 할 수준의 서비스를 제공하도록 하기 위하여 우리는 포괄적 관리 어젠다를 수립할 것이다. 훌륭한 정부는 훌륭한 국민이 있을 때에만 가능하므로 연방정부 인력의 재구축 및 재참여를 추진하고 주 및 지방 정부역시 이와 동일한 조치를 취하도록 장려할 것이다.

우리는 정부를 보다 매력적인 직장으로 만들어갈 것이다. 공무원의 채용은 이데올로기나 정당가입이 아닌 자격요건과 경력만을기반으로 할 것이다. 우리는 신규지출을 실시하고, 정부 프로그램의 낭비요소를 제거하고, 성과를 요구 및 평가하고, 효과가 없는프로그램에 대한 자금지원을 중단할 것이다. 또 공공 서비스와 관련하여 민영화를 위한 민영화를 실시하지 않을 것이다. 우리는 정부 서비스의 외부용역실시 여부와 해당 직무가 '정부 고유'의 기능인지 여부를 결정함에 있어서 신중하게 마련된 지침을 활용할 것이다. 우리는 국민을 보호하기 위하여 발주과정의 책임성, 감독 및관리를 개선할 것이다.

우리는 참여적 정부를 수립하고자 한다. 우리는 정부기관의 업무에 대중을 참여시킴으로써 정부의사결정의 질을 개선하고, 특수이익집단 및 로비스트에 대한 정부의 부담을 완화하기 위하여 최신의 가용 기술을 활용할 것이다. 우리는 단순히 의견을 구하는 데그치지 않고, 정부와 민주주의의 발전을 위하여 신기술을 활용하여 미국 시민의 막대한 전문지식을 탐구할 것이다.

미국 국민은 의료비 지급 부담을 완화하고 미국을 에너지 독립의 길로 인도할 진정한 개혁을 원하고 있으며, 더 이상은 로비스트의 방해를 참을 수 없는 상태이다. 그러므로 우리는 2만 5000달러 이상의 거의 모든 발주에 대하여 경쟁 입찰을 실시할 것을 요구함으로써 수의계약의 남용을 중단할 것이다. 또 제약회사, 석유회사 및 보험업계에게 미국정부기관 회의에서 한 좌석을 차지할 수 있을지는 모르지만 의장을 모두 매수할 수는 없을 것임을 선포할 것이다. 그리고 로비스트가 행정부 관리에게 아부할 수 없도록 선물 금지령을 제정할 것이다. 일부 사람들이 정부 내 직위를 자신의 로비스트 경력 발전을 위한 발판으로 악용하는 데 사용한 '회전문'을 폐쇄할 것이다. 우리는 선거보조금과 무료 텔레비전 및 라디오 방송 이용 등 금전적 특수이익집단의 영향력을 축소하기 위한 선거자금개혁을 지지한다. 우리는 분별력을 발휘하여 특수이익보다 공익을 우선시할 것이다. 민주당은 전국 정당으로서 이번 선거 기간 중에 정치활동위원회로부터 기부금을 받지 않을 것이다.

헌법과 자유의 복구

테러와의 전쟁을 벌이는 동안 우리가 수호하고자 하는 미국적 가치관을 희생시켜서는 안 된다. 최근 수년간 정부는 우리가 중시하는 자유와 우리가 요구하는 안보 중에서 하나를 선택하라는 그릇된 요구를 하였다. 민주당은 이와 같은 이분법을 거부한다. 우리는 헌법적 전통을 복구하고, 법률에 의한 미국의 근본적 자유수호의지를 회복할 것이다.

우리는 미국 국민에 대한 일체의 감시 프로그램과 관련하여 헌법적 보호와 사법적 감독을 지지한다. 우리는 현 정부의 무영장 도청 프로그램을 검토할 것이다. 또 거주지를 불문한 모든 미국 국민의 불법도청을 거부한다. 우리는 범죄 혐의가 없는 시민을 정찰할 목적으로 국가안보영장national security letter을 이용하는 것을 거부한다. 그리고 단지 부적절한 전쟁에 항의했을 뿐인 시민들을 추적하는 것을 거부하며 고문을 거부한다. 또 대통령의 '고유' 권한에 관한 일방적 주장을 거부한다. 우리는 애국법Patriot Act을 재검토하고, 지난 8년간 공포된 위헌적 행정결정을 번복할 것이다. 우리는 적법하게 제정된 법률을 무효화하거나 훼손할 목적으로 서명지침signing statement을 이용하지 않을 것이다. 그리고 아랍계 미국인과 이슬람계 미국인 등 출신을 불문한 모든 준법시민이 국가안보 우려의 희생양이 되지 않도록 할 것이다. 우리는 미국의 헌법, 법원, 제도 및 전통이 효과적이라고 생각한다.

현 정부는 해외작전 과정에서 세계적 자유 확산을 구실로 내세웠음에도 불구하고 비참하게도 새로운 잠재적 적들을 만들어내는 데 기여하였다. 이들은 미국의 안전을 위협하고 있다. 우리는 헌법, 자유 및 사생활을 침해하지 않고 테러리스트들을 색출하고 체포할 수 있는 도구를 정보기관과 법률집행기관에 제공할 것이다.

우리는 보다 자유롭고 안전한 세상을 구현하기 위하여 미국 국민의 품위와 열망을 반영하는 방식으로 주도적 역할을 수행할 것이다. 우리는 수감자들을 먼 나라에서 고문하기 위하여 한밤중에 이들을 이송하거나, 법률에 의하여 범죄를 처벌할 수 있고 마땅히 그래야 하는 수감자들을 재판이나 고소 없이 억류하거나, 법률의 힘이 미치지 않는 곳에 사람들을 수용할 목적으로 비밀감옥 네트워크를 유지하지 않을 것이다. 우리는 인신보호영장제도habeas corpus라는 유서 깊은 원칙을 존중할 것이다. 이는 700년의 전통을 지닌 것으로 억류기간에 이의를 제기할 수 있는 개인의 권리를 의

미하는데, 최근 대법원에 의하여 재확인된 바 있다. 우리는 최근 몇 년간 수많은 최악의 헌법악용행위가 발생한 관타나모 베이의 수용소를 폐쇄할 것이다. 이와 같이 불가피한 변화를 도입하고 나면, 세계는 마땅히 관심을 기울여야 할 곳(즉 우리가 용의자를 취급하는 방법이 아니라 테러리스트들이 우리에게 한 행위)에 관심을 집중할 것이다.

테러와의 전쟁에서 최전선의 지도자들은 싸움에서 이기기 위해서는 도덕적 우위를 점해야 한다는 사실을 인지해왔다. 전 세계적으로 수백만 명의 사람들이 미국이 최고의 이상을 실천하고 있는 것으로 판단할 때, 미국은 우리의 안전과 목숨을 지키기 위한 전투에서 우방과 동맹을 확보할 수 있고 우리의 적은 설 곳을 잃게 된다.

사법부와 관련하여 우리는 성별을 불문하고 나무랄 데 없는 재능과 인격을 지니고, 법치주의를 확고히 존중하고, 자신과 다른 견해를 경청하고 존중하며, 미국의 다양성을 대표하는 이들을 판사로 선임하고 인준할 것이다. 견제와 균형의 제도 및 행정·입법·사법부 간 3권 분립을 존중하고, 헌법이 강자뿐 아니라 소외계층과 약자까지 보호한다는 사실을 이해하는 판사들의 임명을 지지한다.

헌법은 귀찮은 존재가 아니다. 헌법은 민주주의의 기반이다. 헌법은 자유와 자치를 가능케 하며 안보의 보호를 지원한다. 민주당은 정부에서 헌법의 적절한 위상을 되찾을 것이며 미국을 적법통치에 대한 헌신 등 최고의 전통적 가치로 회귀시킬 것이다.

투표권

투표권은 모든 여타 권리들을 보호하기 때문에 기본적인 권리다. 우리는 헌법의 약속이 충분히 실현될 수 있도록 모든 미국인의 헌법적 기본권에 대한 충분한 보호 및 행사를 위해 노력할 것이다. 우리는 미국선거지원법Help America Vote Act에 충분한 자금을 공급하고, 투표용지기입소에서 길게 늘어선 줄을 없애고 노인, 장애인 및 영어 숙련도가 제한된 시민이 모든 등록자료, 투표자료, 투표소 및 투표 집계기에 진정으로 접근할 수 있도록 하는 등 선거개혁의 약속을 실현하기 위하여 노력할 것이다. 우리는 투표자확인투표용지voter-verified paper ballot 등 투표와 관련한 국가기준의 수립을 촉구할 것이다. 또 부재자투표의 접근성 및 집계의 정확성을 보장할 것이다. 우리는 의결권 관련 법률을 당파적 정치 어젠다의 도구로 삼는 대신, 이를 적극적으로 시행할 것이다.

우리는 투표 또는 투표 등록을 위하여 신원확인을 요구하는 법률에 반대한다. 그러한 법률은 투표권에 대한 차별적 장벽을 수립하고 다수의 투표권자로부터 정당한 권리를 박탈한다. 또 선거인명부로부터 투표권자를 삭제하는 전술에 반대한다. 우리는 전체투표계수법Count Every Vote Act의 가결에 주력하고자 한다. 마지막으로 우리는 유권자를 협박하는 자에 대한 처벌을 규정하고 잘못된 정보를 제공받은 유권자가 정시에 투표권을 행사할 수 있도록 정확한 정보의 제공 프로세스를 수립하는 법률을 제정할 것이다.

각 주와의 협력

미국 전역의 경제위기상황을 고려할 때, 오늘날 각 주와 준주는 심각한 어려움에 직면해 있다. 미국 전체 주의 절반 이상이 도합 수십억 달러의 예산부족을 겪고 있다. 그 결과 각 주는 혁신을 실시하며 자체적으로 업무를 처리해야 했고, 탁

월한 성과를 이루어냈다. 그러나 업무를 단독으로 처리해야만 했다는 사실 자체가 적절치 못한 것이다. 우리는 주 및 지방 정부와 준주 및 부족에게 상당한 금액의 즉각적 임시자금지원을 제공할 것이다. 또 이들 정부에게 연방정부의 협력자는 물론, 번영의 원천은 금융시장과 정부 뿐 아니라 미국 국민의 인내력임을 알고 있는 대통령을 안겨줄 것이다. 카운티 및 시 정부와 준주 및 부족 또 연방정부의 주요 파트너이다. 핵심수요의 충족을 위하여 이와 같은 협력관계를 활성화해야 한다.

시민단체와의 협력

사회적 기업가와 주요 비영리 기관들은 학교를 지원하고, 가정을 빈곤에서 해방시키고, 의료보호의 공백을 해소하며, 주민이 지역사회에서 변화를 주도하도록 영감을 부여하고 있다. 이와 같은 성과 지향적 혁신자들을 지원하기 위하여 우리는 효과적 아이디어에 투자하고, 그 영향을 시험하며, 가장 성공적인 프로그램을 확대하는 사회투자기금네트워크를 창설할 것이다. 또 정부와 비영리 기관 간의 업무조율기구를 설립할 것이다.

컬럼비아 특별구

민권 지도자들 및 각계각층의 미국인 다수가 우리를 위하여 너무나 많은 희생을 했음에도 불구하고 미국 수도의 약 60만 주민이 투표권 및 완전한 시민권을 누리지 못하고 있다. 우리는 수도 시민에 대한 민주적 자치 및 의회 대의제도 평등권 부여를 지지한다.

부족주권 | 아메리카 인디언과 알라스카 원주민 부족은 항상 자주적인 자치공동체를 유지해왔다. 우리는 자치에 관한 이들의 생득권 및 이들이 미국과 공유하는 고유한 정부 대 정부 관계를 재확인한다. 미국은 수백만 에이커의 토지에 대한 대가로서 특정 서비스를 영구적으로 제공하기로 약정하였다. 우리는 경제개발, 의료보호, 인디언 교육 및 기타 주요 서비스를 위한 자원을 증강함으로써 미국의 조약 및 신탁 의무를 존중할 것이다. 또 아메리칸 인디언의 문화권과 성지를 존중할 것이다. 우리는 인디언 영토 내에서 지나치게 높은 폭력범죄율을 야기한 법률체제를 재검토할 것이다. 그리고 인디언 문제 담당 대통령 보좌관을 선임하고, 인디언 지도자들과 연례 정상회담을 개최할 것이다.

우리는 사과결의안Apology Resolution 및 하와이원주민자치기구구성법안Native Hawaiian Government Reorganization Act의 원칙에 따른 하와이 원주민의 자결권 및 주권 확보 노력을 지지한다. 우리는 경제개발, 교육, 보건 및 기타 주요 서비스를 위하여 연방자원을 확대할 것이다. 또 하와이 원주민의 문화권과 성지를 존중할 것이다.

푸에르토리코, 괌, 미국령 사모아, 북 마리아나 제도 및 미국령 버진 제도 | 우리는 푸에르토리코, 괌, 미국령 사모아, 북 마리아나 제도 및 미국령 버진 제도 주민이 미국을 위하여 행한 기여와 희생을 인정하며 이를 높이 평가한다. 또한 푸에르토리코인들이 공정하고, 중립적이며, 민주적인 자기결정 과

정을 통하여 선택하고 획득한 정치적 위상을 유지할 권리가 있다고 생각한다. 백악관과 의회는 향후 4년간 푸에르토리코의 위상 문제를 해결하기 위하여 푸에르토리코의 모든 단체와 협력할 것이다. 우리는 또 푸에르토리코의 경제상황으로 인하여 일자리 창출과 재정투자를 극대화하기 위한 효과적이고 공정한 프로그램이 필요하다고 생각한다. 이외에도 가장 심각한 곤궁에 처한 이들에게 공평한 원조를 제공하기 위한 노력의 일환으로 푸에르토리코의 미국 시민에게 본토 시민과 유사한 연방 프로그램에 의한 대우를 제공해야 한다. 우리는 의료비 지원 한도를 단계적으로 폐지하고 여타 연방 의료보호지원 프로그램에 대한 동등 참여를 단계적으로 도입할 것이다.

또 근로가정에 환급 가능한 세액공제를 제공하는 프로그램과 관련하여 푸에르토리코의 미국 시민을 형평성에 맞게 대우할 것이다. 우리는 괌, 미국령 사모아, 북 마리아나 제도 및 미국령 버진 제도의 미국 시민 역시 이와 유사한 대우를 받아야 한다고 생각한다.

우리는 괌, 미국령 사모아, 북 마리아나 제도 및 버진 제도 주민의 완전한 자치 및 자결과 미래 지위 결정권을 지지한다. 우리는 군사문제와 관련한 괌의 의견을 청취할 것이며, 태평양 군도의 지역사회들이 직면하고 있는 고유한 의료보호 문제를 인정한다. 또 성조기 깃발 아래에서 살고 있는 모든 이들과 관련하여 연방 프로그램에 의한 강력한 경제개발과 공정하고 공평한 대우 제공을 지지한다.

(번역 : 국회 외국어 지원센타)